■2025年度高等学校受験用

淑徳高等

収録内容一覧

★この問題集は以下の収録内容となっています。また、編集の都合上、解説、解答用紙を省略させていただいている場合もございますのでご了承ください。

（○印は収録、一印は未収録）

入試問題と解説・解答の収録内容			解答用紙
2024年度	一般	英語・数学・国語	○
2023年度	一般	英語・数学・国語	○
2022年度	一般	英語・数学・国語	○
2021年度	一般	英語・数学・国語	○
2020年度	一般	英語・数学・国語	○
2019年度	一般	英語・数学・国語	○

★当問題集のバックナンバーは在庫がございません。あらかじめご了承ください。

●凡例●

【英語】

≪解答≫

〔　〕 ①別解
②置き換え可能な語句（なお下線は置き換える箇所が2語以上の場合）
(例) I am〔I'm〕glad〔happy〕to～

(　) 省略可能な言葉

≪解説≫

1, 2… 本文の段落（ただし本文が会話文の場合は話者の１つの発言）

〔　〕 置き換え可能な語句（なお〔　〕の前の下線は置き換える箇所が 2 語以上の場合）

(　) ①省略が可能な言葉
(例) 「(数が) いくつかの」
②単語・代名詞の意味
(例) 「彼（＝警察官）が叫んだ」
③言い換え可能な言葉
(例) 「いやなにおいがするなべにはふたをするべきだ（＝くさいものにはふたをしろ)」

// 訳文と解説の区切り

cf. 比較・参照

≒ ほぼ同じ意味

【数学】

≪解答≫

〔　〕 別解

≪解説≫

(　) 補足的指示
(例) (右図１参照) など

〔　〕 ①公式の文字部分
(例) 〔長方形の面積〕＝〔縦〕×〔横〕
②面積・体積を表す場合
(例) 〔立方体 ABCDEFGH〕

∴ ゆえに

≒ 約、およそ

【社会】

≪解答≫

〔　〕 別解

(　) 省略可能な語

＿＿ 使用を指示された語句

≪解説≫

〔　〕 別称・略称
(例) 政府開発援助〔ODA〕

(　) ①年号
(例) 壬申の乱が起きた (672 年)。
②意味・補足的説明
(例) 資本収支 (海外への投資など)

【理科】

≪解答≫

〔　〕 別解

(　) 省略可能な語

＿＿ 使用を指示された語句

≪解説≫

〔　〕 公式の文字部分

(　) ①単位
②補足的説明
③同義・言い換え可能な言葉
(例) カエルの子 (オタマジャクシ)

≒ 約、およそ

【国語】

≪解答≫

〔　〕 別解

(　) 省略してもよい言葉

＿＿ 使用を指示された語句

≪解説≫

〈　〉 課題文中の空所部分（現代語訳・通釈・書き下し文）

(　) ①引用文の指示語の内容
(例) 「それ（＝過去の経験）が ～」
②選択肢の正誤を示す場合
(例) （ア，ウ…×）
③現代語訳で主語などを補った部分
(例) （女は）出てきた。

／ 漢詩の書き下し文・現代語訳の改行部分

淑徳高等学校

所在地	〒174-8643 東京都板橋区前野町5-14-1
電　話	03-3969-7411
ホームページ	http://www.shukutoku.ed.jp/
交通案内	都営三田線 志村三丁目駅・東武東上線 ときわ台駅より徒歩約15分 JR 赤羽駅・西武線 練馬高野台駅・東武線 ときわ台駅よりスクールバス

普通科

男女共学

くわしい情報はホームページへ

応募状況

年度	募集数	受験数	合格数	倍率
2024	S特進　40名	679名	195名	—
	特選　120名		439名	—
	留学　20名	32名	31名	1.0倍
2023	S特進　40名	682名	253名	—
	特選　120名		416名	—
	留学　20名	32名	32名	1.0倍
2022	S特進　40名	718名	251名	—
	特選　120名		425名	—
	留学　20名	19名	19名	1.0倍

※スライド合格含む。

試験科目　（参考用：2024年度入試）

［推薦］　適性検査（英・国・数），面接
［一般］　英・国・数，面接

教育方針

建学の精神３Ｌ（Life・Love・Liberty）に基づいた仏教情操教育を土台としながら，学習指導にも力を注ぐ。本校では，豊かな情操と高い知性，世界で活躍できる国際感覚を養い，他者と共に生き，社会に貢献できる「有為な人間」の育成をめざしている。

教育目標

日本の近代化が始まろうとする明治25年。淑徳高校は校祖・輪島聞声の教育への燃えるような情熱と信念によって生まれた。校祖の建学の精神「進みゆく世におくれるな，有為な人間になれよ」を教育の土台となし，新たな時代に求められる人間を育成する。

学力とやる気を伸ばす３コース編成

１．スーパー特進コース

淑徳が誇るハイレベルコース。これまでに東大・一橋大・東工大・医歯薬系学部など，最難関大学・学部合格を実現するという高い実績を持つ。特別カリキュラムとハイレベルな課題取り組みで高度な学力を育成し，大学受験対策も十分。クラブや行事にも全力投球し，自分の可能性に挑戦する高校生活をがっちり応援！

２．特進選抜コース

意欲的な授業と自分で選べるゼミ・講習が魅力。自分らしいペースを大切にしながら，より高い学力を身につける。スーパー特進コースへのステップアップも可能。クラブの部長や生徒会役員などで活躍する生徒が多いのもこのコースの特長。

３．留学コース

５か国30校の名門校から留学先を選択。全員が１年間留学（休学なし）生活を体験。現地スタッフや留学専用カリキュラムなど，約30年の実績が生むフォロー体制も万全。難関大学の現役合格も可能。英語力に加え，人間的に大きく成長できるのも魅力のコース。

合格実績

◎2024年度・主な大学合格者数（2024年・春）
東京大１名，京都大１名，九州大１名，北海道大１名，東北大１名，東京外国語大３名，東京学芸大４名，早稲田大23名，慶応義塾大13名，上智大32名，東京理科大65名ほか

編集部注一本書の内容は2024年5月現在のものであり，変更されている場合があります。正確な情報は，学校のホームページ等で必ずご確認ください。

出題傾向と今後への対策　英語

出題内容

	2024	2023	2022
大問数	5	6	6
小問数	52	57	52
リスニング	×	×	×

◎大問数５～８題，小問数は45～60問程度である。構成は，年度によって変化する。単語の発音・アクセントの音声問題が０～２題，書き換え，適語選択，誤文訂正，整序結合などの文法問題が２～３題，対話文完成が０～１題，長文読解２題となっている。

2024年度の出題状況

1 書き換え―適語補充

2 適語補充―共通語

3 対話文完成―適語選択

4 長文読解総合―物語

5 長文読解総合―説明文

解答形式

2024年度	記　述／マーク／併　用

出題傾向

長文読解のジャンルは説明文，物語，エッセーが多く出題されている。語彙や構文で難解なものは少ないが，分量はやや多めである。設問は指示語，適語選択，内容真偽など内容理解に関するものが中心である。音声問題，文法問題，整序結合などは標準的な問題であるが，設問数が多いので時間配分に気をつけたい。

今後への対策

問題の内容はそれほど難しいものではないので，日々地道に学習に取り組んでいれば不安を抱く必要は全くない。定期テストなどで間違えた問題は必ず確認し，わからない部分は先生に質問するなどしてわかるようにしておこう。教科書の単語，例文は全部暗記しておくと文法対策になる。最後に過去問で問題形式と時間配分を確認。

◆◆◆◆◆ 英語出題分野一覧表 ◆◆◆◆◆

分野		年度	2022	2023	2024	2025 予想※
音声	放送問題					
	単語の発音・アクセント			●		△
	文の区切り・強勢・抑揚					
語彙・文法	単語の意味・綴り・関連知識		●	●		◎
	適語(句)選択・補充		■		●	◎
	書き換え・同意文完成		■	●	■	◎
	語形変化			●	●	◎
	用法選択					
	正誤問題・誤文訂正		■	●		◎
	その他					
作文	整序結合		■	●	●	◎
	日本語英訳	適語(句)・適文選択				
		部分・完全記述	●			△
	条件作文					
	テーマ作文					
会話文	適文選択					
	適語(句)選択・補充				■	△
	その他					
長文読解	内容把握	主題・表題			●	△
		内容真偽	●	■	●	◎
		内容一致・要約文完成		●		△
		文脈・要旨把握	●	●	●	◎
		英問英答	●	●		◎
	適語(句)選択・補充		●	●	■	◎
	適文選択・補充			●		△
	文(章)整序					
	英文・語句解釈(指示語など)		●	■	■	◎
	その他(適所選択)		●			△

●印：１～５問出題，■印：６～10問出題，★印：11問以上出題。
※予想欄　◎印：出題されると思われるもの。　△印：出題されるかもしれないもの。

出題傾向と今後への対策　数学

出題内容

2024年度

大問４題，20問の出題。[1]は数と式，方程式から計算を主とする問題が７問。[2]は各分野から計７問。応用力を試すものも出題された。[3]は関数で，双曲線と直線に関するもの。直線の式や座標などを求めるもの。[4]は関数で，図形の移動と関数に関するもの。数直線上を移動する３点について，速さや線分の距離，座標を求めるもの。文字を用いて移動距離を表すことができるかがポイントとなる。

2023年度

大問４題，20問の出題。[1]は数と式，方程式から計算を主とする問題が７問。[2]は各分野から計７問。応用力を試すものも出題された。[3]は関数で，放物線と直線に関するもの。直線の式や座標，四角形の面積を求めるもの。[4]は関数で，図形の移動と関数に関するもの。立方体の辺上を動く２点がつくる図形について面積や体積を求めるもの。点の位置とできる図形が把握できるかがポイントとなる。

作…作図問題　証…証明問題　グ…グラフ作成問題

解答形式

2024年度	記　述（○）／マーク／併　用

出題傾向

近年は，大問４題，設問20問の出題。[1]，[2]は小問集合で，合わせて14問前後。計算問題のほか，各分野から出題されている。少し煩雑なものや，解答に至るまでの手順が多いものもある。[3]以降は，関数，図形がほぼ必出。関数，図形は標準的な内容となることが多い。

今後への対策

まず，数と式や方程式は，少し複雑な計算でもスムーズにできるよう，しっかり演習を積もう。関数，図形は，標準レベルの問題集を使って，できるだけ多くの問題に接し，いろいろな考え方や解法を少しずつ身につけ定着させるようにしていこう。余裕ができたら，発展レベルの問題に手をつけてみるのもよい。

◆◆◆◆◆ 数学出題分野一覧表 ◆◆◆◆◆

分野	年度	2022	2023	2024	2025 予想※
数と式	計算，因数分解	★	★	★	◎
	数の性質，数の表し方		●	●	◎
	文字式の利用，等式変形				
	方程式の解法，解の利用	★	■	★	◎
	方程式の応用			●	△
関　数	比例・反比例，一次関数	■		★	◎
	関数$y=ax^2$とその他の関数	★	★	●	◎
	関数の利用，図形の移動と関数		★	★	◎
図　形	（平面）計　量	■	●	●	◎
	（平面）証明，作図				
	（平面）その他				
	（空間）計　量	★			△
	（空間）頂点・辺・面，展開図				
	（空間）その他				
データの活用	場合の数，確率	■	●	●	◎
	データの分析・活用，標本調査		●		△
その他	不 等 式				
	特殊・新傾向問題など			●	△
	融合問題				

●印：１問出題，□印：２問出題，★印：３問以上出題。
※予想欄　◎印：出題されると思われるもの。　△印：出題されるかもしれないもの。

出題傾向と今後への対策　国語

出題内容

2024年度

論説文　小説

課題文

一加藤諦三『自分に気づく心理学』
二朝井リョウ『もういちど生まれる』

2023年度

論説文　小説

課題文

一稲田豊史『映画を早送りで観る人たち』
二帚木蓬生『花散る里の病棟』

2022年度

小説　論説文

課題文

一宮下奈都『スコーレNo.4』
二アンデシュ・ハンセン『スマホ脳』

解答形式

2024年度	記　述／マーク／併　用

出題傾向

設問は，それぞれの読解問題に10問前後付されており，全体で20問前後の出題となっている。課題文は，論説文・小説いずれも比較的読みやすいものが選ばれている。設問の７割程度が内容理解に関するものとなっている。記述解答は，抜き出しの場合が多いが，50字程度の記述が求められることもある。

今後への対策

課題文が長く，選択肢も長めであるため，文章を速く正確に読みこなす力が必要である。そのためには，毎日少しずつでよいから，日頃から問題集で練習を積むのがよい。また，解いた問題の課題文を要約してみるのも効果的である。国語の知識については，漢字・語句を中心に，教科書などで復習しておくこと。

国語出題分野一覧表

分野		年度	2022	2023	2024	2025 予想※
現代文	論説文 説明文	主題・要旨	●	●		◎
		文脈・接続語・指示語・段落関係		●	●	◎
		文章内容	●	●	●	◎
		表現			●	△
	随筆 日記 手紙	主題・要旨				
		文脈・接続語・指示語・段落関係				
		文章内容				
		表現				
		心情				
	小説	主題・要旨				
		文脈・接続語・指示語・段落関係		●		△
		文章内容	●	●	●	◎
		表現	●	●	●	◎
		心情	●	●	●	◎
		状況・情景				
韻文	詩	内容理解				
		形式・技法				
	俳句 和歌 短歌	内容理解				
		技法				
古典	古文	古語・内容理解・現代語訳				
		古典の知識・古典文法				
	漢文	(漢詩を含む)				
国語の知識	漢字 語句	漢字	●	●	●	◎
		語句・四字熟語	●	●	●	◎
		慣用句・ことわざ・故事成語	●	●		◎
		熟語の構成・漢字の知識				
	文法	品詞	●		●	◎
		ことばの単位・文の組み立て				
		敬語・表現技法			●	△
	文学史					
作文・文章の構成・資料						
その他						

※予想欄　◎印：出題されると思われるもの。　△印：出題されるかもしれないもの。

合格を勝ち取るための

本書の使い方

本書に掲載されている過去問をご覧になって，「難しそう」と感じたかもしれません。でも，大丈夫。ほとんどの受験生が同じように感じるのです。高校入試の出題範囲は中学校の定期テストに比べて広いですし，残りの中学校生活で学ぶはずの，まだ習っていない内容からも出題されているかもしれません。

ですから，初めて本書に取り組む際には，点数を気にする必要はありません。点数は本番で取れればいいのです。

過去問で重要なのは「間違えること」です。自分の弱点を知るために，過去問に取り組むのです。当然，間違った問題をそのままにしておいては意味がありません。

本書には，長年にわたって高校受験に関わってきたベテランスタッフによる詳細な解説がついています。間違えた問題は重点的に解説を読み，何度も解きなおしてください。時にはもう一度，教科書で復習するのもよいでしょう。

別冊として，抜き取って使える解答用紙を収録しました。表示してあるように拡大コピーをとれば，実際の入試と同じ条件で，何度でも過去問に取り組むことができます。特に記述問題では解答欄の大きさがヒントになる場合があります。そうした，本番で使える受験テクニックの練習ができるのも，本書の強みです。

前のページにある「出題傾向と今後への対策」もよく読んで，本校の出題傾向に慣れておきましょう。

2025年度 高校受験用

淑徳高等学校　6年間スーパー過去問

をご購入の皆様へ

お詫び

本書、淑徳高等学校の入試問題につきまして、誠に申し訳ございませんが、以下の問題文は著作権上の問題により掲載することができません。設問と解説、解答は掲載してございますので、ご必要とされる方は原典をご参照くださいますよう、お願い申し上げます。

記

2023年度　英語　6（A）の問題文

2022年度　国語　二　の問題文

以上

株式会社　声の教育社　編集部

2024年度 // 淑徳高等学校

【英　語】（50分）〈満点：100点〉

1 次の各組の英文がほぼ同じ意味となるように，空欄に適語を１語ずつ入れなさい。

(1) She has no friends.
She (　　) (　　) any friends.

(2) Tom speaks Chinese well.
Tom (　　) a good (　　) of Chinese.

(3) I have been a member of the music club of our school.
I (　　) (　　) to the music club of our school.

(4) Let's go for a walk.
(　　) (　　) go for a walk ?

(5) I like taking a walk early in the evening.
I like (　　) (　　) a walk early in the evening.

(6) I like this book the best of all the books.
I like this book (　　) than (　　) other book.

(7) Cindy is one of my friends.
Cindy is a friend (　　) (　　).

(8) Kevin didn't say good-bye and left the house.
Kevin left the house (　　) (　　) good-bye.

(9) Must I study after school ?
Do I (　　) (　　) study after school ?

(10) How many people do you have in your family ?
How many people (　　) (　　) in your family ?

2 次の各組の英文の空欄に共通して当てはまる英単語を答えなさい。ただし，与えられたアルファベットから始めること。

(1) Which (s　　) of the year do you like best ?
I want to (s　　) fish with soy sauce.

(2) We would like to (b　　) a hotel.
This (b　　) was written in 2000.

(3) He wiped a (t　　) from his eyes.
The letter made him so angry that he wanted to (t　　) it up.

(4) Do you remember this (p　　) ?
(P　　) it there.

(5) It was very (m　　) of him to say that.
What do you (m　　) ?

3 次の英文の空欄に当てはまる英単語を選択肢から選び記号で答えなさい。ただし，文頭にくる語も小文字で示してある。

A： Hey, did you (1)(　　) the recent math homework difficult ?
B： Yeah, it was really challenging ! Especially the last problem, I couldn't figure it out at all.
A： Same (2)(　　) ! The teacher explained it in class, but it's still not clicking for me.
B： Exactly, I feel the same way. But let's not give up and keep trying.
A： Yeah, you're right. How about other subjects ?
B： English is okay, but I struggle with history. (3)(　　) is just too much to memorize . . .
A： I understand, I'm not great at history either. But if you spend time reviewing, you might gradually understand it.
B： Really ? Thanks for encouraging me. Oh, (4)(　　) the way, how about club activities ?
A： Club activities are fun ! I'm in the art club. I love drawing.
B： That's cool ! I'm still undecided. Balancing club activities and academics is tough, isn't it ?
A： Yeah, it can be challenging, but finding something you enjoy is important. If there's something you're interested in, (5)(　　) it a try !
B： Yeah, I'll think about it. Oh, (6)(　　) of which, how about going to the movies together this Saturday ?
A： Sounds great ! What (7)(　　) of movie do you want to watch ?
B： There's a recently released action movie. It seems interesting.
A： That sounds exciting ! Should we invite some friends too ?
B： Going as a group is a good idea. I'll ask some other friends as well.
A： Got it ! Looking forward to Saturday then.

選択肢

ア by	イ give	ウ kind	エ here
オ speaking	カ find	キ there	

4 次の文章を読んで設問に答えなさい。

Thomas and Daniel were best friends. Thomas was just over five and Daniel was just over five and a half. Daniel's extra half was important when they had to decide who would choose ①(to / what / play / games), or who would sit next to the driver on the school bus. "②<u>I'm half a year older than you</u>, so I can choose," Daniel would say.

Their parents were best friends, too ; and that is why the two families lived together in a big, old house. Thomas and his family lived in the flat upstairs, and Daniel and his parents lived downstairs. The boys thought the best thing about the house was that it had a cellar where they played when the weather was bad.

One sunny morning, Daniel woke up and a wonderful idea popped (③) his head. He couldn't wait to finish his breakfast so he could go and tell Thomas about it. They ran down into the garden and Daniel said, "Tom, why don't we paint the greenhouse ? Not white like it is now, but all the colors of the rainbow !"

"But what would our mums and dads say ?" said Thomas.

"Oh, that's all right," said Daniel. "I heard my dad say . . ." And he whispered in Thomas's ear.

"Great !" said Thomas, and they went into the cellar to collect paint and brushes. On a shelf they found some paint cans — blue, green, orange, yellow and red. They carried these down to the greenhouse and started work.

"Let's paint the doors orange and the window frames blue with yellow edges," said Thomas.

"My favorite color is red," said Daniel, "so I'm going to have red windows with green edges."

They ④(so / were / notice / happy and excited / didn't / that / they) that not all the paint was finishing up on the greenhouse. But then Thomas caught sight of himself in a window frame.

"Hey, Dan, look ! I'm the Terrible Monster with Orange Hair !"

Then Daniel looked at himself in the glass. His face ⑤(cover) with paint spots.

"I'm the Green-Spotted Monster !" he laughed.

Suddenly a window in the upstairs opened and Thomas's mother called out.

"Boys, would you like orange juice and a chocolate biscuit ? We're coming out —"

"Yes, please !" they shouted together.

"Do you think they'll like the new greenhouse ?" whispered Daniel.

"Of course they will," said Thomas. "It looks much ⑥(good) !"

(⑦) that moment they heard steps coming down the path. But suddenly the footsteps stopped. Daniel's mother let out a scream and nearly dropped the tray she was carrying.

"Danny, what (⑧) earth have you been doing ? Look at your face . . . and your jeans . . . and the greenhouse ! What will Daddy say ?"

"It's all right," said Daniel. "Daddy will be (⑨). I know he will. I heard him say last week, 'What this garden needs is a bit of color !'"

"But he didn't mean paint — he meant flowers !" said Daniel's mother.

"Oh," said Thomas and Daniel, looking at each other. Then they looked at their mothers. Their shoulders seemed to be shaking, and ⑩funny bubbly noises were coming from inside them.

"OK, boys," Thomas's mother said. "We'll forgive you this time. But don't ever do anything like that again (⑪) asking first. And now let's get the paint off your hands and we can have tea."

出典：A Little Bit of Color　Funny stories　MACMILLAN CHILDREN'S BOOKS

問１　①④内の語(句)を適する語順にしなさい。

問２　下線部②を日本語にしなさい。

問３　③⑦⑧⑪内に適する語を選び，記号で答えなさい。(すべて小文字で表記)

ア　on　　イ　at　　ウ　without　　エ　into

問４　⑤⑥内の語を適する形にしなさい。ただし，２語以上になることもある。

問５　本文の内容に合うように，⑨内に適する語を選び，記号で答えなさい。

ア　surprised　　イ　pleased　　ウ　worried　　エ　stressed

問６　下線部⑩は具体的に何を意味するか。日本語で答えなさい。

問７　本文の内容に合うものにはＴ，異なるものにはＦで答えなさい。

(1)　トーマス家とダニエル家は，一緒に住んでいる。

(2)　トーマスとダニエルは，温室を緑色に塗った。

(3)　ダニエルの母親は，とても驚いて，トレーを落としてしまった。

(4)　トーマスとダニエルがしたことは，ダニエルの父親の考えとは違っていた。

(5)　トーマスとダニエルは，母親から厳しく叱られた。

5 次の文章を読んで設問に答えなさい。

[A] The sharp dorsal *1 fin. The rows upon rows of razor sharp teeth. The large pitch-black eyes. The sharks you see on television in Jaws or Discovery's "Shark Week" are not the friendliest looking creatures. They aren't exactly an animal you want to find near you while swimming in the ocean. Despite their portrayals in movies and popular culture, sharks are complicated, misunderstood creatures that are more open to attack or danger than they appear.

[B] Though they look like ①mammals, such as dolphins and whales, sharks are actually a type of fish. These large fish are not new to the world. They have been around for over 450 hundred million years, even older than dinosaurs. Unlike most other fish, sharks' skeletons are made from *2 cartilage and not bone. Cartilage is what your nose and ears are made of. This material allows them to move more easily without breaking, which helps them glide through the water. Most fish only have one *3 gill slit, but sharks have five to seven, which all allow the shark to separate oxygen from the water.

[C] Despite the continued portrayal of sharks as these large beasts with cold black eyes, there are many differences between sharks. There are over 400 different types of sharks! These range from the gentle giants called whale sharks which can grow to over 55 feet long, to tiny lantern sharks that are only inches long. While some sharks swim deep in the ocean, others stay near the surface and in the shallow water. Some eat other fish, while others will go after small mammals like *4 seals, and some sharks don't even have any teeth! In popular culture and television, the only sharks that get a lot of attention are great white sharks and their rows and rows of sharp teeth.

[D] One very common misunderstanding about sharks is their desire to hunt humans. When sharks attack humans, it is because they mistake a human for their normal ②prey, seals or dolphins. They don't seek out humans on purpose. Despite what you might see in movies or on television, the truth about shark attacks is that they are very unlikely to happen to you. They are so rare, that statistically you are more likely to be struck by lightning than be bitten by a shark. Another common misconception is that sharks can smell a single drop of blood a mile away. While sharks do have strong senses of smell, their sense of smell is actually similar to that of other fishes. They notice smells between one part per 25 million or one part per 10 billion according to BBC's Science Focus. This means for one drop of blood, there are ③25 million drops of water around it to dilute it. This is equal to one drop of blood in a small swimming pool, not the entire ocean.

[E] Sharks are very important to the ocean as an *5 apex predator. They are at the top of the ④food chain, which means that they have few predators above them and eat animals below them. The food chain is the order in which food is moved from organism to organism. For example, the Sun allows plants like seaweed to grow, which are eaten by fish. Fish are then eaten by seals, and seals are eaten by Great White sharks. This is one example of a food chain that sharks are a part of. If you take away the Great White sharks, the seal population increases, which will then cause the fish population to decrease because there are so many seals to eat all the fish. Without fish eating seaweed, the seaweed grows out of control. As an apex predator, sharks help manage all the populations of organisms below them. If they are taken out of the chain, the effects are felt throughout the chain.

[F] Though sharks have a reputation for being very scary to humans, the sad truth is that they should be scared of humans. The number of sharks in the ocean is steadily dropping. There are a few reasons for this. For one, they grow quite slowly, over several years, and produce relatively few young and this makes them particularly open to danger to overfishing. Though they have lived through four mass extinction events in the past, now humans are pushing them to the edge of ⑤extinction because of overfishing.

[G] In response, some countries have taken steps to protect sharks by putting limitations on shark fishing. In China, where shark fin soup is very popular, the Chinese government has put a stop to serving shark fin soup at any official dinners, in order to change its cultural importance. These changes are small, but will hopefully push laws and culture in a direction to keep sharks safe. Despite their scary reputation, they are more open to attack or danger than they appear and they need our ⑥(　　　).

［注］ ＊1 fin：ヒレ　＊2 cartilage：軟骨　＊3 gill slit：エラ　＊4 seals：アザラシ
＊5 apex predator：頂点捕食者

問1 ［Ａ］〜［Ｇ］までの７つの段落がある。以下の情報を含んでいる段落を，［Ａ］〜［Ｇ］よりそれぞれ選びなさい。

1 why sharks sometimes attack us
2 an explanation of how politics can change the situation
3 an important role of sharks hunting other living things in ecosystems
4 a reference to the eating habits of sharks
5 examples of the differences between sharks and fish

問2 下線部①〜⑤を日本語にしなさい。

問3 この文章に最も適切なタイトルを以下の選択肢から選びなさい。

ア Sharks have lived for 450 hundred million years
イ The dangers of overfishing
ウ Ecosystems and sharks
エ Misunderstandings and facts about sharks

問4 下線部⑥に頭文字ｐから始まる１語を入れ，文章を完成させなさい。

問5 以下の文を読み，本文の内容に一致するように本文中から１語を抜き出し，（１）と（２）に適語を入れなさい。

Marie Droual is a former scientist who loves sharing the wonders of the natural world with everyone. She is based in New York City. (1) are some of the oldest living things on Earth. In this informational article, Droual explains there is a lot more (2) can learn about these ocean creatures.

【数　学】（50分）〈満点：100点〉

1　次の問いに答えよ。

(1)　$8^2-(-2)^7-72\div 8\times 3+54\div(-6)\div 3$ を計算せよ。

(2)　$\dfrac{3x-2y}{6}+\dfrac{x-7y}{7}-\dfrac{4x+3y}{8}$ を計算せよ。

(3)　$3\sqrt{12}+4\sqrt{18}-\dfrac{8}{\sqrt{2}}-\dfrac{7\sqrt{3}}{3}$ を計算せよ。

(4)　$(a-2b+3c-4d+5e+1)^2-(a-2b+3c-4d+5e)(a-2b+3c-4d+5e+3)$ を展開せよ。

(5)　$x^2-3xy+x-9y-6$ を因数分解せよ。

(6)　連立方程式 $\begin{cases} 0.8x-1.25(0.2y-1)=1.5x-0.2y+2 \\ \dfrac{2}{35}y-\dfrac{3x-10}{5}=-4x-\dfrac{1}{7}\left(\dfrac{38}{5}+y\right) \end{cases}$ を解け。

(7)　方程式 $2x^2-43x+8=-33x$ を解け。

2　次の問いに答えよ。

(1)　$126\times n$ が自然数の２乗となるような最小の自然数 n を求めよ。

(2)　３つの変数 x，y，z はある定数 k について，$(3x+1)(2x-1)z=ky$ という関係が成り立ち，$x=1$，$y=8$ のとき $z=1$ になるという。このとき y の値が z の値の２倍となるような x の値をすべて求めよ。ただし z は0でないとする。

(3)　x に関する２次関数 $y=\dfrac{1}{3}(a^2-1)x^2$ において，x の値が１から４まで増加するときの変化の割合が10であった。このとき，正の数 a の値を求めよ。

(4)　２直線 $y=x+a$，$y=-2x+b$ と x 軸とによって囲まれる三角形の面積が12となるような自然数 a，b の値の組 $(a,\ b)$ をすべて求めよ。

(5)　右図のように，マッチ棒を並べて正三角形をつくる。マッチ棒が2023本あるとき，正三角形は最大で何個つくれるか求めよ。

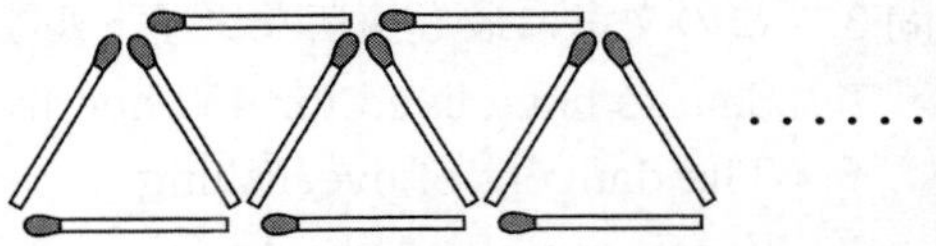

(6)　サイコロを３回投げて出た目の数を順に a，b，c とする。２次方程式 $ax^2-bx+c=0$ が $x=1$ を解にもつ確率を求めよ。

(7)　下の図のように，ABを直径とする半径10cmの円Oと，A，Bをそれぞれ中心とする半径10cmの円がある。円Oの内部にあって，３つの円に接する円Pをかいたとき，斜線の部分の面積を求めよ。

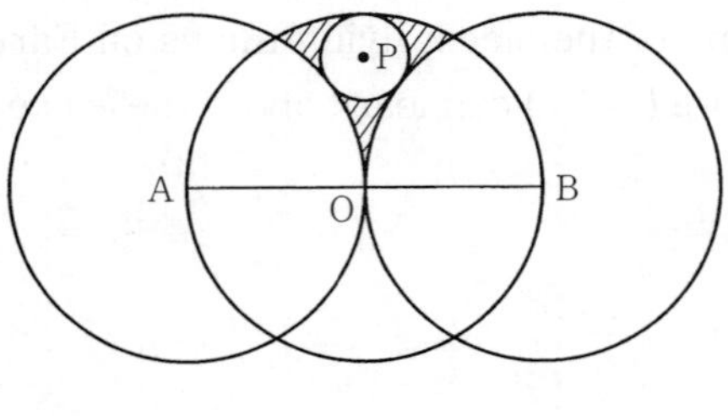

3 図のように$y=-\frac{8}{x}$のグラフと２点A(0, −1)，B(a, 0)がある。直線ABと$y=-\frac{8}{x}$のグラフとの交点のうち，x座標が小さい方をC，大きい方をDとする。ただし，$a<0$とする。次の問いに答えよ。

(1) $a=-3$のとき，直線ABの式を求めよ。

(2) 点Dのx，y座標がともに整数となるようなaの値は何個あるか。

(3) AB：BC＝3：4となるとき，aの値を求めよ。

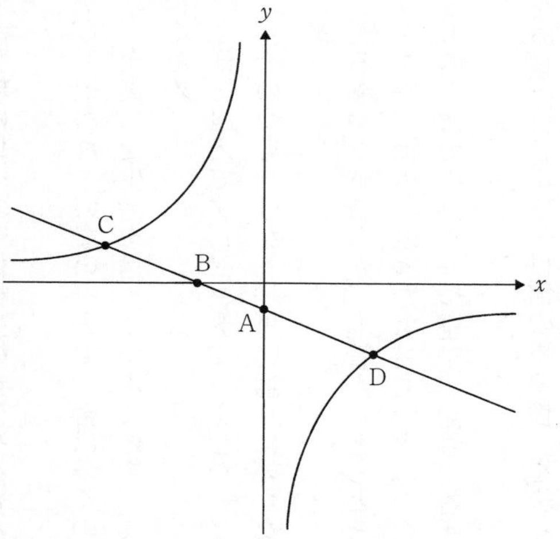

4 原点をOとする一本の数直線があり，原点の左側に点P，右側に点Qがある。今，３つの動点A，B，Cが，Aは点Pから正の方向に向かって一定の速さで，Bは原点Oから正の方向に出発してからの移動距離が，出発してからの時間の２乗に比例する速さで，Cは点Qから負の方向に一定の速さで，同時に動き出した。以下のことがわかっているとき，下の問いに答えよ。

① AがPQのちょうど中間の点Mに着いたとき，Cは点Pまで24cmの点にいた。 ② Cが点Mに着いたときAは点Qまで15cmのところにいた。 ③ Bは出発してから６秒後に点MでAに追い越され，その９秒後にAに追いついた。

(1) PM＝x(cm)とするとき，①よりAとCの速さの比をできるだけ簡単なxの式で表せ。

(2) (1)と②より，２点PQの間の距離を求めよ。

(3) (2)と③よりAの速さと，点Pの座標を求めよ。

仕事をしており、そんな椿に比べて予備校生の自分をひどく惨めに感じたため。

エ　私は誕生日を誰からも祝われていない一方で、椿は多くの人から誕生日を祝われ、充実した生活を送っていることを、まざまざと見せつけられたため。

オ　私は椿と一緒に誕生日を迎えてプレゼント交換をしたいと考えていたが、椿は全くそのつもりはなく、思い通りにいかない関係に腹を立てたため。

問八　――線⑤「全身を巡る濁った気持ちが、血管からどろどろと滲み出てくる」とありますが、梢の「濁った気持ち」とはどのような気持ちか。適当なものを次の中から一つ選び、記号で答えなさい。

ア　自信を持っていない私に対して、「自信の重要性」を説くことで、私の本心を理解していない椿を軽蔑するも、感情を出せないことに葛藤する気持ち。

イ　椿に「自信がついた」エピソードを語られたことに対して、自信のない私は自信をこれから持たなければならないと決心する気持ち。

ウ　椿に「自信がついた」きっかけを話されたことに対して、自信を持ったことが今までない私はなぜこのような話を自分にするのか、嘆く気持ち。

エ　私は椿と双子であるにもかかわらず、待遇の違いを椿との会話で感じざるを得ない状況に嘆き、怒りの矛先を椿に向けつつ、情けなさを感じる気持ち。

オ　自信の持ちようがない私に対して、申し分ない容姿の椿が「自信がついた」と言うことで、私は静かにぶつけようのない妬みと憤りを覚える気持ち。

問九　――線⑥「この人が、椿を1よりも大きくしようとしている。1よりもさらに、もっと、大きく」とありますが、梢が思う「1」とはどのようなものか。文中から三字で抜き出して答えなさい。

問十　――線⑦「魔法の道具たち」とありますが、梢が「魔法の道具」を使う理由として適当なものを次の中から一つ選び、記号で答えなさい。

ア　私は美しい容姿の椿を羨ましく思い、監督さんとのデートを椿に成りすますことで、私も椿と互角の容姿になれることを証明したいと思ったため。

イ　私は容姿端麗な椿に憤り、撮影現場で椿に容姿を成りすますことで、椿に一泡吹かせたいと思ったため。

ウ　私は自信のある椿を羨ましく思い、撮影現場で完璧に椿に成りすますことで、自信をつけたいと思ったため。

エ　私は自信のある椿に憤り、容姿をばれずに椿に成りすますことで、容姿だけでも椿と互角になれると椿に認めてもらうため。

オ　高校二年生の秋に椿の顔になった化粧品を用いることで、椿に成りすまし、風人に会いに行くため。

し、アイラインを引き、睫毛を上げ、チークで輪郭を小さく見せた。椿には絶対に見つからないようにしながら、私は自分の顔のパーツひとつひとつを、椿へと近づけていった。

そのときの私にとって、メイクのお手本は椿しかいなかった。ドキドキしていた。陸上部の仲間たちと、屋上へ続く階段を一段飛ばしで駆け上がったときのような胸の高鳴りだった。そして、両目に収まりきらないほどの青空の代わりに私の目に飛び込んできたものは、椿の顔だった。

顔の右半分が夕陽に照らされて、あつい。

あの日、はじめて椿の顔になった日、椿の部屋にあった化粧品と全く同じものをドラッグストアに買いに走った。もうずっと開けていない引き出しの一番奥で、ずっとずっと眠ったままだった⑦魔法の道具たちを、私は取り出す。

大丈夫だ。私は1になれるんだから。

朝井リョウ『もういちど生まれる』一部改変

※風人…双子姉妹の幼馴染。

問一　══線a～dのカタカナは漢字に、漢字はひらがなに直しなさい。

問二　〰〰線Ⅰ・Ⅱの活用形を答えなさい。

問三　──線ア～オの中から可能動詞を一つ選び、記号で答えなさい。

問四　──線①「動きを止めた」とありますが、理由を説明した次の文の□に入る適当な語句を指示された字数で文中から抜き出しなさい。

思いを寄せている堀田先生の授業を午後に控えた昼休みに、梢は[A 六字]で屋上へ向かうが周囲から[B 三字]た「椿のような」人達の楽しそうな笑い声が聞こえたことで、椿と自分を比べてしまい、[C 六字]してしまったから。

問五　──線②「クッションをしくのを忘れてしまった」とありますが、ここに使われている表現技法として適当なものを次の中から一つ選び、記号で答えなさい。

ア　寓意　　イ　直喩　　ウ　暗喩

エ　倒置法　　オ　省略法

問六　──線③「完成形から少しも崩れていないメイク」とありますが、梢は椿の容姿をどのように考えていますか。適当なものを次の中から一つ選び、記号で答えなさい。

ア　つやめく黒髪であり、顔のパーツも揃っており、写真集も作られるような容姿端麗な存在であると考えている。

イ　美しい黒髪を持ち、顔のパーツも整っており、そこに更に適切に施された化粧により十分に魅力が引き出されていると考えている。

ウ　きらきらとした黒髪を有し、目は二重、細い輪郭を持ち、加えてメイクも十分にされた映画の出演が性に合った人物だと考えている。

エ　綺麗な黒髪、完成された顔のパーツ、多くの人に愛される愛嬌といった私とは少しずつ違うものを持っている双子姉妹の片割れだと考えている。

オ　魅力的なパーツをひとつひとつ手にしており、それぞれが私とは違うため、椿のことは非常に羨ましく、妬ましいと考えている。

問七　──線④「全く笑っていないいまの私の表情を、映してしまいそうだと思った」とありますが、梢が「全く笑っていない」理由として適当なものを次の中から一つ選び、記号で答えなさい。

ア　私は母からも誕生日を忘れられ、苦手なアスパラガスを食べている中、椿は美味しい食事を振舞われ、悲しい気持ちになったため。

イ　私は整っていない容姿が理由で、誕生日を誰からも祝われることがなかったが、椿は持ち前の容姿が理由で祝われることを妬ましく感じているため。

ウ　私は何も貰うことがなかった誕生日を迎えたが、椿は順調に噛みちぎりながら、ディズニープリンセスのストラップを横目で捉えた。
筋がォ噛み切れない。
「明日からはクラスのみんなで河口湖に行くんだ。朝早いし、早く寝なきゃだ」
おかーさーんお風呂わいてるー？　真新しいピアノのようにぽんぽん音を響かせて、椿はリビングから出て行く。私は、バターで汚れた銀色のフォークを見つめたまま、動けなくなっていた。
自分に自信がつくって、椿、それ以上自信をつけてどうするのよ。小さく小さく、声に出していたかもしれない。⑤全身を巡る濁った気持ちが、血管からどろどろと滲《にじ》み出てくる。どんどん部屋が広くなっているように感じる。テーブルが小刻みに揺れて、私はやっと我に返った。
椿の携帯電話が震えている。メールだ。
監督さん
携帯の画面にはそんな文字が躍っており、私は椿の鮮やかな黒髪を思い出した。たぶん、椿の茶色のふわふわを黒のストレートに塗り替えたのは、この「監督さん」なんだろう。今の椿により自信を与えて、何色にも染まらない黒を当てはめたのは、この「監督さん」なんだ。
⑥この人が、椿を1よりも大きくしようとしている。1よりもさらに、もっと、大きく。
四桁の暗証番号は、誕生日だった。私と同じ設定だ。
【今日は撮影お疲れ様。今日撮ったところとても良かったです。編集作業が楽しみ。あと、誕生日おめでとう！　サプライズ成功してよかった。
それと、急で悪いんだけど、明日って撮影入れても大丈夫？　スタッフのスケジュールの関係で、明日どうしても撮りたいシーンがあるんだ。】
私は指を動かす。急ぐ。
【お疲れ様です。誕生日プレゼントありがとうございました！　写真も短歌もとても素敵で、すっごく気にいっちゃいました(笑)
あしたの撮影大丈夫ですよ！　あと、ちょうどいまメールアドレスを変えようと思っていたので、これからはこちらに連絡ください。
----------@----------】
私だって自信をつけたい。私だって1になりたい。私だって椿みたいになりたい。
送信ボタンを押してすぐ、送信済みメールのフォルダに行き、今送ったメールを消す。受信メールも、消す。私は残りのアスパラガスを全部口に放り込む。さっきよりももっともっと青臭かったけれど、繊維が残らないくらいに、強く強く噛み砕いた。

高校二年生の秋、私は初めて椿の部屋に忍び込んで、鏡の中に映る私を見つめたことがある。その日、椿は大学生の彼氏と代官山へデートに行っていたから、ピンクの壁紙に囲まれた部屋には私しかいなかった。
私のほうが少し小さい目、少し低い鼻、少し薄い唇、少し太っている輪郭。ひとつひとつのパーツがほんの少し劣っているだけでも、それが全て揃うと、椿の顔とは全く違うものみたいだ。
私はそのとき、同じ陸上部の男子に片思いをしていた。少しでも肌を白く見せたい、目を大きく見せたいと思ったのは、そのときがはじめてだった。
私は椿の部屋で、椿のメイク道具を勝手に借りて、自分の顔を椿にしようとした。もちろん化粧ポーチは椿がデートに持って行ってしまっていたから、残されたわずかな道具だけで、私は目を二重に

「……そういえば私、貸して下さいってしつこいくらいに言ってましたね」

「もしかして忘れてた？　やっぱこういうのはデビューアルバムだろってことで、【ザ・ローリング・ストーンズ】から。返すのはいつでもいいから」

先生は誇らしげに、ずい、とそれを差し出すと、ちゃんとＭＤに録音して聴けよ、と言ってどこかへ行ってしまった。

まるで作り物みたいに分厚い雲が、窓枠の形に切り取られた空の中をゆっくりと横切ろうとしている。

屋上から、知らない女子たちの笑い声が落ちてくる。

ほんの少し、期待してしまった。そういえば、って先生が言ったとき、期待してしまった。お前今日誕生日だよな、って、二十歳なんてめでたいなって、まだまだ若いしこれからだな、って、そんな軽い一言と共に何かくれるんじゃないかって、たった一ミリだけど期待してしまった。椿みたいに今日のためにばっちりメイクもしてないし久しぶりのスカートは似合っていないかもしれないけど、それでも。

アスパラガスは苦手だから、できるだけ味がわからないうちにお茶で流し込む。母は、少しでも食べやすいようにとバターで味付けをしてくれているけれど、それでも独特の青臭さは消えない。

先生から借りたＣＤはまだ、カバンから取り出していない。

お茶にあぶらが浮かないように、バターのついたくちびるをティッシュで拭く。

今日は、お弁当にもアスパラガスが入っていた。結局あのあと、屋上には行かなかった。

「梢、ドア開けてー」

どんどん、と椿が足でドアを蹴る音がする。私は「なんなのよー」と迷惑がりながらもｂハシを置いて立ち上がる。

「さんきゅ」

大きな袋を二つ抱えて、椿が姿を現した。③完成形から少しも崩れていないメイクにウ包まれた顔いっぱいに、充実感がにじみ出ている。

床におろされた袋の中身を私は見下ろした。ぱっくりと大きく開いた袋の入口からちらりとのぞく、赤いリボンや大きな箱やドン・キホーテで売っているようなコスプレグッズ。袋の外側からは想像できないようなカラフルな世界が、その中には広がっていた。

「今日、映画の撮影も重なってさ、そこでも祝ってもらっちゃった」

ほら、と、袋の中から映画のＤＶＤや小さな写真集を取り出す。

「撮影で仲良くなったひとたちって、やっぱプレゼントもなんかアカデミックっていうかさ、普通の友達とは違う感じなんだよね」右側のページに短歌が書いてあり、左側には風景や人物の写真があるというスタイルの写真集をぱらぱらめくりながら、椿は話し続ける。

「これは監督がくれたんだ。この写真すごいきれいじゃない？」

椿の美しい黒髪はきらきらつやめいていて、まるで鏡のように私を映してしまいそうだと思った。

④全く笑っていないいまの私の表情を、映してしまいそうだと思った。

「撮影は、順調なの？」

私は急いで、心にクッションをしく。私は椿に背を向けて、食べかけの夕食をもう一度口に運び始める。

椿はぱんぱんにｃフクらんだ袋やカバンをテーブルの上に置いた。

「思ってたより体力勝負、マジエ疲れる」そうぼやきながらも、ｄ声色は明るい。

「監督のこだわりがすごくてさ。普通に演技のことで怒られるの。でも監督の一言で、自分にすごく自信がつく感じがして気持ちいいんだよね。読モの撮影とはまた違う感じ」

テーブルの上に無造作に倒されたカバンの入口から、ピンク色をした携帯電話がごとりと零《こぼ》れ落ちてきた。私はアスパラガスの筋をたん、たん、たんと、まるで映画のワンシーンのように足音を鳴らす。屋上に行くときはいつも、中学のときに陸上部のメンバーで立ち入り禁止の屋上に忍び込んだ日のことを思い出す。屋上に上がったら三六〇度町を見渡せるんだよ！　とはやる心をおさえて忍び込んだけれど、三六〇度町を見渡せるということは、三六〇度からア見られてしまうということであり、一瞬で先生に見つかった私たちはそのあと職員室でこっぴどく怒られた。

　あのころはきっとまだ、母から見れば私も椿も1だった。どちらかを分子、分母においたって、数字がイ崩れることはなかった。私は走りたいだけ走って、椿は笑いたいだけ笑っていて、それだけで良かった。

　風人のような、学校内では「小さい」存在をかき消す椿グループの笑い声は、七色に爆発する。球技大会でクラスの強いメンバーを集めたチームや、修学旅行でバスの一番後ろを陣取る男子グループや、体育祭で髪の毛を編みこんでくる女子グループや、とにかく「椿のような」人が集まった集団の笑い声は、私たちのような人間の足元をいとも簡単にゆるがせる。

　屋上から、楽しそうな笑い声が聞こえてきた。

　私の両足は、運動神経をすっぽりと抜き取られてしまったかのように、①動きを止めた。

　私は思う。どうして二十歳になってまで、こんなことに心をすり減らさなくちゃいけないんだろう。

　ミルクティーにはじっとりとてのひらの体温が移っていく。私は、一歩一歩ゆっくりと、階段を降りていく。

　昨日は、少しだけドキドキしながら眠った。洗面所の鏡は、椿に取られた。英作文の点数が高かったことがうれしくて、いつもは買わないミルクティーを買った。先生の言葉が忘れられなくて、久しぶりにスカートをはいた。

　二十歳の誕生日。

　私は、ひとりで昼食を摂る場所も見つけられずにいる。

「柏木？」

　うつむいていたので、その声が堀田先生のものだとはすぐには気がつかなかった。

「何してんだよ、そんなとこで」

　両手に食いモン持って、と先生はまじめな顔をする。

「わ、柏木やっぱまだＭＤプレーヤー使ってんだな。去年もびっくりしたけどさ」

　私の両耳から伸びるイヤフォンの先にあるものを見つけて、先生は少年のように笑った。「何聴いてんの？」プレーヤーに伸びる指には、しあわせをきゅっとまるめて作ったような指輪がある。

「先生」

「ん？」

「愛妻弁当おいしかったですか？」

　先生はもう一度、ん？　という表情をしたけれど、すぐに花が咲くように頬をゆるませた。

「ボリュームよりも健康とか彩りとかにこだわるからさ、俺からしたらちょっと物足りないんだよな」俺はこの二倍は食えるのに、と先生は自分の腹を叩く。

　自分から訊いたのに、②クッションをしくのを忘れてしまった。ぶつけた箇所がズキズキと痛い。

「愛されてるんですね」

「いやいや、もっと肉とか入れてくれって言ってるんだけど、あいつ聞かないんだよ。最近腹が出てるでしょとか言って、困る困る」

　私はこんなにも困っていない「困る」を初めて聞いて、やっぱりひとりで屋上に行けば良かったと思った。

「あ、そういえば」

　静かになってしまった空気をぺろりとめくるような声を出して、先生は脇に抱えていたファイルの中をあさり始めた。

「はい、これ」

　プラスチックのＣＤケースは、水みたいに光る。

オ　生徒E―結局筆者の考えによると、自分自身の甘えの欲求が満たされていないことを認めることができないから、それを悪いものとして子供に対しても激しく非難してしまうんだろうね。

(ii)　筆者が挙げている例のうち、「親」に関する例以外のもう一つの例を文中から十五字以内で抜き出しなさい。

問六　――線④「『私』という実感はなくなる」とありますが、筆者は誰のことをこのように言っていますか。適当なものを次の中から一つ選び、記号で答えなさい。

ア　自分自身が愛情欲求を満たされていないために自分が分裂し、「私」という実感がなくなっている親。

イ　子供を非難することでしか欲求を満たすことができないために自分が分裂し、「私」という実感がなくなっている親。

ウ　自分の中の甘えの欲求を否定しているために自分が分裂し、「私」という実感がなくなっている親。

エ　自分の甘えの欲求を親から非難されることで自分が分裂し、「私」という実感がなくなっている子供。

オ　親から認められている自分と、認められていない自分が分裂し、「私」という実感がなくなっている子供。

問七　⑤ に入る一文を次の中から一つ選び、記号で答えなさい。

ア　自分という存在の価値

イ　客観的に評価された自分

ウ　無意識に二つに分裂する自分

エ　他者を等しく同一化する自分

オ　自分が自分であるという確かさ

問八　――線⑥「自分が二つに分裂してしまっている」とありますが、筆者が主張する「二つ」とは何と何のことですか。それぞれ文中から八字以内で抜き出しなさい。

問九　――線⑦「他人がどんなにその人を高く評価しても、心の分裂している人は自分に自信が持てない」とありますが、どうして自信が持てないのですか。文中の言葉を使って六十字程度で説明しなさい。

問十　A には元気がなくなってしまうという意味の四字熟語が入ります。次の漢字の中から組み合わせて入るべき正しい四字熟語を答えなさい。

【戦　失　心　消　不　一　意　乱　沈　喪　明　気】

問十一　――線⑧「一滴の水」とありますが、ここでは何を例えたものですか。文中の言葉で答えなさい。

問十二　文中には次の一文が省略されています。入るべき箇所として適当なものを文中の㋐～㋔から一つ選び、記号で答えなさい。

【従って抑圧した甘えの欲求を意識化しない限り、どんなに社会的に高い評価を与えられても自己評価が高くなることはない。】

二　次の文章を読んで、後の問いに答えなさい。

> 椿《つばき》と梢《こずえ》は双子の姉妹である。姉の椿は大学に行きながらモデルをやっており、妹の梢は予備校生である。二十歳の誕生日を迎えた日、梢は予備校で授業を受けていた。

先日提出した英作文のaテンサクがⅠ返ってくると、やっと昼休みになった。自由時間がやってくると、これまで磁石のように机にくっついていた生徒達も、思い思いの場所へ散っていく。私は、英作文の下にある赤ペンの「excellent !!」がうれしくて、いつもより少しⅡ高いミルクティーを買った。ウエストが窪《くぼ》んでいてのひらにしっくりとくるペットボトルを手に、階段をのぼっていく。

午後は、堀田先生の授業から始まる。文字が右上がりになる先生の板書を思い出して、私は嬉しい気持ちになる。今日は、※風人《ふうと》も気づかなかったけれど、久しぶりにスカートをはいているのだ。自然と一段とばしになる階段には、今日もゴミひとつ落ちていない。

実際の自分は自分が思っている自分とは逆かも知れないと反省してみる必要がある。結局自分を分からない人は他人も分からない。

加藤諦三『自分に気づく心理学』（PHP文庫）一部改変

問一 ═══線a～cのカタカナは漢字に、漢字はひらがなに直しなさい。

問二 ――線①「異常な時期」とありますが、筆者はどんな点で「異常」と考えていますか。適当なものを次の中から一つ選び、記号で答えなさい。

ア 本来、人間は何かをしているときに他のことを考えることなどできないはずであるが、それができてしまっている点。

イ 誰かと話をしている最中でさえも、白昼夢にひたることができてしまうほど、熟睡ができてしまっている点。

ウ 白昼夢の中で交わした誰かとの会話と、現実世界での会話が混在してしまい、頭の中が混乱してしまっている点。

エ 白昼夢にひたりたいという欲求を満たすために、できるかぎり人との会話を避けようとしてしまっている点。

オ 自分の中にある甘えの欲求が満たされないために、人との会話に気持ちを向けず、白昼夢にひたってしまっている点。

問三 ――線②「白昼夢の虚しさをどれだけ嫌っても白昼夢にひたらざるを得なかったのである」とありますが、その理由として適当なものを次の中から一つ選び、記号で答えなさい。

ア われわれにとって基本的な欲求である甘えの欲求を、現実世界で満たすことができないという虚無感が無意識に心の底にはあったから。

イ 現実の世界とは違い、すべてが自分の思い通りになる白昼夢の世界では、間接的ではあるものの、甘えの欲求を満たすことができるから。

ウ 白昼夢のあとの虚しさを考えるとその世界にひたりたくなかったが、現実の世界では欲求を満たすことができず、想像の世界でしか生きられないから。

エ 白昼夢にひたりたくないと思えば思うほど、無意識の世界の愛情飢餓感に支配され、現実世界では満たされない甘えの欲求を満たそうとするから。

オ 幼いころから現実世界では甘えの欲求を満たすことができず、あとに虚しさを伴うことが分かっていても、想像の世界に頼ってしまっていたから。

問四 [X]・[Y] に入る言葉として適切なものを次の中からそれぞれ一つずつ選び、記号で答えなさい。

ア それでいて　イ もちろん　ウ もし

エ たとえば　オ つまり　カ ところが

問五 ――線③「どういう場合にそうなりやすいのであろうか」とあり、筆者は主に二つの例を挙げていますが、

(i) そのうちの一つである「親」に関する筆者の考えについて発表している生徒五人の意見の中から、本文の内容と合致しないものを一つ選び、記号で答えなさい。

ア 生徒A―一つの例として愛情欲求を満たされていない親が、その事実を認められず、子供に対しても自分と同じように甘えの欲求を悪いものであると非難するときが挙げられているね。

イ 生徒B―そうだね。愛情欲求を満たされていない親は、そうやって子供や他人の甘えの欲求を非難することによって自分の心の中での葛藤を一時的に解決していると筆者は考えているね。

ウ 生徒C―そういう親のことを筆者はイクジのない親と表現しているね。そういう親は外の人間には面と向かっては何も言えないから、さらに心の中での葛藤が激しくなると筆者は言っているね。

エ 生徒D―そういう親からの叱責によって、自分の甘えの欲求を激しく非難されている子供は、その欲求を自分の意識の中から完全に排除しようとしてしまうということなんだね。

ているだけで辛いのである。

そこまで生きることが難しくなってしまっているのは、実際の自分の存在のほとんど全部が意識から排除されてしまっていて、実際の自分の存在のほんの一部を自分のすべてと意識しているからであろう。

自分が食べていても、歩いていても、単に立っていても、ほとんどの自分は許されない存在として、自分にはないと見なされているのである。実際に食べたり、歩いたりしている自分は「ない」と見なされているのだから、ひとつひとつの経験が十分に経験されないのはあたりまえである。ひとつひとつの経験に満足できないのはあたりまえである。

自分に自信のある人というのは、このように自分が分裂していない人である。自信というのは、決して他人の評価から生まれてくるものではない。⑦他人がどんなにその人を高く評価しても、心の分裂している人は自分に自信が持てない。

また、だからこそ他人がそれほど高く評価していなくても、生きることを楽しみ、いつも気持の安定している人もいるのである。そのようにいつも気持の落ち着いている人は、甘えの欲求が満たされ、許されない自分を自分の意識から排除していない人である。㋐その人の意識している自分が、実際の自分にかなり近い。

従って自分という存在をそれほどいろいろ意識することもないのである。分裂している人ほど、そして無意識の領域の大きい人ほど自分のやることをひとつひとつ意識しないではいられないのである。

結局自己評価というのは、小さい頃自分の実際の存在が許されたかどうかによって、高くなったり低くなったりしてくるのである。㋑

低い自己評価であるにもかかわらず、社会的に高い評価を得ると、その人の神経症的自尊心は高まる。㋒しかし、その人の気持の不安定さは変わりない。気持が落ち着かない、イライラする、生きることが難しい、他人が自分をわるく思わないかと不安である等々というのは、実際の自分と自分が思っている自分とは違うということを告げているのである。㋓

社会的に高い評価を受けたり、他人にほめられたりで得意になっている人は、決して自己評価が高いわけではない。㋔

私自身自分は愛に満ちたりた存在だと「確信」していた時期があった。そしてその「確信」にもかかわらず、気持は落ち着かなかった。なぜか実に不愉快になったり、将来に不安だったり、ものごとが自分の思うようにいかないとイライラしたり、ほんの小さな失敗でひどく［ A ］してしまったり、とにかく傷つき易かった。

［ Y ］、自分は愛に満ちたりているのではなく、逆に愛に飢えているのだと気がついてみると、不思議に、その傷つき易さはなくなっていった。傷つき易い過敏な神経がやわらいでいった。自分でも面白いくらい自分が落ち着いていった。

そして愛に飢えている実際の自分に気がついてみると、なぜこんなにまで飢えている自分を、満ちたりていると意識できたか信じられないくらいである。私の心は日照りがつづいて、パカパカしてひびわれした土地のようになっていた。⑧一滴の水を求めて乾ききった土地のようであった。その自分の心をオアシスのように思っていたのであるから、抑圧というのは恐ろしい。

ただ今も述べたように、やはり抑圧していれば、あなたは実は本当の自分を抑圧しているよ、あなたの考えているあなたは、実際のあなたとは違うよ、と自ずから告げてくるのである。すぐにうちの人に怒る人、すぐに不機嫌になる人、こんな人は、そのように告げられているのである。

ただ、抑圧の意識化の難しさはここにもある。つまり不機嫌な人は自分が不機嫌であると認めない。そういう意味では、他人の自分に対する態度に不満の多い人は、抑圧があると言ったほうが分かりやすいかも知れない。他人の自分に対する態度に不満ばかりの人は、ひたったり、すねたりひがんだりしている人は、案外自分が愛情欲求の不満のかたまりであるということに気がついていない。

　自分の欲求不満に正面から直面することのほうが、どれだけものごとの解決に役立つか分からない。

　自分の中の甘えの欲求を悪いものとして排除してしまうと、生きている実感を失ってしまう。③どういう場合にそうなりやすいのであろうか。

　まず親が愛情欲求を満たされていない。しかし自分の欲求不満を認めることができない。つまり甘えの欲求をよくないこととして抑圧している時である。するとそれがたとえば子供に投影される。子供の中に甘えの欲求を少しでも見つけると、それを激しく非難する。

　子供の中にほんの少しでも甘えの欲求を見つけて、それを激しく非難することで、親は自分の心の葛藤を一時的に解決する。親自身が自分の中の甘えの欲求を否定しているので、心の中は葛藤している。これを一時的に解決するためには他人の中の甘えの欲求を非難することである。

　このようにaイクジのない親は外の人間には面とむかって何も言えないから、自分の子供を非難の対象にする。子供は甘えの欲求を親から激しくb叱責されることで、これを完全に意識から排除する。

　認められる自分と認められない無意識の自分に分裂する。このように自分が分裂してしまえば、④「私」という実感はなくなる。つまりアイデンティティーの喪失である。⑤［　　　　］を感じられなくなってしまう。

　自然に生きていかれるのではなく、「これで自分は生きていく」というような強烈な「これ」を必要とするようになる。何かにそこまでしがみつかなければ生きていけないのである。

「私」という実感を失ってしまった者は、たえず自分の存在感を感じようと焦る。自分は生きているという確かさを必要とする。それを何かにしがみついて得ようとする。自分の存在を証明してくれるような何かを見つけて、それにしがみついて生きていこうとする。

　規範意識が肥大化している者などもそうであろう。生きているという確かさを失ってしまったので、規範意識でそれを得ようとする。そこで規範意識が肥大化してしまう。すべてが「～するべき」で処理され、cジュウナン性を欠いてしまう。

　自分をも、他人をも許さないような過剰な規範意識に苦しんでいる者は、⑥自分が二つに分裂してしまっているのである。そしてそのことを認めることができないでいるのである。

　ロロ・メイも、強迫的で厳格な道徳主義は存在感の欠如の結果であると述べている。

　……compulsive and rigid moralism arises in given Persons precisely as the result of a lack of a sense of being.

　これは生きることを楽しめなくなってしまった人達の意識である。散歩していても、何かこんなことをしてはいられないという気持になり、散歩を楽しめない。一人で椅子に坐って、風がほほをなでていく、あーいい気分だなあと感じて満ちたりるというようなことがない。いつも何かこんなことをしていてはいられないと焦る。

　冷たい風がほほをなでていくことは、自分の存在を証明してはくれないからである。自分が認められる自分と認められない自分に分裂していない人は、ただ冷たい風がほほをなでていくことだけで十分なのである。それ以外には何も必要としない。

　生きることを難しくしてしまうような過剰な規範意識というのは、存在感の欠如の補償作用なのである。過剰な規範意識で生きることが難しくなってしまっている人などというのは、気がついてみれば自分の存在は甘えの欲求そのものなのかも知れない。自分の体のすみずみまで、もしかすると甘えの欲求に占領されているのかも知れない。

　しかし、決してそれを意識できないでいるから、生きることが辛くて仕方ないのである。仕事が辛いとか、食べものがあわないとかいうのではない。単純にただ生きることが辛いのである。ただ坐っ

二〇二四年度 淑徳高等学校

【国　語】（五〇分）〈満点：一〇〇点〉

（注意）設問においては、特に注記のないかぎり句読点や記号等も字数に数えるものとします。

［一］ 次の文章を読んで、後の問いに答えなさい。

甘えの欲求というのはわれわれの基本的な欲求である。これが満たされていないと、この欲求はいろいろなかたちであらわれてくる。たとえば白昼夢である。

私は少年時代、青年時代、時間があればいつもいつも白昼夢にひたっていた。いや時には何かべつのことをしながら白昼夢にひたっていた。つまり誰かと話をしていながらも白昼夢にひたっていた。

誰かと話をしながらも、心は全くべつの世界をさまよっているという①異常な時期があった。山を登りながらも白昼夢にひたっていた。車を運転しながらも白昼夢にひたっていた。眠る時も眠りつくまでは白昼夢にひたっていた。

とにかく、現実の中で生活しながら、心は現実とはべつの世界で生きていた。これは辛いことであった。そして長い長い白昼夢のあとにはやりきれない虚しさが心のなかに広がっていった。

そしてある時、私ははっと気がついた。私は白昼夢によって自分の満たされない甘えの欲求を間接的に満たしているのだ、ということを。私の心の底にある満たされない愛情欲求が、私をあのような白昼夢にひたらせているのだと分かってから、白昼夢にひたることもなくなった。

それだけに、②白昼夢の虚しさをどれだけ嫌っても白昼夢にひたらざるを得なかったのである。私は白昼夢のあとのあの虚無感を考えると、白昼夢などにひたりたくはなかった。しかし、どんなに白昼夢にひたりたくないと思っても、どうしても白昼夢にひたってしまった。

それは私が無意識の世界の愛情飢餓感に支配されていたからである。小さい頃の甘えの欲求を全くといっていいほど満たされていなかった私は、どうしようもなくその欲求不満に支配されていたのである。

現実の世界ではどうしようもなく満たすことのできない甘えの欲求を、私は想像の世界で満たそうとしていたのである。私が満たそうとしたというより、欲求は自らを満たしていったといったほうがいいだろう。

しかしそれは決して直接的な満足ではない。従って、いつも虚しさを伴うし、満たされても満たされても、欲求は消えることはなかった。私の白昼夢の内容はまさに甘えの欲求を満たすようなものだったのである。

［　X　］自分が世界の中心にいて、皆の注目をあつめ、チヤホヤされているものであった。その白昼夢の世界では自分中心で受け身で、限りなく私は受け入れられる存在であった。

この白昼夢の内容から、すぐにでも、これは甘えの抑圧の復権であると理解できてもよさそうである。しかしこれが甘えの抑圧の復権であると分かるのには時間がかかった。いい年をして白昼夢にひたりつつ、それが自分の満たされない甘えの欲求からでたものであるとは気づかなかったのである。

アメリカで、『賢い女と愚かな選択』という本がベストセラーになった。そのなかに、次のような文がある。つまり私達は何かを間接的に達成した時、何となく気分がよくないというのである。

……whenever we achieve anything in an indirect way, we feel bad inside.

甘えの欲求を白昼夢で満たしてみても、そこには直接満たされた時のような快適な満足感はない。丁度すねたり、ひがんだりしてものごとをなしとげた時と同じである。

そのようにして何を達成しても自信にむすびつかない。白昼夢に

2024年度／淑徳高等学校

英語解答

1 (1) doesn't have　(2) is, speaker
(3) have belonged　(4) Shall we
(5) to take
(6) better〔more〕, any
(7) of mine　(8) without saying
(9) have to　(10) are there

2 (1) season　(2) book　(3) tear
(4) place　(5) mean

3 (1) カ　(2) エ　(3) キ　(4) ア
(5) イ　(6) オ　(7) ウ

4 問1 ① what games to play
④ were so happy and excited that they didn't notice
問2 (例)私はあなたよりも半年分年上だ
問3 ③…エ　⑦…イ　⑧…ア　⑪…ウ
問4 ⑤ was covered　⑥ better
問5 イ
問6 (例)こみ上げてくる笑い〔止められない笑い〕
問7 (1)…T　(2)…F　(3)…F　(4)…T
(5)…F

5 問1 1…[D]　2…[G]　3…[E]
4…[C]　5…[B]
問2 ① 哺乳類　② 獲物
③ 2500万　④ 食物連鎖
⑤ 絶滅
問3 エ　問4 protection
問5 1 Sharks
2 humans〔we, you〕

1〔書き換え─適語補充〕

(1)「彼女には友達がいない」　no ～ は not any ～ で書き換えられる。

(2)「トムは中国語を上手に話す」→「トムは中国語の上手な話し手だ」　a good speaker of ～ で「～の上手な話し手」を表す。

(3)「私はずっと学校の音楽部の部員だ」→「私はずっと学校の音楽部に所属している」　belong to ～ で「～に所属している」。上の文に合わせて現在完了('have/has＋過去分詞')にする。

(4)「散歩に行きましょう」→「散歩に行きませんか」　Let's ～「～しましょう」は Shall we ～「(一緒に)～しませんか」で書き換えられる。　go for a walk「散歩に行く」

(5)「私は夕方早くに散歩をするのが好きだ」　「～するのが好きだ」は like ～ing(動名詞), like to ～(名詞的用法のto不定詞)のどちらでも表せる。　take a walk「散歩する」

(6)「私は全ての本の中でこの本が一番好きだ」→「私はこの本がほかのどの本よりも好きだ」　最上級の文は'比較級＋than any other＋名詞の単数形'「ほかのどの～より…」の形で書き換えられる。なお,「～の方がより好きだ」は like ～ better と表すのが一般的で, more はあまり用いられない。

(7)「シンディは私の友達の１人だ」　'a friend of＋所有代名詞'で「～の友達の１人」。a/an と my などの所有格の代名詞を並べて使うことはできない。

(8)「ケビンはさよならを言わずに家を出た」　without ～ing で「～せずに, ～することなしに」。without「～なしに, ～がなければ」の後に動詞が続くときは, 動名詞(～ing)にする。

(9)「私は放課後に勉強をしなければなりませんか」　must は have/has to ～「～しなければならない」で書き換えられる。have/has to ～ は疑問文では'Do/Does＋主語＋have to ～?'の形になる。

(10)「あなたの家族には何人の人がいますか」　There is/are ～「～がある〔いる〕」を疑問文の語順にして書き換える。

2〔適語補充―共通語〕

(1)上：「あなたは1年のどの季節が一番好きですか」／下：「私はしょう油で魚の味つけをしたい」　上の文の season は「季節」という名詞，下の文の season は「～の味つけをする」という動詞。

(2)上：「私たちはホテルを予約したい」／下：「この本は2000年に書かれた」　上の文の book は「～を予約する」という動詞，下の文の book は「本」という名詞。

(3)上：「彼は自分の目の涙を拭いた」／下：「その手紙を読んで彼はとても怒ったので，彼はそれを引き裂きたくなった」　上の文の tear[tíər]は「涙」という名詞，下の文の tear[téər](up)は「～を引き裂く」という動詞。

(4)上：「あなたはこの場所を覚えていますか」／下：「そこにそれを置いてください」　上の文の place は「場所」という名詞，下の文の place は「～を置く」という動詞。

(5)上：「そんなことを言うなんて，彼はとても意地悪だった」／下：「あなたは何を意味しているのですか〔何のことを言っているのですか／どういう意味ですか〕」　上の文の mean は「意地悪な」という形容詞。下の文の mean は「～を意味する」という動詞。

3〔対話文完成―適語選択〕

≪全訳≫❶A：ねえ，最近の数学の宿題，難しかったと思わない？❷B：うん，すごく大変だった！特に最後の問題は，全くわからなかったな。❸A：こっちも同じ！　先生が授業で説明してくれたけど，まだピンとこないんだ。❹B：そう，私も同じように感じてる。でも，諦めないでがんばろう。❺A：うん，そうだね。ほかの教科はどう？❻B：英語は大丈夫だけど，歴史は苦労してる。暗記することが多すぎて…。❼A：わかる，私も歴史は苦手だから。でも，復習に時間をかければ，だんだん理解できるようになるかもしれないよ。❽B：本当に？　励ましてくれてありがとう。ああ，ところで，部活はどう？❾A：部活は楽しいよ！　私は美術部に入ってる。絵を描くのが大好きなんだ。❿B：それはいいね！　私はまだ決めてないんだ。部活と勉強の両立は大変じゃない？⓫A：うん，大変なこともあるだろうけど，自分が楽しめることを見つけるのは大切だよ。もし興味のあることがあるなら，試してみなよ！⓬B：うん，考えてみる。ああ，そういえば，今度の土曜日に一緒に映画を見に行くのはどう？⓭A：いいね！　どんな映画が見たい？⓮B：最近公開されたアクション映画があるよ。おもしろそうなんだ。⓯A：それはわくわくするね！　友達も何人か誘おうか？⓰B：グループで行くのはいい考えだね。ほかの友達も誘ってみる。⓱A：了解！　土曜日が楽しみだね。

＜解説＞(1)後に the recent math homework，difficult という‘名詞＋形容詞’が続くことから，‘find＋目的語＋形容詞’「～が…だとわかる〔思う〕」の形だと判断できる。　(2)Same here. で「こっちも〔自分も〕同じだ」という意味。　(3)There is/are ～「～がある〔いる〕」の文にする。　(4)by the way で「ところで」。　(5)give it a try で「試しにやってみる」。it は直前の something you're interested in を指している。　(6)speaking of which で「そういえば」という意味。この which は関係代名詞で，前に述べた内容を受けている。　(7)直後の第14段落でBが action movie という映画の種類を答えていることから，Aは映画の種類を尋ねたのだとわかる。　kind「種類」

4〔長文読解総合―物語〕

≪全訳≫❶トーマスとダニエルは親友だった。トーマスは5歳ちょっと，ダニエルは5歳半ちょっとだった。ダニエルが半年年上であることは，彼らが，誰が何のゲームをするかを選ぶのか，誰がスクールバスで運転手の隣に座るのかを決めなければならないときに重要だった。「僕は君よりも半年分年上だから，僕が選べるんだ」とダニエルは言ったものだった。❷彼らの両親も親友だったので，2家族は大きく，古い家に一緒に住んでいた。トーマスと彼の家族は2階に住み，ダニエルと彼の両親は1階に住んでいた。少年たちは，その家の一番良いところは，天気が悪いときに遊ぶ地下室があることだと思っていた。❸ある晴れた朝，ダニエルが目を覚ますと，すばらしい考えが彼の頭に浮かんだ。朝食を食べ終わるのが待ちきれず，彼はトーマスにそのことを伝えに行った。彼らは庭に駆け降り，ダニエルは「トム，温室にペンキを塗らないかい？　今みたいな白じゃなくて，虹の全ての色に！」と言った。❹「でも，お父さんやお母さんたちは何て言うかな？」とトーマスは言った。❺「ああ，それは大丈夫だよ」とダニエルは言った。「僕のお父さんがこう言うのを聞いたんだ…」　そして彼はトーマスの耳にささやいた。❻「いいね！」とトーマスが言い，彼らはペンキとはけを集めるために地下室に入っていった。彼らは棚の上に数本のペンキの缶――青，緑，オレンジ，黄色，赤のものを見つけた。彼らはこれらを温室へと運び，作業を始めた。❼「ドアをオレンジ色に，窓枠を青く，ふちを黄色に塗ろう」とトーマスが言った。❽「僕の一番好きな色は赤だ」とダニエルが言った。「だから僕は窓を赤に，ふちを緑にするよ」❾彼らはとても喜び，興奮していたので，全てのペンキを温室に塗り終えたわけではないことに気づかなかった。しかしそのとき，トーマスは窓枠に映る自分の姿を見た。❿「ねえ，ダン，見てよ！　僕はオレンジ色の髪の恐ろしい怪物だぞ！」⓫それから，ダニエルはガラスに映る自分の姿を見た。彼の顔はペンキの汚れで覆われていた。⓬「僕は緑の汚れがついた怪物だ！」と彼は笑った。⓭突然２階の窓が開いて，トーマスの母親が叫んだ。⓮「あなたたち，オレンジジュースとチョコレートビスケットはどう？　私たちは今出ていくから…」⓯「うん，お願い！」と彼らは一緒に叫んだ。⓰「みんなは新しい温室を気に入ると思う？」とダニエルはささやいた。⓱「もちろん気に入るよ」とトーマスは言った。「前よりずっとかっこいい！」⓲その瞬間，彼らは小道を下ってくる足音を聞いた。しかし突然，その足音は止まった。ダニエルの母親が悲鳴を上げ，持っていたトレーを落としそうになった。⓳「ダニー，あなたいったい何してたの？　あなたの顔を…ジーンズを…それから温室を見なさい！　お父さんは何て言うかしら？」⓴「大丈夫だよ」とダニエルは言った。「お父さんは喜ぶよ。喜ぶのはわかってるんだ。先週，お父さんが『この庭に必要なのはちょっとした色だな！』って言うのを聞いたんだ」㉑「でも，彼はペンキのことじゃなくて――花のことを言ってたのよ！」とダニエルの母親は言った。㉒「ああ」とトーマスとダニエルはお互いを見ながら言った。そして彼らは母親たちを見た。彼女たちの肩は震えているようで，おかしな泡のような音が彼女たちの中から聞こえてきた。㉓「わかったわ」とトーマスの母親が言った。「今回はあなたたちを許してあげる。でも，もう二度と無断であんなことはしないで。さあ，手のペンキを落として，お茶を飲みましょう」

問１＜整序結合＞①‘what＋名詞＋to ～’「何の…を～すればよいか」の形にする。　④so と that が語群にあることから，‘so＋形容詞＋that 主語＋動詞～’「とても…なので～」の形になると判断できる。

問２＜英文和訳＞half a year「半年」は比較級 older の程度を表している。「半年分」と考えればよい。

問３＜適語選択＞③pop into ～'s head「～の頭に浮かぶ」　⑦at that moment「その瞬間」　⑧on earth「(疑問詞の直後に置いて)いったい」　⑪without ～ing「～せずに，～することなしに」

問４＜語形変化＞⑤「顔がペンキの汚れで覆われた」という受け身の意味にするのが自然なので，受け身形(‘be動詞＋過去分詞’)の was covered とする。　be covered with ～「～で覆われている」　⑥much は「ずっと」の意味で比較級を強調するはたらきがあるので，比較級の better にする。

問５＜適語選択＞直後の２文参照。ダニエルは父親の「この庭に必要なのはちょっとした色だな！」という発言をふまえて温室を虹色に塗っているので，自分たちの行動は父親の意向に沿ったものだと考えている。そのため，父親は喜んでくれると思っているのである。

問６＜語句解釈＞下線部の funny から，母親たちはダニエルの勘違いによる行為をむしろおもしろく感じていると推測できる。ここから，funny bubbly noises とは「笑い声」なのではないかと考えられる。bubbly は bubble「泡」の形容詞形で「泡のような」といった意味なので，下線部は，「(泡のように体の中から)こみ上げてくる笑い」のようなものなのだとわかる。

問７＜内容真偽＞⑴…○　第２段落第１文の内容に一致する。　⑵…×　第３段落最終文のダニエルの発言，および第６～８段落参照。トーマスとダニエルはさまざまな色のペンキで温室を塗った。greenhouse は「温室」の意味で，色が緑色ということではない。　⑶…×　第18段落最終文参照。ダニエルの母親はトレーを落としそうになったが，実際には落としていない。　nearly「ほとんど」　⑷…○　第20，21段落の内容に一致する。　⑸…×　第23段落参照。トーマスとダニエルは，トーマスの母親に注意は受けたが，厳しく叱られてはいない。

5〔長文読解総合―説明文〕

≪全訳≫❶鋭い背ビレ。何列にも連なったかみそりのように鋭い歯。大きな真っ黒の目。『ジョーズ』やディスカバリー・チャンネルの「シャーク・ウィーク」などのテレビで見るサメは，あまり友好的な外見の生き物ではない。彼らは海で泳いでいるときに近くにいてほしい動物でもない。映画や大衆文化における描写にもかかわらず，サメは複雑で誤解された生き物で，見かけ以上に攻撃や危険にさらされている。❷イルカやクジラのような哺乳類のように見えるが，サメは実際には魚の一種である。この大きな魚は，世界にとって新しい存在ではない。彼らは450億年以上前から存在し，恐竜よりさらに古いのだ。ほかのほとんどの魚と違って，サメの骨格は骨ではなく軟骨でできている。軟骨はあなたの鼻や耳を形づくっているものだ。この素材のおかげで，彼らは骨折することなくより容易に動くことができ，水の中を滑るように進める。ほとんどの魚にはエラが１つしかないが，サメには５～７つあり，それら全てのおかげで，サメは水から酸素を分離することができる。❸サメは冷たく黒い目をした大きな獣として常に描写されるが，サメの間にも多くの違いがある。400種類以上のサメがいるのだ。これらは，ジンベエザメと呼ばれる体長55フィート以上にもなる穏やかな大型のサメから，わずか数インチの小さなランタンシャークまで多岐にわたる。海の深い所を泳ぐサメもいれば，水面近くや浅瀬にとどまるサメもいる。ほかの魚を食べるものもいれば，アザラシのような小型の哺乳類を狙うものもいて，歯さえないサメもいるのだ。大衆文化やテレビにおいて大きな注目を集めるサメといえば，ホホジロザメとその何列にも連なった鋭い歯だけである。❹サメに関するよくある誤解の１つに，彼らが人間を狩ろうとするというものがある。サメが人間を襲うのは，人間を通常の獲物であるアザラシやイルカと間違えるからである。彼らが故意に人間を狙うことはない。映画やテレビで見るものにもかかわらず，サメの攻撃に関する真実は，それらがあなたの身に起こる可能性は非常に低いということである。それらはとてもまれで，統計的には，サメにかまれるよりも雷に打たれる可能性の方が高い。もう１つのよくある誤解は，サメが１マイル離れた，わずか１滴の血液のにおいを嗅ぎつけることができるというものだ。サメは強い嗅覚を持っているが，実はその嗅覚はほかの魚類のものと似たようなものだ。BBCのサイエンス・フォーカスによると，彼らは2500万分の１から100億分の１のにおいに気づく。これは，１滴の血液に対し，周囲にそれを薄める2500万滴の水があることを意味する。これは海全体ではなく，小さなプールの中の１滴の血液に等しい。❺サメは，頂点捕食者として海にはとても重要である。彼らは食物連鎖の頂点に位置しており，それは上位の捕食者がほとんどおらず，下位の動物を食べることを意味する。食物連鎖とは，食べ物が生物から生物へと移動する順序のことだ。例えば，太陽のおかげで海藻などの植物が育ち，それらは魚によって食べられる。その後，魚はアザラシに食べられ，アザラシはホホジロザメに食べられる。これが，サメがその一部となっている食物連鎖の一例だ。ホホジロザメがいなくなればアザラシの数が増え，その結果，全ての魚を食べるほどアザラシが多くなるため，魚の数が減ってしまう。魚が海藻を食べなければ，海藻は手に負えなくなるほど成長する。サメは頂点捕食者として，下位の全ての生物の数を調整するのに役立っているのだ。もし彼らが連鎖から外れると，その影響は連鎖の全体に及ぶ。❻サメは人間にとってとても恐ろしい存在であるという評判があるが，悲しいことに，サメは人間を恐れているはずだ。海のサメの数は着実に減少している。これにはいくつか理由がある。１つには，サメは数年かけ，かなりゆっくりと成長してから，比較的少ない数の子どもを産むので，乱獲の危険にさらされやすいということがある。過去に４度の大量絶滅を生き延びているにもかかわらず，現在では人間が乱獲のために彼らを絶滅寸前にまで追い込んでいる。❼これに対し，サメ漁に制限を設けることでサメを保護する措置をとった国もある。フカヒレスープがとても人気のある中国では，中国政府が，その文化的重要性を改めるため，公式の晩餐会でのフカヒレスープの提供を停止した。このような変化は小さなものだが，うまくいけば，サメを守る方向へと法律や文化を推し進めるはずだ。彼らの恐ろしい評判にもかかわらず，サメは見かけ以上に攻撃や危険にさらされており，私たちの保護を必要としているのだ。

問１＜要旨把握＞１．「なぜサメは私たちをときどき襲うのか」　第４段落（[D]）第２文に，人間を通常の獲物であるアザラシやイルカと間違えるからという理由が述べられている。　２．「政治がどのように状況を変えられるかについての説明」　第７段落（[G]）に，サメ漁に制限を設けた国があること，中国政府が公式の晩餐会でのフカヒレスープの提供を停止したことが述べられている。　３．「サメが生態系においてほかの生き物を狩ることの重要な役割」　第５段落（[E]）に，ホホジロサメがいなくなるとその影響が食物連鎖全体に及ぶことが述べられている。　４．「サメの食生活についての言及」　第３段落（[C]）参照。魚や，アザラシのような小型の哺乳類を食べるサメについて説明されている。　５．「サメと魚の違いの例」　第２段落（[B]）参照。ほかの魚と異なるサメの体の特徴として，骨格が軟骨でできていることやエラの数が多いことが述べられている。

問２＜単語の意味＞①直後に such as dolphins and whales「イルカやクジラなど」として，「哺乳類」の例が挙げられている。　②直後の seals or dolphins「アザラシやイルカ」はサメが通常狩るもの，つまり「獲物」の例である。　③million は「100万」なので，25 million は「2500万」となる。　④第５段落（[E]）第３文参照。「食べ物が生物から生物へと移動する順序」が「食物連鎖」だと説明されている。　⑤because of overfishing「乱獲のために」とある。その結果起こることなので，「絶滅」だと推測できる。

問３＜表題選択＞本文全体の内容を表す，エ．「サメに関する誤解と事実」が適切。アは第２段落（[B]），イは第６段落（[F]），ウは第５段落（[E]）にそれぞれ関連する記述があるが，本文の一部分の内容なので，文章全体のタイトルには適さない。

問４＜適語補充＞空所を含む文の前半で，サメが攻撃や危険にさらされていると述べられているので，サメは私たちの protection「保護」を必要としているのだと考えられる。

問５＜適語補充＞≪全訳≫マリー・ドルーアルは自然界の不思議をあらゆる人と分かち合うことを愛する元科学者だ。彼女はニューヨーク市を拠点としている。サメは地球上の最も古い生き物の１つだ。この情報記事において，ドルーアルは人間がこの海の生き物について学ぶことはもっとたくさんあると説明している。

＜解説＞１．第２段落（[B]）第３文に「サメは恐竜よりさらに古い」とある。後に are が続くので，Sharks と複数形にする。　２．「海の生き物について学ぶ」ことができるのは「人間」なので，humans などとする。「一般の人々」を表す we や you でもよい。空所の直前には目的格の関係代名詞が省略されている。

数学解答

1 (1) 162　(2) $\frac{1}{7}x-\frac{41}{24}y$

(3) $8\sqrt{2}+\frac{11\sqrt{3}}{3}$

(4) $-a+2b-3c+4d-5e+1$

(5) $(x+3)(x-3y-2)$

(6) $x=-\frac{1}{7}$, $y=-13$

(7) $x=1$, 4

2 (1) 14　(2) $-\frac{1}{2}$, $\frac{2}{3}$　(3) $\sqrt{7}$

(4) $(a,\ b)=(1,\ 10)$, $(2,\ 8)$, $(3,\ 6)$, $(4,\ 4)$, $(5,\ 2)$

(5) 1011個　(6) $\frac{5}{72}$

(7) $50\sqrt{3}-\frac{275}{12}\pi\ \mathrm{cm}^2$

3 (1) $y=-\frac{1}{3}x-1$　(2) 3個

(3) $-\frac{18}{7}$

4 (1) $x:(2x-24)$　(2) 40cm

(3) 毎秒$\frac{10}{3}$cm, $\mathrm{P}\left(-\frac{100}{7}\right)$

1〔独立小問集合題〕

(1)＜数の計算＞与式$=64-(-128)-27+(-3)=64+128-27-3=162$

(2)＜式の計算＞与式$=\left(\frac{3x}{6}-\frac{2y}{6}\right)+\left(\frac{x}{7}-\frac{7y}{7}\right)-\left(\frac{4x}{8}+\frac{3y}{8}\right)=\frac{1}{2}x-\frac{1}{3}y+\frac{1}{7}x-y-\frac{1}{2}x-\frac{3}{8}y=\frac{1}{2}x+\frac{1}{7}x-\frac{1}{2}x-\frac{1}{3}y-y-\frac{3}{8}y=\frac{1}{7}x-\frac{8}{24}y-\frac{24}{24}y-\frac{9}{24}y=\frac{1}{7}x-\frac{41}{24}y$

(3)＜数の計算＞与式$=3\times2\sqrt{3}+4\times3\sqrt{2}-\frac{8\times\sqrt{2}}{\sqrt{2}\times\sqrt{2}}-\frac{7\sqrt{3}}{3}=6\sqrt{3}+12\sqrt{2}-\frac{8\sqrt{2}}{2}-\frac{7\sqrt{3}}{3}=12\sqrt{2}-4\sqrt{2}+\frac{18\sqrt{3}}{3}-\frac{7\sqrt{3}}{3}=8\sqrt{2}+\frac{11\sqrt{3}}{3}$

(4)＜式の計算＞$a-2b+3c-4d+5e=A$とおくと，与式$=(A+1)^2-A(A+3)=A^2+2A+1-A^2-3A=-A+1=-(a-2b+3c-4d+5e)+1=-a+2b-3c+4d-5e+1$である。

(5)＜式の計算―因数分解＞与式$=(x^2+x-6)+(-3xy-9y)=(x+3)(x-2)-3y(x+3)$　$x+3=A$とおくと，与式$=A(x-2)-3yA=A(x-2-3y)=(x+3)(x-2-3y)=(x+3)(x-3y-2)$である。

(6)＜連立方程式＞$0.8x-1.25(0.2y-1)=1.5x-0.2y+2$……①，$\frac{2}{35}y-\frac{3x-10}{5}=-4x-\frac{1}{7}\left(\frac{38}{5}+y\right)$……②とする。①より，$0.8x-0.25y+1.25-1.5x+0.2y=2$，$-0.7x-0.05y=0.75$となり，両辺を20倍すると，$-14x-y=15$……①′　②×35より，$2y-7(3x-10)=-140x-5\left(\frac{38}{5}+y\right)$，$2y-21x+70=-140x-38-5y$，$119x+7y=-108$……②′　①′×7＋②′より，$-98x+119x=105+(-108)$，$21x=-3$　$\therefore x=-\frac{1}{7}$　これを①′に代入すると，$-14\times\left(-\frac{1}{7}\right)-y=15$，$2-y=15$　$\therefore y=-13$

(7)＜二次方程式＞$2x^2-10x+8=0$　両辺を2でわって，$x^2-5x+4=0$，$(x-1)(x-4)=0$　$\therefore x=1$，4

2〔独立小問集合題〕

(1)＜数の性質＞$126\times n=2\times3^2\times7\times n$となり，これが自然数の2乗になるのは，$n=2\times7\times k^2$（$k$は自然数）と表されるときで，$2\times3^2\times7\times n=2\times3^2\times7\times(2\times7\times k^2)=2^2\times3^2\times7^2\times k^2=(2\times3\times7\times k)^2$となる。よって，$n$が最小の自然数となるのは，$k=1$のときで，$n=2\times7\times1^2=14$である。

(2)＜二次方程式―解の利用＞$(3x+1)(2x-1)z=ky$に，$x=1$，$y=8$，$z=1$を代入すると，$(3+1)(2-1)\times1=8k$，$8k=4$より，$k=\frac{1}{2}$になる。また，yの値がzの値の2倍になることから，$y=2z$である。

$(3x+1)(2x-1)z=ky$ に $k=\frac{1}{2}$，$y=2z$ を代入すると，$(3x+1)(2x-1)z=\frac{1}{2}\times2z$，$(3x+1)(2x-1)z=z$ となり，$z\neq0$ より，両辺を z でわると，$(3x+1)(2x-1)=1$，展開して整理すると，$6x^2-3x+2x-1=1$，$6x^2-x-2=0$ となる。解の公式より，$x=\frac{-(-1)\pm\sqrt{(-1)^2-4\times6\times(-2)}}{2\times6}=\frac{1\pm\sqrt{49}}{12}=\frac{1\pm7}{12}$ となり，$x=\frac{1+7}{12}$ のとき，$x=\frac{2}{3}$ であり，$x=\frac{1-7}{12}$ のとき，$x=-\frac{1}{2}$ である。

(3)**＜関数―a の値＞**$x=1$ のとき，$y=\frac{1}{3}(a^2-1)\times1^2=\frac{1}{3}(a^2-1)$，$x=4$ のとき，$y=\frac{1}{3}(a^2-1)\times4^2=\frac{16}{3}(a^2-1)$ となり，x の増加量は，$4-1=3$，y の増加量は，$\frac{16}{3}(a^2-1)-\frac{1}{3}(a^2-1)=\frac{15}{3}(a^2-1)=5a^2-5$ と表される。よって，〔変化の割合〕$=\frac{〔y の増加量〕}{〔x の増加量〕}$ より，x の値が1から4まで増加するときの変化の割合は，$\frac{5a^2-5}{3}$ と表される。これが10であることから，$\frac{5a^2-5}{3}=10$ が成り立つ。これを解くと，$5a^2-5=30$，$5a^2=35$，$a^2=7$，$a=\pm\sqrt{7}$ となり，$a>0$ だから，$a=\sqrt{7}$ である。

(4)**＜関数―a，b の値の組＞**$y=x+a$……①，$y=-2x+b$……②として，右図1のように，直線①，②と x 軸の交点をそれぞれP，Qとし，また，直線①，②の交点をRとする。まず，点Pは直線①上の点で $y=0$ だから，$0=x+a$，$x=-a$ より，$\mathrm{P}(-a,\ 0)$ となり，点Qは直線②上の点で $y=0$ だから，$0=-2x+b$，$2x=b$，$x=\frac{b}{2}$ より，$\mathrm{Q}\left(\frac{b}{2},\ 0\right)$ と表される。さらに，点Rは直線①，②より y を消去して，$x+a=-2x+b$，$3x=b-a$，$x=\frac{b-a}{3}$ となり，これを①に代入すると，$y=\frac{b-a}{3}+a=\frac{2a+b}{3}$ より，$\mathrm{R}\left(\frac{b-a}{3},\ \frac{2a+b}{3}\right)$ と表される。点P，Qの x 座標より，$\mathrm{PQ}=\frac{b}{2}-(-a)=a+\frac{b}{2}=\frac{2a+b}{2}$ となり，また，点Rから x 軸に垂線RHを引くと，$\mathrm{RH}=\frac{2a+b}{3}$ となる。よって，$\triangle\mathrm{PQR}=12$ となるとき，$\frac{1}{2}\times\mathrm{PQ}\times\mathrm{RH}=12$ より，$\frac{1}{2}\times\frac{2a+b}{2}\times\frac{2a+b}{3}=12$ が成り立つ。両辺を12倍して，$(2a+b)^2=144$，$2a+b=\pm12$ となるが，a，b が自然数より，$2a+b=12$ である。これより，$b=12-2a$ とすると，$a=1$ のとき，$b=12-2=10$，$a=2$ のとき，$b=12-4=8$，$a=3$ のとき，$b=12-6=6$，$a=4$ のとき，$b=12-8=4$，$a=5$ のとき，$b=12-10=2$，$a=6$ のとき，$b=12-12=0$ より，$a\geqq6$ のとき，b は自然数とならないので，適さない。したがって，a，b の値の組は，$(a,\ b)=(1,\ 10)$，$(2,\ 8)$，$(3,\ 6)$，$(4,\ 4)$，$(5,\ 2)$ の5組ある。

図1

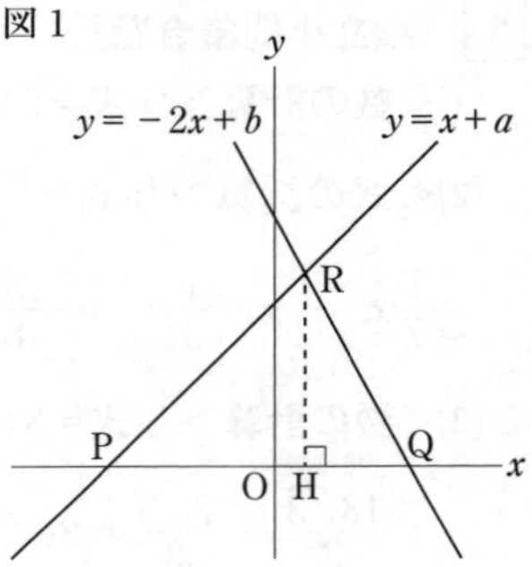

(5)**＜特殊・新傾向問題―規則性＞**右図2で，マッチ棒の本数は，正三角形が1個できるとき3本，正三角形が2個できるとき5本，正三角形が3個できるとき7本となるから，できる正三角形の個数が1個増えるごとにマッチ棒の数は2本増える。よって，マッチ棒が2023本あるとき，正三角形が1個のときと比べ，マッチ棒の数は $2023-3=2020$(本)増えているから，できる正三角形の個数は $2020\div2=1010$(個)増える。これより，正三角形は，$1010+1=1011$(個)できる。

図2

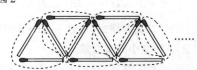

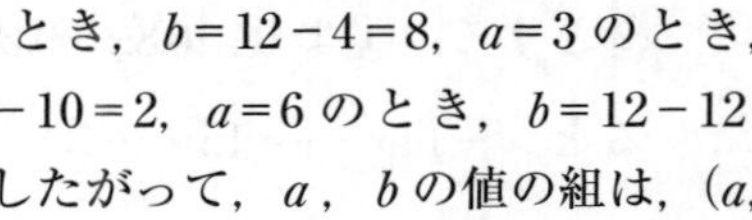

(6)**＜確率―サイコロ＞**サイコロを3回投げて，出た目の数を a，b，c とするとき，a，b，c はそれぞれ6通りあるから，a，b，c の組は全部で $6\times6\times6=216$(組)ある。$ax^2-bx+c=0$ が $x=1$

を解にもつとき，$x=1$ を代入すると，$a\times1^2-b\times1+c=0$，$a-b+c=0$ が成り立つから，これを満たす a，b，c の組を求める。$a-b+c=0$ より，$a+c=b$ となるから，$b=1$ のとき，$a+c=1$ より，これを満たす a，c の組はない。以下，同様に調べると，$b=2$ のとき，$a+c=2$ より，$(a,\ c)=(1,\ 1)$ の1組，$b=3$ のとき，$a+c=3$ より，$(a,\ c)=(1,\ 2)$，$(2,\ 1)$ の2組，$b=4$ のとき，$a+c=4$ より，$(a,\ c)=(1,\ 3)$，$(2,\ 2)$，$(3,\ 1)$ の3組，$b=5$ のとき，$a+c=5$ より，$(a,\ c)=(1,\ 4)$，$(2,\ 3)$，$(3,\ 2)$，$(4,\ 1)$ の4組，$b=6$ のとき，$a+c=6$ より，$(a,\ c)=(1,\ 5)$，$(2,\ 4)$，$(3,\ 3)$，$(4,\ 2)$，$(5,\ 1)$ の5組となり，$1+2+3+4+5=15$(組)ある。よって，求める確率は $\dfrac{15}{216}=\dfrac{5}{72}$ となる。

(7)＜平面図形―面積＞まず，円Pの半径を求める。右図3で，円Aと円Pは外接しているから，接点をQとすると，点Qはそれぞれの円の中心を結んだAP上にある。また，円Oと円Pは内接しているから，接点をRとすると，点Rは円Oと円Pの中心を結んだOPの延長上にあり，また，OPは円Aの点Oを接点とする接線になるから，AO⊥OPである。円Pの半径を r cm とすると，AP＝AQ＋QP＝$10+r$，OP＝OR－PR＝$10-r$ と表され，△PAOで三平方の定理 $\mathrm{AP}^2=\mathrm{AO}^2+\mathrm{OP}^2$ より，$(10+r)^2=10^2+(10-r)^2$ が成り立つ。これより，$100+20r+r^2=100+100-20r+r^2$，$40r=100$，$r=\dfrac{5}{2}$ となる。ここで，図3のように，円Oと円A，Bの交わる点をそれぞれC，Dとし，$\overset{\frown}{\mathrm{OC}}$，$\overset{\frown}{\mathrm{OD}}$，$\overset{\frown}{\mathrm{CD}}$ に囲まれた部分の面積を，△OAC＋△OBD＋〔おうぎ形OCD〕－〔おうぎ形AOC〕－〔おうぎ形BOD〕として求め，さらに，円Pの面積をひいて斜線部分の面積を求める。まず，△OACはOA＝OC(円Oの半径)，OA＝CA(円Aの半径)だから，OA＝OC＝CAの正三角形とわかる。点Cから，OAに垂線を引いて，交点をHとすると，△CAHは30°，60°，90°の直角三角形になるから，$\mathrm{CH}=\dfrac{\sqrt{3}}{2}\mathrm{CA}=\dfrac{\sqrt{3}}{2}\times10=5\sqrt{3}$ となり，$\triangle\mathrm{OAC}=\dfrac{1}{2}\times\mathrm{OA}\times\mathrm{CH}=\dfrac{1}{2}\times10\times5\sqrt{3}=25\sqrt{3}$ である。また，同様に $\triangle\mathrm{OBD}=25\sqrt{3}$ である。さらに，おうぎ形OCD，AOC，BODはともに，半径10cm，中心角60°だから，面積は，$\pi\times10^2\times\dfrac{60^\circ}{360^\circ}=\pi\times100\times\dfrac{1}{6}=\dfrac{50}{3}\pi$ (cm²)である。よって，$\overset{\frown}{\mathrm{OC}}$，$\overset{\frown}{\mathrm{OD}}$，$\overset{\frown}{\mathrm{CD}}$ に囲まれた部分の面積は，△OAC＋△OBD＋〔おうぎ形OCD〕－〔おうぎ形AOC〕－〔おうぎ形BOD〕$=25\sqrt{3}+25\sqrt{3}+\dfrac{50}{3}\pi-\dfrac{50}{3}\pi-\dfrac{50}{3}\pi=50\sqrt{3}-\dfrac{50}{3}\pi$ となる。斜線部分の面積は，ここから，円Pの面積をひいて，$50\sqrt{3}-\dfrac{50}{3}\pi-\pi\times\left(\dfrac{5}{2}\right)^2=50\sqrt{3}-\dfrac{50}{3}\pi-\dfrac{25}{4}\pi=50\sqrt{3}-\dfrac{200}{12}\pi-\dfrac{75}{12}\pi=50\sqrt{3}-\dfrac{275}{12}\pi$ (cm²)となる。

図3

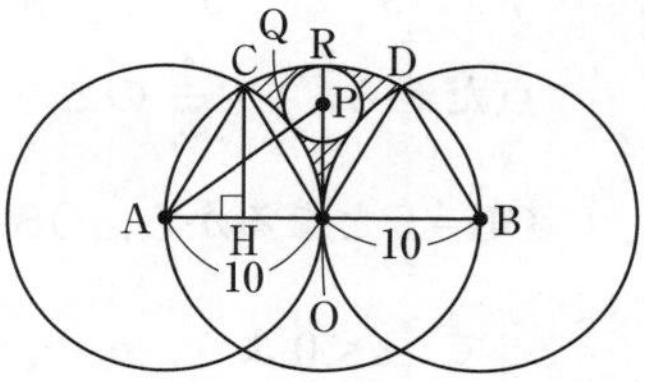

3 〔関数―一次関数と比例・反比例のグラフ〕

≪基本方針の決定≫(3)　△AOBと相似な三角形をつくる。

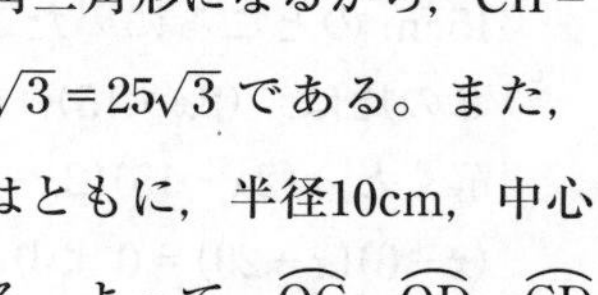

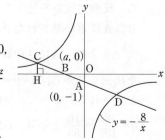

(1)＜直線の式＞右図で，$a=-3$ のとき，B$(-3,\ 0)$ だから，これとA$(0,\ -1)$ より，直線ABの傾きは $\dfrac{-1-0}{0-(-3)}=-\dfrac{1}{3}$ となり，切片は -1 だから，直線ABの式は $y=-\dfrac{1}{3}x-1$ となる。

(2)＜個数＞右図で，点Dは直線ABと双曲線 $y=-\dfrac{8}{x}$ の交点のうち，x 座標が大きい方だから，その x 座標は正である。これより，双曲線 $y=-\dfrac{8}{x}$ 上で，$x>0$ の場合，

x座標，y座標がともに整数になるのは，$x=1$のとき，$y=-\frac{8}{1}=-8$，$x=2$のとき，$y=-\frac{8}{2}=-4$，$x=4$のとき，$y=-\frac{8}{4}=-2$，$x=8$のとき，$y=-\frac{8}{8}=-1$より，(1，−8)，(2，−4)，(4，−2)，(8，−1)の4点ある。このうち，(8，−1)は，A(0，−1)より，直線ADがx軸と平行になり，点Bを通らない。よって，aの値の個数は，点Dが(1，−8)，(2，−4)，(4，−2)のときの3個になる。

(3)＜**x座標**＞前ページの図で，点Cからx軸に垂線CHを引くと，OA∥CHより，△AOB∽△CHBとなり，対応する辺の比より，AO：CH＝AB：BC＝3：4となる。A(0，−1)より，AO＝1だから，$\mathrm{CH}=\frac{4}{3}\mathrm{AO}=\frac{4}{3}\times1=\frac{4}{3}$となり，点Cの$y$座標は$\frac{4}{3}$となる。よって，点Cは双曲線$y=-\frac{8}{x}$上の点だから，$y=\frac{4}{3}$のとき，$\frac{4}{3}=-\frac{8}{x}$，$4x=-24$，$x=-6$となり，$\mathrm{C}\left(-6,\ \frac{4}{3}\right)$である。このとき，OH＝6となるから，OB：HB＝AB：BC＝3：4より，$\mathrm{OB}=\frac{3}{3+4}\mathrm{OH}=\frac{3}{7}\times6=\frac{18}{7}$となる。したがって，$a<0$より，$a=-\frac{18}{7}$である。

4 〔関数—図形の移動と関数〕

(1)＜**速さの比**＞右図で，PM＝QM＝$x$cmで，①より，Aが点Pを出発して点Mに着いたとき，移動距離は$x$cmである。同時に点Qを出発したCは点Pまで24cmの点にいたことから，Cの移動距離は，$x\times2-24=2x-24$である。速さの比は同じ時間での移動距離の比に等しいから，AとCの速さの比は，$x：(2x-24)$となる。

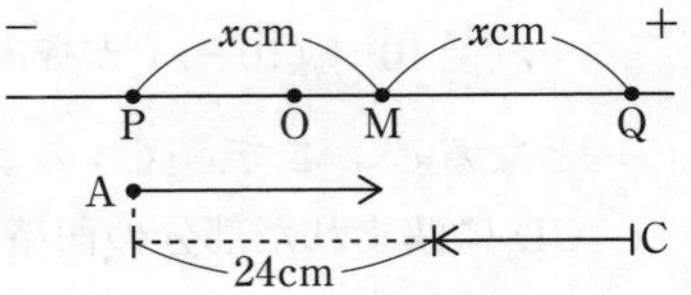

(2)＜**距離**＞②より，Cが点Mに着いたとき，Cの移動距離は$x$cmになり，このとき，Aは点Qまで15cmのところにいたことからAの移動距離は，$x\times2-15=2x-15$である。このとき，AとCの速さの比は，$(2x-15)：x$と表され，これと(1)より，$(2x-15)：x=x：(2x-24)$が成り立つ。これを解くと，$(2x-15)(2x-24)=x^2$，$4x^2-48x-30x+360-x^2=0$，$3x^2-78x+360=0$，$x^2-26x+120=0$，$(x-6)(x-20)=0$より，$x=6$，20となる。ここで，①のCの移動距離が，$2x-24>0$で，$x=6$のとき，$2x-24=2\times6-24=-12<0$より，適さず，$x=20$のとき，$2x-24=2\times20-24=16>0$より，$x=20$が適する。よって，2点PQ間の距離は，$20\times2=40$(cm)である。

(3)＜**速さ，座標**＞AとBは同時にそれぞれ点P，Oを出発し，③より，Bは出発して6秒後に点MでAに追い越されたから，Aは6秒間でPM，つまり，20cm移動したことになる。Aは一定の速さで移動するから，Aの速さは，$20\div6=\frac{10}{3}$より，毎秒$\frac{10}{3}$cmである。また，Bは原点Oから正の方向に出発してからの移動距離が，出発してからの時間の2乗に比例する速さで移動したことから，比例定数をkとすると，6秒後にMを通過したので，$\mathrm{OM}=6^2\times k=36k$と表される。さらに，BはAに追い越された9秒後にAに追いついたから，この地点を点Rとすると，Aの速さが毎秒$\frac{10}{3}$cmより，Aは9秒間に，$\frac{10}{3}\times9=30$移動したから，MR＝30である。このとき，Bは原点Oを出発してから，$6+9=15$(秒)後となり，原点Oから点Rまでの移動距離は，$\mathrm{OR}=15^2\times k=225k$と表される。よって，$\mathrm{MR}=\mathrm{OR}-\mathrm{OM}=225k-36k=189k$となり，$189k=30$が成り立つ。これより，$k=\frac{30}{189}=\frac{10}{63}$となり，$\mathrm{OM}=36k=36\times\frac{10}{63}=\frac{40}{7}$(cm)である。よって，$\mathrm{PO}=\mathrm{PM}-\mathrm{OM}=20-\frac{40}{7}=\frac{100}{7}$となり，点Pの座標は負だから，$\mathrm{P}\left(-\frac{100}{7}\right)$となる。

国語解答

一 問一 a 意気地 b しっせき c 柔軟
問二 オ 問三 オ
問四 X…オ Y…カ
問五 (i)…ウ
(ii) 規範意識が肥大化している者
問六 エ 問七 オ
問八 ・認められる自分
・認められない自分
問九 実際の自分の存在のほとんど全部が意識から排除されてしまっていて，評価されている自分も自分のことと意識できないから。(57字)
問十 意気消沈 問十一 愛
問十二 ㋑

二 問一 a 添削 b 箸〔箸〕 c 膨 d こわいろ
問二 Ⅰ 連用形 Ⅱ 連体形
問三 オ
問四 A 嬉しい気持ち B 愛され C 心をすり減ら
問五 ウ 問六 イ 問七 エ
問八 オ 問九 完成形 問十 ウ

一〔論説文の読解―教育・心理学的分野―心理〕出典：加藤諦三『自分に気づく心理学』。

≪本文の概要≫甘えの欲求は，我々の基本的な欲求である。甘えの欲求が満たされていないと，この欲求は例えば白昼夢の形で現れてくる。しかし，甘えの欲求を白昼夢で満たそうとしても，満足感は得られない。人は，自分の中の甘えの欲求を悪いものとして排除してしまうと，生きている実感を失ってしまう。愛情欲求を満たされておらず，甘えの欲求を抑圧している親を持つ子どもや，規範意識が肥大化している者がそれである。これらの場合，自分が，認められる自分と認められない自分に分裂してしまい，生きることが難しくなる。自己評価とは，小さい頃の実際の存在が許されたかどうかによって，高くなったり低くなったりしてくるのであり，抑圧した甘えの欲求を意識化しないかぎり，人は，どんなに社会的に高い評価を与えられても，自己評価が高くなることはない。甘えの欲求を抑圧していると，怒りやすかったり不機嫌になりやすかったりするものであるが，抑圧の意識化は難しい。他人の自分に対する態度に不満ばかりある人は，実際の自分は自分が思っている自分とは逆かもしれないと反省してみる必要がある。

問一＜漢字＞a.「意気地」は，物事に立ち向かって，やり抜こうとする気力のこと。 b.「叱責」は，しかり，責めること。 c.「柔軟」は，融通がきいて，そのときの状況に応じてしなやかに対処できるさま。

問二＜文章内容＞白昼夢を見て，「誰かと話をしながらも，心は全くべつの世界をさまよっている」のは，「白昼夢によって自分の満たされない甘えの欲求を間接的に満たしている」からである。「心の底にある満たされない愛情欲求」が「白昼夢にひたらせて」いたのである。

問三＜文章内容＞「白昼夢のあとのあの虚無感を考えると，白昼夢などにひたりたくはなかった」が，それでも「白昼夢にひたって」しまったのは，「私」が「無意識の世界の愛情飢餓感に支配されていたから」である。「小さい頃の甘えの欲求を全くといっていいほど満たされていなかった私は，どうしようもなくその欲求不満に支配されていた」ため，甘えの欲求を「想像の世界で満たそうとしていた」のである。

問四＜接続語＞X.「私」の白昼夢の内容は「甘えの欲求を満たすようなもの」で，言い換えるならば，「自分が世界の中心にいて，皆の注目をあつめ，チヤホヤされているもの」だった。 Y.

「自分は愛に満ちたりた存在だと『確信』していた時期」には「とにかく傷つき易かった」けれども，自分は「愛に飢えているのだと気がついて」みると，「その傷つき易さはなくなって」いった。

問五＜文章内容＞(ⅰ)親が「愛情欲求を満たされていない」という欲求不満を認めることができずに「甘えの欲求をよくないこととして抑圧している」という状態であると，それが「たとえば子供に投影」され，親は「子供の中に甘えの欲求を少しでも見つけると，それを激しく非難」する(ア・オ…○)。そうすることで，親は「自分の心の葛藤を一時的に解決」するのであり，自身の甘えの欲求の否定から生じる心の葛藤を「一時的に解決するため」に，親は「他人の中の甘えの欲求を非難する」のである(イ…○)。このように「意気地のない親」は，「外の人間には面とむかって何も言えないから，自分の子供を非難の対象にする」が(ウ…×)，「甘えの欲求を親から激しく叱責」された子どもは，甘えの欲求を「完全に意識から排除」する(エ…○)。 (ⅱ)「自分の中の甘えの欲求を悪いものとして排除してしまうと，生きている実感を失ってしまう」ということが見られる場合として，「生きているという確かさを失ってしまった」がゆえに，「規範意識でそれを得ようとする」ような，「規範意識が肥大化している者」も当てはまる。

問六＜文章内容＞愛情欲求を満たされていないという欲求不満を認めることができない親は，子どもの中に甘えの欲求を見つけると，それを激しく非難する。すると，非難や叱責された子どもは，自分の甘えの欲求を「完全に意識から排除」し，「認められる自分と認められない無意識の自分に分裂」して，「『私』という実感はなくなる」のである。

問七＜文章内容＞「『私』という実感はなくなる」ということは，つまり「アイデンティティーの喪失」であり，自分が自分であるという確証を持てなくなってしまうということである。そのため，「『私』という実感を失ってしまった者」は，「自分の存在を証明してくれるような何か」を求めるのである。

問八＜文章内容＞愛情欲求を満たされていなくて甘えの欲求を抑圧している親の子どもの場合，「自分」は「認められる自分と認められない無意識の自分に分裂」する。「規範意識が肥大化している者」も同様に，「自分」は「認められる自分」と「認められない自分」に分裂する。

問九＜文章内容＞「心の分裂している人」の場合，「自分」は「認められる自分」と「認められない自分」の二つに分裂しており，「実際の自分の存在のほとんど全部が意識から排除されてしまっていて，実際の自分の存在のほんの一部を自分のすべてと意識して」いる。このような人は，「自分が食べていても，歩いていても，単に立っていても，ほとんどの自分は許されない存在として，自分にはないと見なされている」のである。いくら他人に高く評価されても，自分自身が，認められる自分というものをほとんど意識できないのであるから，自分に自信を持つことなどできない。

問十＜四字熟語＞元気がなくなって沈み込んでしまうことを，「意気消沈」という。

問十一＜表現＞「私」は，実は「愛に飢えて」いた。「私」の心は，「日照りがつづいて，パカパカしてひびわれした土地」のようなもので，心の渇きを満たす「一滴の水」となる「愛」を求めていた。

問十二＜文脈＞「自己評価というのは，小さい頃自分の実際の存在が許されたかどうかによって，高くなったり低くなったりしてくる」のであるから，「抑圧した甘えの欲求を意識化しない限り，どんなに社会的に高い評価を与えられても自己評価が高くなることはない」のである。そして，「低い自己評価であるにもかかわらず，社会的に高い評価を得る」と，「その人の神経症的自尊心は高まる」が，「その人の気持の不安定さは変わりない」ということになる。

二〔小説の読解〕出典：朝井リョウ「もういちど生まれる」(『もういちど生まれる』所収)。

問一＜漢字＞a.「添」の訓読みは「そ(う)・そ(える)」。「削」の訓読みは「けず(る)」。　b.

「箸」は，食物を挟む２本の棒のこと。　c．音読みは「膨張」などの「ボウ」。　d．「声色」は，声の調子や口調のこと。

問二＜品詞＞Ⅰ．助詞「て」に続くのは，連用形。　Ⅱ．「ミルクティー」という体言にかかるのは，連体形。

問三＜品詞＞「見られ」は，上一段活用動詞「見る」の未然形に，受け身の助動詞「られる」の連用形がついたもの。「崩れる」「疲れる」は，下一段活用動詞で，可能の意味はない。「包まれ」は，五段活用動詞「包む」の未然形に，受け身の助動詞「れる」の連用形がついたもの。「噛み切れない」の「噛み切れ」は，可能の意味を持つ下一段活用動詞「噛み切れる」の未然形。

問四＜文章内容＞A．「午後は，堀田先生の授業から始まる」のであり，「私」は，堀田先生の板書の文字を思い出して，「嬉しい気持ち」になっていた。　B．椿は，誕生日に大勢の人から祝ってもらうような充実感のある日々を過ごしており，周囲の人々から「愛され」ていたと考えられる。　C．屋上から「椿のような」人たちの「楽しそうな笑い声が聞こえてきた」ことで，「私」は，椿と自分を比べながら「どうして二十歳になってまで，こんなことに心をすり減らさなくちゃいけないんだろう」と思った。

問五＜表現技法＞心が傷つくのを避けるために手を打っておくことを，「クッションをしく」という比喩で表現している。「～のように」など，比喩であることを明示する語句を用いずにたとえる技法を，「暗喩」という。

問六＜文章内容＞椿の髪は，「きらきらつやめいて」いる「美しい黒髪」である。「私」と椿の顔を比べると，「私」の方が「ひとつひとつのパーツがほんの少し劣って」いる。そして，椿の顔は「メイク」によって「完成形」になっている。

問七＜文章内容＞「私」は，堀田先生から誕生日を祝う言葉をかけてもらえることを「ほんの少し，期待してしまった」が，期待は外れた。その後，家に帰って一人で苦手なアスパラガスを食べていると，椿が帰ってきたが，椿は撮影現場で大勢の人からプレゼントをもらっており，「顔いっぱいに，充実感がにじみ出て」いた。その充実ぶりを見せつけられて，「私」は傷つき，笑うことなど全くできなかった。

問八＜心情＞大学生でモデルもしていて，誕生日を大勢の人に祝ってもらった椿は，監督から怒られたことで「自分にすごく自信がつく感じがして気持ちいいんだよね」と言った。予備校生で容姿も椿には劣っていて，自信など持てずにいる「私」は，椿と自分を比べて「椿，それ以上自信をつけてどうするのよ」と憤慨し，ねたましい気持ちを抱いた。

問九＜表現＞中学の頃は，母から見れば「私も椿も１」だった。しかし，その後，美しい椿は，メイクをしてさらに美しくなり，今は大学生でモデルもしている。今の椿は，「監督さん」によって「完成形」である「１」よりもさらに大きくなりつつある。

問十＜文章内容＞「私だって自信をつけたい。私だって１になりたい。私だって椿みたいになりたい」と思う「私」は，椿の携帯電話に届いた「監督さん」からのメールに「あしたの撮影大丈夫ですよ！」と返信し，メールアドレスの変更まで伝えた。そして，高校二年のときに椿のメイク道具を借りて「椿の顔」になったことと，その日，「椿の部屋にあった化粧品と全く同じもの」を買ったことを思い出し，「私」は，ずっとしまってあったその化粧品を取り出した。それを使って，椿になりすまして撮影現場に行けば，自信をつけることもできるだろうと「私」は思ったのである。

Memo

Memo

Memo

2023年度 淑徳高等学校

【英　語】（50分）〈満点：100点〉

1　次の各組で，下線部の発音が同じものを５つ選び，番号で答えなさい。

(1) wool / food　(2) boat / bought　(3) country / love　(4) talked / wanted　(5) watched / asked

(6) cooks / plays　(7) breathe / north　(8) war / brought　(9) said / weather　(10) map / apple

2　次の各組の文がほぼ同じ内容になるように(　)内に１語ずつ答えなさい。

(1) Many people know the Statue of Liberty in the USA.
The Statue of Liberty in the USA (　A　) (　B　) (　C　) many people.

(2) I know an American called Nancy.　Her house is on the hill.
I know an American called Nancy (　A　) (　B　) is on the hill.

(3) I like red wine better than white wine.
I (　A　) red wine (　B　) white wine.

(4) This milk is too hot.　The baby can't drink it.
This milk is (　A　) hot for the baby (　B　) (　C　).

3　次の各英文の誤りの部分を抜き出し，正しなさい。

(1) She bought some furnitures for her new office.
(2) I have seen him just now.
(3) I am looking forward to see you.

4　各文の日本語の意味を表すように〔　〕内の語句に不足している１語を補い，英文を完成させなさい。(文頭の語句も小文字で表してある)

(1) 〔iPad / are beginning / more / their / to / students / more / study / for / an / use〕 these days.
最近ますます多くの生徒が学習のためにiPadを使い始めている。

(2) 〔mask / get / and / over / wear / , / nose / you'll / mouth / a / your〕 infected.
マスクで鼻と口を覆っていないと感染しますよ。

(3) 〔not / was / buy / so / the / I / could / expensive / it / camera〕.
そのカメラはとても高かったので私はそれを買えなかった。

(4) The 〔cases / than / in / has / of / more / coronavirus / increased / number / Japan〕 last year.
日本のコロナウィルス感染者は昨年よりずっと増加している。

5　次のSDGsのテーマに関する英文を読み，設問に答えなさい。

Quality【 ① 】

When countries are in conflict, one of the most affected groups in society is children.　(　　②　　), in Syria, 7,000 schools were damaged or destroyed during the civil war.　Up to 2019, 5,400 children were killed in just 5 years.　And even if they survived, more than 2 million children were unable to attend school. And ③when they were lucky enough to attend elementary school, almost one-third dropped out of school.

Under these conditions, what will happen to them in the future ? More war ? More violence and suffering ? More hunger ? No, this needs to end. They need a chance ④(study). They need to dream. They need peace. No one should ever take their future away from them.

【 ⑤ 】Equality

Dying in a car crash . . . this is something that no one wants. So there are strict laws about traffic, seat belts, car design and so on. Many safety measures are taken to avoid injuries. But according to Virginia University, women are 73% more likely to be injured or die in a car accident than men. Why ? It's because many things to save in cars are designed for (⑥).

As we look around the world, there are still many lifestyles and traditions that are "designed" for (⑥). (②), 12 million girls each year get married as "child brides" before the age of 18. They become child brides because they do not have a choice. Poverty and tradition are often the main causes. ⑦【as / valued / not / much / boys / as / girls / are】. And they are married off to another family to ease the economic hardship on their families. The fathers make the ⑧(decide).

Zero【 ⑨ 】

Did you know that a child dies from hunger every ten seconds ? More than 821 million people, 11% of the world's population, are going hungry. But plenty of the food which we have in Japan is thrown away each year. And ⑩this situation is not only in Japan. Half of all food produced in the US, one third of all food in the UK and almost 90% of tomatoes are thrown away in Australia.

In many ⑪(develop) countries, a lot of farm produce is thrown away because its shape or size does not meet the consumer's standards or rather the supermarket's standards. Not to waste food at home is ⑫one thing for sure. But by ⑬(reduce) food loss, it is estimated that we can get enough food for everyone in the world.

出典：本間正人　山本ミッシェールのぞみ［著］『やさしい英語でSDGs!』合同出版　一部改変

問１　①⑤⑨の【 】内に当てはまる語をそれぞれ選び，記号で答えなさい。

A．Education　　B．Food　　C．Hunger
D．Traffic　　E．Gender　　F．School

問２　②の（ ）内に共通して入る２語を答えなさい。

問３　下線部③を日本語にしなさい。

問４　④⑧⑪⑬の（ ）内の語を適切な形に直し，答えなさい。

問５　⑥の（ ）内に共通して入る語を答えなさい。

問６　⑦の【 】内の語を，英文の内容に合うように並べかえて完成しなさい。（文頭の語も小文字で表してある）

問７　下線部⑩が示す内容を，日本語で具体的に答えなさい。

問８　下線部⑫が示す意味として最も適切な語を１つ選び，記号で答えなさい。

A．easy
B．important
C．worst
D．only

問9　次の質問に英文で答えなさい。

How many children die from hunger each minute ?

問10　英文の内容と一致していればT，一致していなければFで答えなさい。

(1) During the civil war, there was no school in Syria.

(2) There are severe laws to avoid car crashes.

(3) Many girls are forced to get married as “child brides” every year to support their family.

(4) About 50% of food produced in the UK is trashed.

(5) A lot of food is thrown away because consumers and the supermarkets can’t accept their quality in countries such as the US and the UK.

6　高校1年生のRieとTakumiは講演を聞いた。(A)は講演の内容で，(B)はRie，(C)はTakumiの感想である。次の英文を読み，設問に答えなさい。

(A)

〔編集部注…課題文は著作権上の問題により掲載しておりません。作品の該当箇所につきましては次のサイトを参考にしてください〕

Derek Sivers「Keep your goals to yourself」〈TED Talk〉

https://www.ted.com/talks/derek_sivers_keep_your_goals_to_yourself/transcript

動画のスピーチの筆記録を全文使用。(改変あり)

(B)　Written by Rie ;

I agree with the presenter. I can understand what he was talking about. I'm sure that if I told someone my goal, I would be satisfied before doing enough. So, I have to be more careful when I tell someone my goal. I think the best way is to tell my goal to a small number of people. Also, each of us has to be more aware of how we act, not what we say, in order to achieve our goals.

(C)　Written by Takumi ;

I don't think it is important to keep our mouths shut when we want to tell someone our goals. I try to make efforts to realize my goal when I have told my friends my goal. Have you ever read "ONE PIECE," a well-known Japanese *manga*? Luffy, the main character, says "I'm going to become the king of the pirates!" He gets hurt many times, but he keeps on trying and never gives up. He is always motivated by what he says about himself. That's why I don't agree with the presenter.

出典：TED Talks "Keep your goals to yourself" by Derek Sivers　一部改変

［注］ psychology：心理学　ideally：理想を言えば　satisfied：満足した
psychologist：心理学者　substitution：代償行為　average：平均の
examiner：試験官　acknowledgment：承認
your mind mistakes the talking for the doing：言うことと実行することを取り違える

問１　下線部①④⑥⑧の本文中の意味として最も適切なものを１つ選び，記号で答えなさい。

①　For real

A．本当に　B．まったく　C．真剣に　D．立派に

④　achieve

A．～を獲得する　B．～を達成する　C．～を得る　D．～を攻撃する

⑥　motivated

A．動きのある　B．うるおいのある　C．原因のある　D．やる気のある

⑧　proof

A．屋根　B．部屋　C．証拠　D．防水

問２　下線部②③⑨が示す内容として最も適切なものを１つ選び，記号で答えなさい。

②　their high image of you

A．他者があなたを見直すところ
B．他者があなたを好きになるところ
C．他者が感じるあなたの寛容なイメージ
D．他者が感じるあなたの高貴なイメージ

③　that good feeling now will make you less likely to do it

A．他者に自分の目標を話すことによって，まるでその目標に到達できたかのように錯覚してしまうのだ。
B．他者に自分の目標を話すことによって，他者はあなたに好感を持つようになるのだ。
C．他者に自分の目標を話す気持ちよさが，実際にその目標に向かって行動する可能性を下げてしまうのだ。
D．他者に自分の目標を話す気持ちよさを，他者も同じように感じることができるのだ。

⑨　the room

A．部屋　　B．半分　　C．生徒　　D．部屋にいる人たち

問３　下線部⑤を具体的に示している部分を本文中から抜き出し，**最初の２語と最後の２語**を答えなさい。

問４　下線部⑦が示す内容を日本語で答えなさい。

問５　下線部⑩⑪が示すものを日本語で具体的に答えなさい。

問６　⑫ は講演者からの問いかけに対する聴衆の回答である。**不適切**なものを１つ選び，記号で答えなさい。

A．I won't tell you my goal.

B．I'm happy to tell you my goal.

C．I will say nothing.

D．I'm going to say something like this : "Sorry, I can't."

問７　英文の内容に合うように（ａ）～（ｅ）に**漢字を２字ずつ**入れて日本文を完成させなさい。

Rieは講演者に（　ａ　）しており，自分の目標をだれかに話すと（　ｂ　）を起こす前に（　ｃ　）してしまうと言う。彼女がもっともよいと考える方法は（　ｄ　）の人にのみ目標を話すことだ。一方で，Takumiは講演者に（　ｅ　）している。

問８　英文の内容と一致していればＴ，一致していなければＦで答えなさい。

(1)　The presenter talks about an experiment done by Prof. Kurt Lewin.

(2)　The presenter explains that people feel good when they tell their goals to other people.

(3)　Takumi says that he has to pay attention when he wants to tell his friends his goal.

(4)　Takumi doesn't have the same opinion as the presenter's because a famous *manga* character tells his dream to everyone.

【数　学】 （50分）〈満点：100点〉

1 　次の問いに答えよ。

(1)　$\{(42-17)\times(3-15)-111\div3\}\times(-6)$ を計算せよ。

(2)　$6a^2b\times\dfrac{2a}{9b^2}\div\dfrac{4}{3b}$ を計算せよ。

(3)　$(\sqrt{3}-3\sqrt{2})^2-(2\sqrt{3}-3\sqrt{2})\left(\sqrt{3}-\dfrac{3}{2}\sqrt{2}\right)$ を計算せよ。

(4)　x，y の連立方程式 $\begin{cases}ax+by=-3\\bx+y=1\end{cases}$ を間違って $\begin{cases}bx+ay=-3\\bx+y=1\end{cases}$ で解いてしまったので，解は $x=1$，$y=-1$ となった。この連立方程式の正しい解を求めよ。

(5)　2次方程式 $2(x-7)^2+6(x-7)=80$ を解け。

(6)　$(1+a+2b)(1-a+2b)$ を展開せよ。

(7)　$ax^2-abx-acx+abc$ を因数分解せよ。

2 　次の問いに答えよ。

(1)　y は x の2乗に比例し，x が2から5まで増加するときの変化の割合が14であった。y を x の式で表せ。

(2)　3点 $(-1,\ -1)$，$(3,\ a+2)$，$(-5,\ 1-2a)$ が一直線上にあるとき，a の値を求めよ。

(3)　$\dfrac{a+b}{a-2b}=\dfrac{1}{2}$ のとき，$\dfrac{a^2-4b^2}{a^2+8ab+4b^2}$ の値を求めよ。

(4)　M を奇数とし，N は3で割った余りが1である数とする。$\dfrac{N}{M}$ が5の倍数となるような M，N の組み合わせは何通りあるか求めよ。ただし，M，N は3以上100以下の整数とする。

(5)　図1は，100点満点のテストを受けた20人の生徒の結果である。このテストの得点の箱ひげ図は下のどれか番号で答えよ。

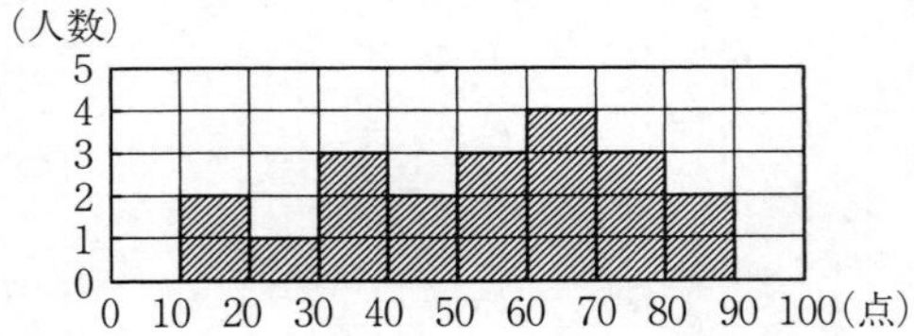

図1

①
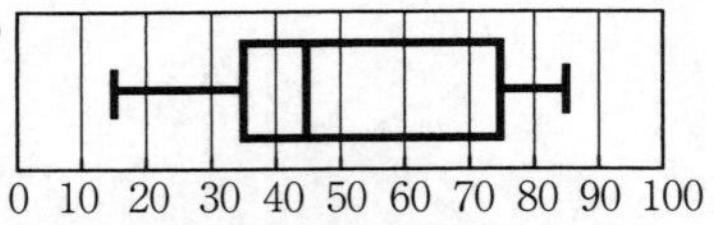

②
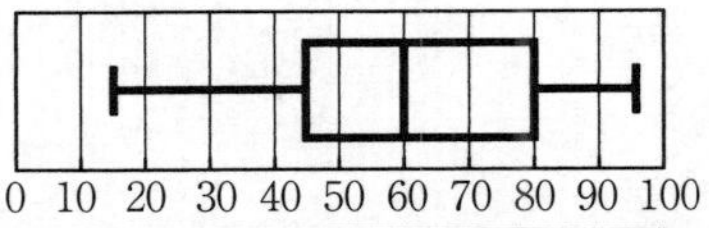

③
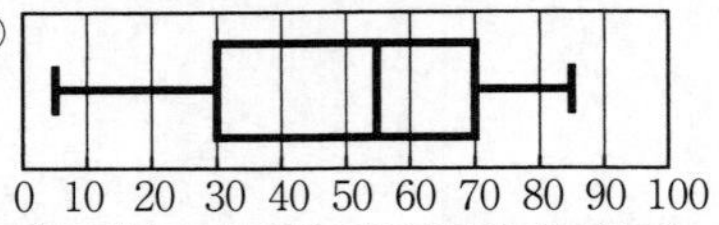

④
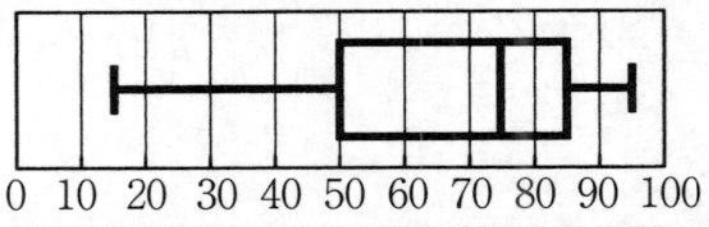

⑤
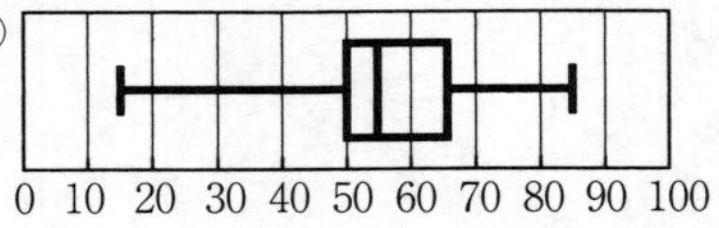

⑥
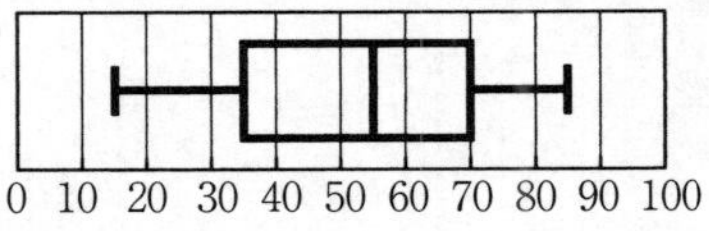

(6) 下の図の点Ｉは△ABCに内接している円の中心である。∠BICの大きさを求めよ。

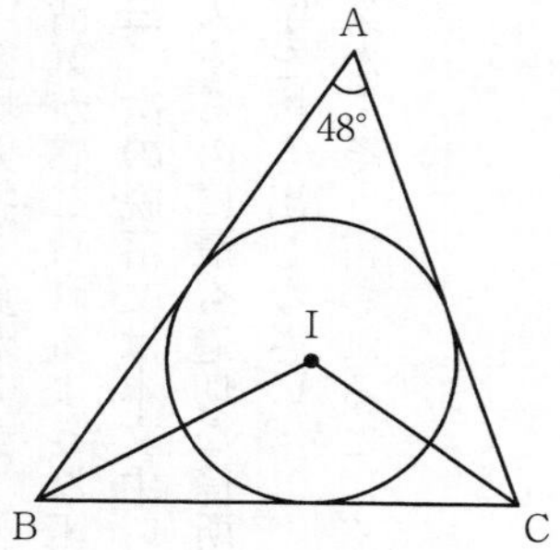

(7) 大小２つのサイコロを同時に投げて出た目をそれぞれ a，b とする。$2a+b$ が５の倍数となる確率を求めよ。

3 右の図のように放物線 $y=\frac{1}{2}x^2$ …①とA(2, 5)がある。点Aを通り，傾きが $-\frac{1}{2}$ である直線を②とするとき，①と②の交点のうち，x 座標が負である方をBとする。また，Aを通り y 軸と平行な直線と①との交点をCとする。次の問いに答えよ。

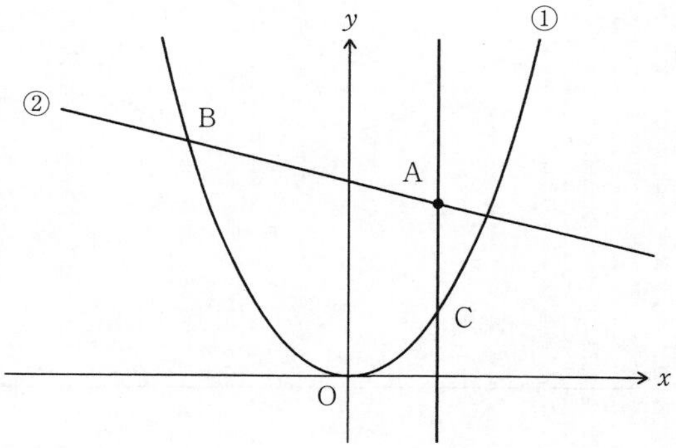

(1) 直線②の式を求めよ。

(2) 点Bの座標を求めよ。

(3) 四角形OCABの面積を求めよ。

4 図において，一辺の長さが３cmの立方体ABCD−EFGHがある。２点P，Qはそれぞれ点A，Dを同時に出発し，点Pは毎秒１cmの速さで辺AB，BC上を順にCまで進む。点Qは毎秒 $\frac{3}{2}$ cmの速さで辺DH，HG，GC上を順にCまで進む。このとき，次の問いに答えよ。

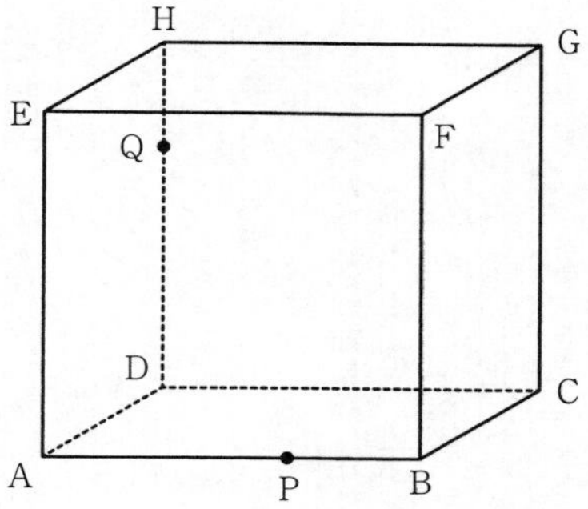

(1) 出発してから４秒後のとき，三角形APCの面積を求めよ。

(2) 出発してから x 秒後の四面体QAPCの体積を x を用いて表せ。ただし，$0 \leqq x \leqq 2$ とする。

(3) 四面体QAPCの体積が最大となるのは出発してから何秒後か。またそのときの体積を求めよ。

オ　登場人物全員が方言を使うことで、物語の世界観を豊かにし、活気が感じられるような工夫がされている。

問十三　次の脱落文は本文中いずれかの会話文直後に挿入できます。挿入するのに最も適切な箇所を見つけ、脱落文を挿入した直後の三字を抜き出しなさい。

父からそう言われると、ぐうの音も出ない。

ことで、場を和ませてくれて嬉しかったから。

イ　私の息子の運動会のために病を押して席取りをしてくれた私の父に対し、労うことができほっとしたから。

ウ　早朝からの席取りであったが、私の父にとっては有意義な時間になっていたとわかり安心したから。

エ　私の父からの言葉によって私が感じていた負担がなくなり、気持ちが楽になったから。

オ　荷物を抱えての席取りは私の父にとって造作もないうえ、私の父は良い席が取れたことに満足していたから。

問九　――線⑥「家内が聞き耳を立てた」とありますが、その理由として適当なものを次の中から一つ選び、記号で答えなさい。

ア　私の妻は学生時代に陸上部に所属していたこともあり、私が学生時代にどのような種目で活躍していたのか純粋に興味をそそられたから。

イ　陸上をやっていた私の妻からすると、自分の子どもの足が遅いことに納得がいかず、私の運動神経に原因があると私の妻は感じているから。

ウ　私の父が、私の足が遅いことをかばうように、私が唯一得意であった二人三脚の話を始めたので、そのことに私の妻は思わず同情したから。

エ　私の父が私の過去の運動会について話を始め、それがどのような内容なのか私の妻は気になり、注意深く聞いてみようという気持ちになったから。

オ　私の運動神経があまり良くないことを私の妻も認識していたが、その認識とは違う私の過去のエピソードが私の父から語られ、そのことに私の妻は関心を持ったから。

問十　「健」の人物像について、適当なものを次の中から一つ選び、記号で答えなさい。

ア　保育園のころから運動が苦手であるが、それは父親譲りのため致し方ないと考える潔い性格である。

イ　五十メートル走で本来の実力が出せず悔しがり、ゴール後も涙を流すくらい負けず嫌いな一面がある。

ウ　一つの失敗をいつまでも引きずる傾向はあるが、健の妹よりも物事に真剣に取り組む真面目さがある。

エ　健の母や妹から励まされても不機嫌な対応をしてしまうように、なかなか素直になれない一面もある。

オ　運動会が開催される前から緊張気味で、競技が始まっても人の前に出ることができない気弱な性格である。

問十一　私の「父」の人物像について、適当なものを次の中から一つ選び、記号で答えなさい。

ア　責任感が強く、医者として忙しかったため、今まで家族と一緒に過ごすことはほとんどなかった。

イ　寛容な性格で、孫が徒競走で転んでも、完走できたのだからとあまり気にする様子はなかった。

ウ　自分の考えや態度を変えない一面があり、そのために家族が迷惑を被ることが今まで度々あった。

エ　積極的なうえ用意周到な一面を持ち、孫の運動会の席取りでも手を尽くして目的を達成した。

オ　偉ぶらず控えめで、席取りなど人の嫌がるような仕事を進んで行うので家族の中でも常に頼られている。

問十二　本文の内容や表現の説明として適当なものを次の中から一つ選び、記号で答えなさい。

ア　私や私の父に関する回想が途中で差し込まれており、現在と過去を比較しながら物語が展開されている。

イ　主人公である私だけでなく、私の父の心情までも細かく書かれており、二人の心情を比較しながら物語が進行している。

ウ　健が五十メートル走で転倒し、ゴール後もくよくよしていることに対し、私や家内は苛立っている。

エ　私の家内は私の過去の話を聞くにつけ、健の運動嫌いが私に起因していることを残念に思っている。

(2) ＝＝線b「したたかに」の意味を次の中から一つ選び、記号で答えなさい。

ア　軽く　　イ　ひどく　　ウ　みっともなく
エ　唐突に　オ　大げさに

(3) ＝＝線c「上ずった声」の意味を次の中から一つ選び、記号で答えなさい。

ア　高く浮ついたような声　　イ　引きつったような声
ウ　かすれたような声　　エ　苛立ったような声
オ　緊張が伝わるような声

(4) ＝＝線d「目をむく」の意味を次の中から一つ選び、記号で答えなさい。

ア　苛立って目をつり上げる
イ　驚いて目を開く
ウ　馬鹿にするような目をむける
エ　同情の目をむける
オ　天を仰ぎ見る

問三　[X]～[Z]に入る語を次の中からそれぞれ選び、記号で答えなさい。

ア　しかも　　イ　つまり　　ウ　また
エ　仮にも　　オ　さすがに

問四　――線①「誰もが耳を疑った」とありますが、その理由として適当なものを次の中から一つ選び、記号で答えなさい。

ア　私の父が通院している病院は休診日で、万が一のことが起こった際のことを考えると気が気ではないから。
イ　私が勤務している病院は休みだったが、そこからいつ呼び出しがかかるかわからず不安に思ったから。
ウ　開場時間までの長い時間、七十を越えた老人が一人で校門前に並ぶことは無謀だと思ったから。
エ　私の父が席取りに行くことを提案した際、家族みんなが信じられないという気持ちになったから。
オ　私の父は孫の運動会を楽しみにしているが、持病を抱えながらの席取りは難しいと思ったから。

問五　――線②「溜息をついた」とありますが、この時の私の「母」の気持ちとして適当なものを次の中から一つ選び、記号で答えなさい。

ア　孫を思う夫の気持ちを微笑ましく思い、その思いを尊重しようという前向きな思い。
イ　夫の自分勝手な言い分に辟易し、何とか席取りをすることを思いとどまらせたいという思い。
ウ　夫の頑固な性格を理解しており、考えを改めさせることを諦めるしかないという思い。
エ　開場までの間、校門前にじっと佇む夫の姿を想像しておぞましさを感じている。
オ　夫の提案を家族全員で反対するが、止めるだけの説得力がないことに無力感を感じている。

問六　――線③「よか席ば取ってもろうて」とありますが、私の「父」が取った席について説明した次の文のA～Dの[　]に入る語句をそれぞれ指示された字数で文中から抜き出しなさい。

[A 十二字]るような[B 十二字]を陣取るだけでなく、[C 四字]のことを考えて[D 十二字]も陣取っていた。

問七　――線④「横たわり星を見るのも運動会」とありますが、この句について説明した次の文の[　]に入る語句を文中から八字で抜き出しなさい。

運動会の席取りの際、[八字]であるため星が見えたということ。

問八　――線⑤「父のひと言で、どこか肩の荷を下ろしたような気がした」とありますが、「私」がそのように感じた理由として適当なものを次の中から一つ選び、記号で答えなさい。

ア　私の父が、戦争における辛い体験を笑い話のように想起するっての踊りも披露された。さすがにそのときは、健も気を取り直して手足を動かしていた。
いよいよ昼休みになって、五人で荷物を抱えて木陰のシートまで運ぶ。三段重ねの重箱やバスケットの類を並べていたところに、健が戻って来た。みんなで手を叩いて迎えてやると、「お兄ちゃんが転んだ」と妹が言う。
「後ろから押されたけ、倒れた」
健がふくれっ面をする。
「よかよか、立派にゴールばした」
母が言ってくれて、健はいくらか気を取り直す。水筒のジュースを飲んでから、まっ先に唐揚げにかぶりついた。
父と私は缶ビールで乾杯をする。
「しかしあんときの伸二は速かったな」
父が言ったので⑥家内が聞き耳を立てた。
「中三の運動会でっしょ。わたしも覚えとります。あれば、ぶっちぎりというとでっしょ」
母までが言い添えたので、家内は信じられないという顔をした。
「それは百メートルですか、五十メートル走ですか」
「二人三脚たい」
私の代わりに父が言い、家内がd目をむく。
「二人三脚ですか」
そんなのは、ものの数には入らないという軽蔑の表情だ。
「おじいちゃん、ににんさんきゃくて何」
由美が訊くのも無理はなく、母が答えた。
「二人で片足ずつを縛って走ると。そしたら走る足は三本になるでしょう」
聞きながら、自分の運動関係の歴史で、あれが唯一の栄光だったと思う。
「あんときは、ちょうど学校医にならされた年で、来賓席から見とった。教頭が横にいて、息子さんすごかじゃなかですかと、大変な誉めようじゃった。校長までが席ば立って寄って来て、よかったよかったと言うてくれた。わしゃあんまりみんなが誉めるので、芝居を仕組んだのじゃないかと、疑ったくらいじゃった。ばってん、二人三脚で芝居なんかできん。みんな必死の形相で、三本足ばたぐりよったし」
「わたしも見とって、思わず立ち上がりました。高校生だった麻子も飛び上がって喜んどりました」
母も言い添える。
「あれは、芝居じゃなかです」
答えながら、記憶がありありと立ち昇ってくるのを覚えた。

帚木蓬生『花散る里の病棟』（新潮社）一部改変

※オンコール…医療施設において、医療従事者が患者や利用者の緊急事態に備え待機する勤務形態のこと。

問一　[A]～[C]に関して、後の問いに答えなさい。

(1)　[A]に入る語句を次の中から一つ選び、記号で答えなさい。
ア　けんもほろろ　イ　万事休す　ウ　背水の陣
エ　泣きっ面に蜂　オ　ぬかに釘

(2)　[B]に入る語句を次の中から一つ選び、記号で答えなさい。
ア　傍観者　イ　偽善者　ウ　酔狂者
エ　徒食者　オ　無精者

(3)　[C]に入る語句を次の中から一つ選び、記号で答えなさい。
ア　あきれ返っている　イ　浮かれている
ウ　騒ぎ立てている　エ　うつらうつらしている
オ　ふんぞり返っている

問二　――線a～dに関して、後の問いに答えなさい。

(1)　＝＝線a「しかるべき」の意味を次の中から一つ選び、記号で答えなさい。
ア　間違いだった　イ　思慮が足りなかった
ウ　適当であった　エ　確かめるべきだった
オ　相談すべきだった

よか時間ば過ごさせてもろうた」
⑤父のひと言で、どこか肩の荷を下ろしたような気がした。
スピーカーで開会がアナウンスされ、入場門から行進ではいってきた児童たちは、赤組と白組に分かれて整列する。見物席から健の顔も確認できる。他の子が笑っているのに、まだ浮かない表情だ。もっと気楽に考えればいいのに、やはり運動嫌いは親譲りなのかもしれなかった。
私が嫌だったのは、器械体操で、小学校のときは、正面に置いた跳び箱を跳び越えさせられた。これが六段から三段まで四種類あり、跳べる段数の前に、同学年みんなが並び、一斉に走って跳ぶのだ。六段が跳べる子はいい。五段の子も、まあまあ誇らし気だ。哀れなのは三段の前に並ぶ子で、私を含めて三人しかいなかった。笛とともに走り出すとき、みじめな気がした。[Z]、完全には跳び越えられず、尻をbしたたかに打った。観客席から笑い声が起こったような気がした。
それを児童席にいた姉も妹も見ていたらしく、昼飯のときにさんざんからかわれた。父と母が何も言わなかったのが救いだった。
いよいよプログラムが始まると、みんながカメラを構えた。カメラ席は正面近くに設けられていて、後方の席の父兄はそこに集まるようになっている。しかし父が取った特等席からは、居ながらにして写真が撮れた。かといって、我が子が参加しないプログラムは、格別撮る気がせず、もっぱら父や母の喜ぶ顔にレンズを向けた。
「いよいよですね」
家内が言い、私はカメラのファインダーを覗いて焦点を合わせる。スタートラインに並ぶ健を、拡大で撮りたかった。
六、七人がスタートラインに並び、笛の音で一斉に走り出す。五十メートル走だから、正面がゴールだ。ひと組が走り終え、次の組が並び、また走り出す。
「並びましたよ」
家内がc上ずった声で知らせる。走者は七人で、内側から三人目に健がいた。しっかり構えて前方を睨《にら》んでいるところを、一枚撮る。次は走り出した瞬間だ。笛が鳴り、よしと思って脇を固めた瞬間、画面から健が消えた。驚いてファインダーから目を離して見ると、スタートラインから二、三歩のあたりで、健が横倒しになっていた。
「あらあら。転んだよ」
母が言い、家内は呆気にとられている。
立ち上がった健は、泣きべそをかきながら、膝についた土を払っている。そんなことをすれば、遅れるだけだ。何たることかと舌打ちした瞬間、父親が叫んでいた。
「健、追いつけ、追いつけ」
あまりの大声に、健は一瞬こっちを見、走り出す。もう十五メートルくらいは離されているので、追いつけるはずはない。しかし泣きながらも必死で後を追っている。もともと速い足ではないので差は縮まらない。私が[C]そばで、父だけがあらん限りの大声を出していた。
それでも大きく遅れたドン尻でゴールインしたときは、正面の来賓席から拍手が起こっていた。
「やっぱり健も、お前と似とるごたる」
父は足が速かったので、遅いのは母譲りかもしれない。わざわざ確かめたことはない。
家内は中学から高校まで陸上部にはいっていたらしいので、遅いはずがなかった。
「ま、完走したから立派。あのまま走るのをやめとったら、それこそ目も当てられない」
家内が自分を慰めるように言った。
健自身は、ゴール脇にしゃがんでいるときも、時々こぶしで目をぬぐっていた。ゴール脇には一番から七番の旗が並べられていて、それぞれの旗の後ろにしゃがむのだ。手前の一番の子供たちは嬉しそうで、向こうに行くにつれて元気がない。
その後、いくつものプログラムがあり、一年生全員が二重円にな手で、やっと後ろからついていけるくらいだった。そこへいくと妹のほうが活発で、他の子を押しのけてでも先に出る厚かましさを持っていた。

大人三人で弁当や果物のはいった荷物を手に持ち、七時半過ぎに家を出た。私はクーラーボックスを持たされた。中には父の好きな銘柄のビールもはいっている。八時に小学校に着く頃には、もう校門に向かう坂道には人の群ができていた。運動場のトラックの周囲も、人だかりがしていて、今から席を取るとすれば、随分と後方になる。

[X]、父は正面に近い一般席の最前列に青シートを敷き、ぽつねんと坐っていた。

「お父さん、すみませんでした」

家内が礼を言う。「③よか席ば取ってもろうて」

聞くと、学校側は気を利かして、七時には校門を開けてくれたと言う。

「そんときはもう、七、八十人は集まっとった。といっても、わしが一番たい」

「一番乗りですか」

私は驚きながらも、そんな[B]は父以外にはいるはずがないと納得する。

「四時台はパラパラ、五時過ぎてから増えて来た。六時を過ぎると、後ろは黒山の人だかりになった」

父が武勇伝のように話す。「問題は校門が開いてからで、これは金曜日に下見しとったとが幸いした。校門からどげんやって運動場まで行くか、分かっとったけん、他の者に負けんごつ走った。リュックだったのがまた幸いして、若い者が荷物を抱えて走るのとは違う。そうやって陣取ったとがここ。ここば取って、もう一枚は桜の木の下の、陰になる所に敷いとる」

「別な場所もあるのですか」

母も驚く。

「そうたい。昼の弁当は、ここじゃ日が照って食われん。日陰に移動して食べにゃ」

父の金曜日の下見など、誰も知らない。何から何まで用意周到だった。

「おかげで、二句作れたばい」

得意気に父が言う。

④横たわり星を見るのも運動会

生き尽くし孫の祭りに席取りき

そう言えば、私が小・中学校のとき、運動会の席取りは父親だった。父が敷いた花茣蓙《ござ》は、いつも最前列にあった。しかし両親にはすまないことに、私は走るのも徒手体操の類《たぐい》も苦手で、運動会そのものが嫌《いや》な行事の最たるものだった。

そこへいくと父は、旧制中学でも医専でも、常にリレーの第一走者に選ばれていたという。運動会で選手入場の際、旗手を務めたのが自慢の種だった。

「お父さん、朝食のお握りは」

母が訊く。

「食った。夜が明けるなかで食う握り飯はうまか。軍隊での野営のごつ、アブやブヨも寄りつかん。銃声も響かん」

「銃声ですか」

母が笑う。「こげな所で銃声がしたら、それこそ運動会は中止です」

家内が私と目を合わせて、[Y]始まったという顔をする。診療所勤めで忙しい頃の父親は、戦争の話などしなかったのに、定年退職してからは、何かにつけ昔話に戦争の体験が出た。

「小学校の運動場での夜営は、ジャングルの中とは違うでしょう」

私も応じる。

「違う違う。大の字になって上ば見ると、星も見えた。席取りで、

ウ 「AERA」の記事への憤慨
エ 「飛ばした10秒」の中にあるもの
オ Netflixに実装された1・5倍速
カ 映画やドラマを早送りする人たち
キ ダイジェストの作成方法

問十一 本文の内容の説明として最も適切なものを選択肢から二つ選び、記号で答えなさい。

ア 筆者は動画配信サービスに搭載されている再生速度を変える機能について、安易な操作で行えることに対して疑問視している。
イ 初見の映像作品の倍速視聴をする理由が理解できない筆者は、納得できるように倍速視聴する人々に耳を傾けている。
ウ 映像表現を堪能するには、セリフやナレーションでは表現することができない暗示や仮託に思考をめぐらせることも必要である。
エ 演劇鑑賞や速読、抄訳、総集編は同質のものであり、映像作品の倍速視聴とは同じ次元で語れるものではない。
オ ファスト映画は滋味を損なわせないダイジェストである点と、違法である点という二つの理由で問題視されるべきである。
カ 映像作品をテクスト論に当てはめて考えることもできるが、倍速視聴者は映像作品を実利的に視聴していない。
キ 筆者は倍速視聴や10秒飛ばしに対する違和感がある一方で、倍速視聴者に対して一定の理解はしたいと考えている。

二

次の文章を読んで、後の問いに答えなさい。

「私」は現在、両親、妻、二人の子どもの六人家族で暮らしている。本文は私の父親が、私の息子の運動会の席取りをしたいと申し出る場面から始まる。

「そりゃ、わしが席取りに行こうたい」

小学校に入学したばかりの息子の運動会が、次の日曜日だと聞いて父親が言ったとき、①誰もが耳を疑った。

「お父さん、そりゃ無理ですよ」

「ばってん、他に誰が行くか。一番暇な者が行かにゃ」

父は譲らない。一度言い出したら、後に引かないのは母も知っている。当日の朝は、家内と母は弁当作りで手が離せない。病院は休みなので私が行ってはいいものの、生憎《あいにく》※オンコールの当番になっている。いつ呼び出しがかかるか分からなかった。小学校の校門前に並んでいるときに、呼び出しを受ければ［　A　］だ。ここは父に任せてａしかるべきだった。とはいえ、他の若い親たちに混じって、七十を越えた老人が、校門前に並ぶ光景を思い浮かべて、申し訳なさがつのった。心配なのは不整脈の持病だった。

しかし、土曜日の夕食の席で、父が「あしたは四時から並ぶからな」と言ったときは、またもや腰を浮かしそうになった。

「ともかく、どうせ並ぶなら、一番よか所に席ば取らにゃ甲斐がなか。四時なら、八時に校門が開くとして、四時間待てばよか」

「お父さん、それはそうでしょうけど」

家内が言い、母は仕方ないというように②溜息をついた。五月の終わりだから、寒くはない。しかし四時はまだ真っ暗だ。薄暗い校門前で、じっと佇《たたず》む父の姿が目に浮かび、おぞましささえ覚えた。

そして当日、父は握り飯と水筒、青シート二枚をリュックに入れて出かけて行ったらしい。私がいつものように六時に起きたとき、家内と母は前夜から準備していた弁当作りに余念がなかった。新一年生になったばかりの健と、幼稚園の年中組の由美の世話をするのは、私の役目になった。

「爺ちゃんは、どこ行ったと」

朝食の席で由美が訊くので、家内が説明する。健も聞いて頷《うなず》くものの、どこか緊張気味だ。プログラムを見ると、五番目に一年生の徒競走が組まれている。幼稚園での運動会でも、健はかけっこが苦倍速視聴する人について筆者はどのように考えていますか。適当でないものを次の中から一つ選び、記号で答えなさい。

ア　細かいところは気にならないし、そもそも飛ばされて観られてしまうような映像作品を作るほうが悪いという意見を持つ人がいると考えている。

イ　自身の興味のある人物の展開以外は観る気がしないため、それ以外のシーンは早送りをする人がいるということを考えている。

ウ　作られた映像作品はいったん作者からは切り離され、作者が想定していない鑑賞の仕方をも許容されるべきだという意見を持つ人がいると考えている。

エ　海外作品の場合であれば字幕があるので、音が消えてもセリフを追えるため飛ばして観ることができると考えている。

オ　仕事に追われて時間がなければ、仕方なく映像を飛ばして観るしかないが、結局作品の印象はさほど変わらないと考えている。

問五　――線②「出版社でDVD業界誌の編集部にいた頃」とありますが、その頃の自分に対して筆者はどのように振り返っているかを説明した次の文の[1]～[3]に入る語句を文中から抜き出しなさい。

DVD作品の売れ行きを予測するために、決まった時期に多くのVHSサンプルを視聴する必要があるため、たいていは[1 六字]を使い、[2 十二字]を通常再生に戻していた。しかし、それでは作品の細かな表現を感じとることができていないことに気付き、[3 四字]と感じている。

問六　――線③「ダイジェストの質が担保されていない」とありますが、その説明をした次の文の[1]～[3]に入る語句を文中から抜き出しなさい。

ファスト映画はドラマの総集編と比べて、[1 七字]人が関わっておらず、作品の[2 十八字]が無いため、質のよい[3 四字]とは言い難いということ。

問七　――線④「能動的な芸術鑑賞態度」とありますが、その具体例として適当なものを次の中から一つ選び、記号で答えなさい。

ア　自分が作った小説を友人に読んでもらい、書いた文章の意味が通じるかを確認する。

イ　展示されている彫刻について、制作者の意図を友人と一緒に考えながら作品を味わう。

ウ　描かれた背景や作者の生い立ちまで把握しながら、様々な角度から絵を鑑賞する。

エ　有名な建築家が作った建築物の中に入って、その建物の仕組みやデザインについて考える。

オ　空に浮かんだいくつかの雲を眺めながら、過去の出来事をふと思い返す。

問八　――線⑤「彼らの動機の大半が」とありますが、それに続く[　]に入る語として適当なものを次の中から一つ選び、記号で答えなさい。

ア「損得」「論理性」「芸術の追求」

イ「優秀」「合理化」「現実主義」

ウ「受動」「機能性」「合理主義」

エ「能動」「功利性」「幸福の追求」

オ「時短」「効率化」「便利の追求」

問九　次の脱落文を挿入するのに最も適切な箇所を見つけ、挿入直後の三字を抜き出しなさい。

速読から考えてみよう。取り急ぎ、速読が書物の堪能度・理解度を阻害するか、しないかの議論はしないでおく。

問十　【A】【B】【C】はその後の文章に対する小見出しである。それぞれの小見出しとして適当なものを次の中から一つずつ選び、それぞれ記号で答えなさい。

ア　速読や抄訳とは何が違うのか

イ　映像表現と芸術鑑賞

集編を編集したのは、そのドラマの内容を熟知したテレビマンである。当該本編のディレクターや編集マンが自ら編集することも多いだろう。つまり、〝ちゃんとした人のお墨付きを得た〟〝作品の滋味を極限まで損なわせないような配慮が施された〟ダイジェストなのだ。これも、いち視聴者の勝手により手軽に視聴スピードを可変させられる倍速視聴と並べて語れるものとは言えない。

その意味で「※ファスト映画」は、違法というだけでなく、③ダイジェストの質が担保されていない（本編を適切に※サマリーしているかどうか怪しい）という意味でも、二重に問題視されるべきだろう。

無論、「芸術とは作者が想定していない鑑賞のされ方も許容しうるものだ」という謂《いい》は認める。そこでは、フランスの批評家ロラン・バルトなどが提唱した「テクスト論」、すなわち「文章を作者の意図に支配されたものと見るのではなく、あくまでも文章それ自体として読むべきだとする思想」が想起されるかもしれない。いったん書かれた文章は作者から切り離され、自律的なもの（テクスト）となってさまざまな読まれ方をする、というわけだ。映像作品をこれに当てはめる手もあるのではないか？

しかし、少なくとも本書で言うところの倍速視聴者が、そのように④能動的な芸術鑑賞態度をもって倍速視聴をあえて選んでいるとは考えにくい。⑤彼らの動機の大半が□という、きわめて実利的なものであるのは明白だ。

さて、ここまでの文章は、筆者が2021年3月、「現代ビジネス」というビジネスサイトに寄稿した「『映画を早送りで観る人たち』の出現が示す、恐ろしい未来」という記事をカオオハバに加筆したものだが、改稿しても、その骨子は変わっていない。要するに、倍速視聴や10秒飛ばしに対する違和感の表明である。

同記事は大きな反響を得たが、たくさんの賛同とともに、これまた少なくない量の不快感の表明も頂戴した。

「細かいところはどうでもいいんだよ。ストーリーさえわかれば」

「飛ばされるような作品を作るほうが悪い」

「どういうふうに観ようが、私の勝手」

そう言わせるほどの切実さが彼らにもあるはずだ。だから、同意はできないかもしれないが、納得はしたい。理解はしたい。

まずは、彼らの話に耳を傾けることから始めよう。

稲田豊史『映画を早送りで観る人たち　ファスト映画・ネタバレ——コンテンツ消費の現在形』（光文社新書）一部改変

※Netflix…インターネット接続された端末でドラマ・映画を視聴できる動画配信サービスのこと

※VHS…映像の記録、再生ができるビデオテープレコーダーのこと

※滋味…豊かで深い精神的な味わいのこと

※ファスト映画…映像を無断で使用し、10分程度でストーリーを字幕やナレーションを用いてまとめた違法動画のこと

※サマリー…大まかな内容にまとめること

問一　═線ア～カのカタカナを漢字に直しなさい。

問二　〈a〉～〈c〉に入る語を次の中からそれぞれ選び、記号で答えなさい。

ア　なぜなら　　イ　しかし　　ウ　ところが

エ　やはり　　オ　なお

問三　Ⅰ～Ⅲに入る語を下の中からそれぞれ選び、記号で答えなさい。

Ⅰ　ア　双璧　　イ　匹敵　　ウ　比肩

　　エ　対抗　　オ　同等

Ⅱ　ア　不幸　　イ　愕然　　ウ　悔恨

　　エ　我慢　　オ　悲痛

Ⅲ　ア　お鉢が回る　　イ　袖を引く

　　ウ　うだつが上がらない　　エ　件の如く

　　オ　造詣の深い

問四　——線①「初見の映像作品を10秒飛ばしで観るとは、あるいは倍速視聴するとは、一体どういうことなのか」とありますが、

再生に戻して確認していた。

その仕事は8年以上続いた。

ある時、かつて倍速視聴した作品をDVDレンタルして観直し、愕然《がくぜん》とした。作品の印象がまったく違うのだ。初見の倍速視聴では作品の※滋味《じみ》を──あくまで体感だが──半分も味わえていなかった。

ストーリーは倍速視聴時に把握していた通りだった。見せ場も記憶にある。だが、登場人物の細かい心情やその変化、会話からにじみ出る人柄や関係性、美術や小道具、ロケ地の美しさ、演出のリズムや匂い立つ雰囲気。それらを十全に味わえていたとは言いがたい。仕事で致し方なかったとはいえ、もはや懺悔《ざんげ》に値する行為である。

そんな経験があったからこそ、「AERA」の記事には余計に胸がざわついた。

「それでは、作品を味わったことにならないぞ……」

無論、そのつぶやきは過去の自分にも向けられていた。

【　B　】

倍速視聴したり、10秒飛ばししたりする人たちは、物語を追いかけるのに必要な情報は、必ずセリフやナレーションで与えられるものだと信じきっている、ように見える。

〈c〉、映像表現とは、本来そうではないはずだ。

誰もいない部屋に、氷が溶けきっていない飲みかけのウイスキーグラスがあれば、それは「ウイスキーを飲んでいた人間が立ち去ってから、まだあまり時間が経っていない」ことを表している。妻のいる自宅に夫が帰ってきても、「ただいま」「おかえり」が交わされなければ、その夫婦がうまくいっていないらしいことが伝わる。ある小道具が必要以上に長く映されていれば、その小道具は物語上なんらかの意味を担っている。暗示というやつだ。

教訓や風刺を物語の形式で伝える寓話《ぐうわ》、皮肉やあてこすりなどにも、直接的な説明は与えられない。ある主張を別の表現に置き換えているからだ。これを仮託《かたく》と呼ぶ。

画面に映っている美しい自然や人の営みそのものを「ただ堪能する」のも、映像作品の醍醐味だ。ディズニーランドでは、乗り物に乗っていなくても、パーク内にただいるだけで楽しい。あるいは絵画や写真鑑賞のように、描画・撮影された対象物の美しい配置・構図・色合いをじっくり眺め、それらがどんな主題のゥヒユになっているかに思考をめぐらせる。

しかし、10秒飛ばしや倍速視聴では、それらを汲み取りきれない。アトラクションからアトラクションの移動時に目隠しをされては、夢の国を堪能したとは言えない。自転車で美術館内を回るのは、芸術鑑賞ではない(かつての筆者がやっていたことだ。重ね重ね、胸が痛い)。

【　C　】

ただ、こんな反論もあるかもしれない。映像の時短視聴を問題視するなら、書物の速読や長大な海外文学の抄訳《しょうやく》(原文のところどころを抜き出して翻訳すること)、あるいは連続ドラマなどの総集編は、なぜ許容されているのか？　もしくは、許容しない人がいるとしても、なぜその数は映像の時短視聴に抵抗を覚える人に比べて少ないのか？

映像でェツムがれる物語、その原型のひとつに演劇があるが、演劇はその出現時から、鑑賞者が自分のペースで観る、という性質のものではなかった。しかし書物は、出現時から読者が自分のペースで読むことを想定されていた。そこに大きな違いがある。速読は、読書という行為に最初から組み込まれていたのだ。倍速視聴は速読と同様に鑑賞方法の一バリエーションかもしれないが、同じ次元で語られるべきではない。

次に、抄訳と総集編に関しては、それを作っているのが誰かという点が重要だ。抄訳作業を行ったのは間違いなくその作家やその種の文学に［　Ⅲ　］プロのォホンヤクカであるし、ドラマの総

二〇二三年度 淑徳高等学校

【国 語】（五〇分）〈満点：一〇〇点〉

（注意）設問においては、特に注記のないかぎり句読点や記号等も字数に数えるものとします。

［一］ 次の文章を読んで、後の問いに答えなさい。

気がつくと、※Ｎｅｔｆｌｉｘ（ネットフリックス）をパソコンで観る際に１・５倍速で観られるようになっていた。セリフは早口になるが、ちゃんと聞き取れる。字幕も出る。

かつてＮｅｔｆｌｉｘにこの機能はなかった。調べると、米Ｎｅｔｆｌｉｘ社は２０１９年８月に、Ａｎｄｒｏｉｄのスマホやタブレットで視聴する際に再生速度を選択できる機能を搭載。その後ｉＯＳ端末やウェブにも導入が進み、順次各国が対応していった。２０２２年２月現在の日本では、再生速度を０・５倍、０・75倍、１倍（標準）、１・25倍、１・５倍で選べる。

再生画面には他に「10秒送り」「10秒戻し」ボタンもある。クリックもしくはタップすれば、一瞬で10秒後・10秒前に飛ぶ（スキップする）。ＴＶモニタでの視聴時に倍速視聴はできないが、リモコンの右キーを押せば10秒飛ばし、左キーを押せば10秒戻しが可能。

〈ａ〉、ＮｅｔｆｌｉｘとⅠをなす動画配信サービス、Ａｍａｚｏｎプライム・ビデオにも、10秒送り・10秒戻し機能がある。視聴デバイスやＯＳによって多少異なるが、倍速視聴機能や10秒スキップ機能が標準搭載されている動画配信サービスは数多い。ＹｏｕＴｕｂｅの場合、再生速度の幅を０・25倍から２倍まで０・25刻みで細かく設定でき、10秒（５秒）送り・10秒（５秒）戻しも可能。スマホならタップ動作で、ＰＣならショートカットキーをアクシすれば自在に操作できる。

聞き取れなかったセリフをもう一度聞くために10秒戻しをするのは、わかる。しかし①初見の映像作品を10秒飛ばしで観るとは、あるいは倍速視聴するとは、一体どういうことなのか。

【　Ａ　】

「ＡＥＲＡ」２０２１年１月18日号には、ある種の人々にとってⅡならない記事が載っていた。タイトルは「『鬼滅』ブームの裏で進む倍速・ながら見・短尺化　長編ヒットの条件とは」。そこには、映画を通常の速度では観られなくなったという男性（37歳）の、「倍速にして、会話がないシーンや風景描写は飛ばしています。自分にとって映画はその瞬間の娯楽にすぎないんです」という声が紹介されていた。

同記事中、別の女性（48歳）は、Ｎｅｔｆｌｉｘの韓国ドラマ『愛の不時着』を「主人公に関する展開以外は興味がないので、それ以外のシーンは早送りしながら」観たそうだ。

この記事に怒り、イナゲき、反発した人は多かった。

正直、筆者も胸がざわついた。というより、居心地が悪かった。〈ｂ〉、かつて自分にも倍速視聴にどっぷり浸かった時期があったからだ。

②出版社でＤＶＤ業界誌の編集部にいた頃、毎月決まった時期に編集部総出で大量の※ＶＨＳサンプルを視聴する必要があった。ある期間内に発売されるＤＶＤ作品の中で、どれがどのくらい売れそうなのかを予測して、誌面での掲載順を決めるためだ。

サンプルが手に入るタイミングは、多くが掲載順検討会議の数日前。会社から終電で帰宅して、翌朝までに２時間の映画を３本観なければいけない日はざらだった。そこで効果覿《てき》面だったのが、倍速視聴である。

記事中の男性が言っていたように、会話がないシーンや風景描写は飛ばして観る。会話シーンも倍速で観ていたが、視聴サンプルは海外作品が多かったので、音が消えても字幕でセリフは追えた。派手なアクションシーンなど、売上に直結しそうなシーンだけは通常

英語解答

1 (3), (5), (8), (9), (10)

2 (1) A…is　B…known　C…to
(2) A…whose　B…house
(3) A…prefer　B…to
(4) A…too　B…to　C…drink

3 (1) 誤…furnitures　正…furniture
(2) 誤…have seen　正…saw
〔誤…just now　正…before〕
(3) 誤…see　正…seeing

4 (1) More and more students are beginning to use an iPad for their study
(2) Wear a mask over your nose and mouth, or you'll get
(3) The camera was so expensive that I could not buy it
(4) number of coronavirus cases in Japan has increased much〔far〕more than

5 問1　①…A　⑤…E　⑨…C
問2　For example
問3　(例)幸運なことに小学校へ通えたとしても，ほぼ3分の1が中退してしまった
問4　④　to study　⑧　decision
⑪　developed
⑬　reducing
問5　men
問6　Girls are not valued as much as boys
問7　(例)毎年，たくさんの食べ物が捨てられているという状況
問8　B
問9　Six children (die from hunger each minute)
問10　(1)…F　(2)…T　(3)…T　(4)…F　(5)…T

6 問1　①…C　④…B　⑥…D　⑧…C
問2　②…A　③…C　⑨…D
問3　When you ～ accept it
問4　(例)援助を受けるためにも，私たちは友達に目標を伝えるべきであるということ。
問5　⑩　口を閉ざした〔目標を発表しなかった〕人々
⑪　目標を発表した人々
問6　B
問7　a　同意〔賛成〕　b　行動　c　満足　d　少数　e　反対
問8　(1)…F　(2)…T　(3)…F　(4)…T

1〔単語の発音〕

(1) wool[u] food[uː]	(2) boat[ou] bought[ɔː]	(3) country[ʌ] love[ʌ]	(4) talked[t] wanted[id]	(5) watched[t] asked[t]
(6) cooks[s] plays[z]	(7) breathe[ð] north[θ]	(8) war[ɔː] brought[ɔː]	(9) said[e] weather[e]	(10) map[æ] apple[æ]

2〔書き換え―適語補充〕

(1)「多くの人がアメリカにある自由の女神を知っている」→「アメリカにある自由の女神は，多くの人に知られている」　上の能動態の文を下では受け身形に直す。　be known to ～「～に知られている」

(2)「私はナンシーと呼ばれるアメリカ人を知っている。彼女の家は丘の上にある」→「私は，家が丘の上にある，ナンシーと呼ばれるアメリカ人を知っている」　家はナンシーのものなので，所有格

の関係代名詞として whose を使う。

(3)「私は白ワインより赤ワインの方が好きだ」　上の文は 'like A better than B'「BよりAを好む」の形。これは 'prefer A to B' の形でも表せる。

(4)「このミルクは熱すぎる。その赤ちゃんにはそれは飲めない」→「このミルクはその赤ちゃんが飲むには熱すぎる」　'too ～ for … to —'「…が—するには～すぎる，…には～すぎて—できない」の構文に書き換える。

3 〔誤文訂正〕

(1)furniture「家具」は '数えられない名詞' である。　「彼女は自分の新しいオフィス用にいくつかの家具を買った」

(2)just now「たった今」は過去形の文に使う。または現在完了形のまま just now を before に変えてもよい。　「私はたった今彼を見た」

(3)look forward to ～ing「～することを楽しみにしている」の形。ここでの to は前置詞なので後にくる動詞は動名詞(～ing)にする。　「私はあなたと会うのを楽しみにしています」

4 〔整序結合〕

(1)more が2つあることに注目し，「ますます多くの～」を more and more ～ で表す。「iPadを使い始めている」は begin to ～「～し始める」の形を使う。残りの「学習のために」は for their study とまとめ，use an iPad の後に続ける。補う語は and。

(2)まず「(あなたは)感染しますよ」を you'll get infected とする。「覆っていないと」は否定語を補ってもうまくまとまらないので，'命令文, or ～'「…しなさい。さもないと～」の構文を使う。「マスクで鼻と口を覆いなさい」という命令文は，「マスクを鼻と口の上につけなさい」と読み換えて Wear a mask で始め，「(あなたの)鼻と口の上に」を表す over your nose and mouth を続ければよい。補う語は or。

(3)'so ～ that＋主語＋cannot …'「とても～なので—は…できない」の構文。補う語は that。

(4)「～は増加している」は「～の数が増加している」と読み換え，The number of ～ has increased で表せる。'～' に入る「日本のコロナウィルス感染者」は，case を「患者」の意味で用いて coronavirus cases in Japan とする。残りの「昨年よりずっと」は much または far を補って much〔far〕 more than last year とする。

5 〔長文読解総合—説明文〕

≪全訳≫質の高い教育をみんなに❶国が紛争状態にあるとき，社会の中で最も影響を受ける集団の1つが子どもたちだ。例えばシリアでは，内戦の間に7000の学校が被害を受けたり，破壊されたりした。2019年までに，わずか5年間で5400人の子どもたちが殺された。そして，たとえ生き延びたとしても，200万人以上の子どもたちが学校に通えなかった。そして幸運にも小学校へ通えたとしても，ほぼ3分の1が中退してしまった。❷このような状況で，彼らに将来何が起こるだろうか。さらなる戦争だろうか。さらなる暴力や苦しみだろうか。さらなる飢餓だろうか。いや，これは終わらせる必要がある。彼らには勉強する機会が必要だ。彼らには夢を見ることが必要だ。彼らには平和が必要だ。決して誰も彼らから未来を奪ってはならない。／ジェンダー平等を実現しよう❸交通事故で死ぬこと…これは誰もが望まないことだ。そのため，交通やシートベルトや車のデザインなどに関する厳しい法律がある。けがを防ぐために，多くの安全対策がとられている。しかし，バージニア大学によると，女性は男性よりも73％も交通事故でけがをしたり，死んだりしやすい。なぜだろう。それは，車にある救助目的の多くのものが，男性向けに設計されているからだ。❹世界を見渡すと，男性のために「設計」された生活様式や伝統がいまだに多い。例えば，毎年1200万人の少女が18歳になる前に「子どもの花嫁」として結婚する。彼女たちは選択権がないため，子どもの花嫁になるのだ。貧困と伝統がしばしば主な原因となる。⑦少女たちは少年たちほど尊重されない。そして家族の経済的な困難を軽減するために，他の家族に嫁がされる。父親がそれを決めるのだ。／飢餓をゼロに❺10秒に１人の割合で子どもが餓死していることを知っていただろうか。世界人口の11％に当たる８億2100万人以上が飢えている。しかし，日本にあるたくさんの食料が毎年捨てられている。そして，この状況は日本だけではない。アメリカで生産される全ての食料の半分，イギリスの全ての食料の３分の１，そしてオーストラリアではトマトの90％近くが捨てられる。❻多くの先進国では，形や大きさが消費者の基準，より正確に言えばスーパーマーケットの基準を満たさないという理由で，多くの農作物が捨てられている。家庭で食品を無駄にしないことは，もちろんなすべきことの１つだ。しかし，食品ロスを減らすことで，世界中の全ての人々に十分な食料を確保できると見積もられている。

問１＜適語選択＞①第１段落では子どもたちが学校へ行けない状況，第２段落では，子どもたちの学ぶ機会の必要性について書かれている。　⑤第３，４段落では女性たちが男性に比べて不利な立場にあることが読み取れる。　⑨第５段落第１，２文では世界中で飢えている人々について，それ以降は食べ物の無駄について述べられている。

問２＜適語句補充＞空所②に続く文は，いずれも前文の内容の具体例になっている。

問３＜英文和訳＞ここでの when は‘時’を表す副詞節を導く接続詞。‘形容詞〔副詞〕＋enough to ～’は「～できるほど〔～するほど〕十分…」。　attend「～に出席する」　elementary school「小学校」　one-third「３分の１」　drop out of ～「(学校)を中途退学する」

問４＜語形変化＞④‘a chance＋to不定詞’「～する機会」　⑧the の後なので名詞形に直す。　⑪developed countries「先進国」　*cf.* developing countries「発展途上国」　⑬前置詞 by の後なので動名詞(～ing)に直す。‘子音字＋e’で終わる動詞は原則として e を取ってから -ing をつけることに注意。

問５＜適語補充＞be designed for ～ は「～のために設計されている」。最初の空所は女性の方が交通事故死亡率の高い理由，次の空所は女性が選択権なしに幼年期に結婚させられる理由を説明した文なので，男性中心主義を述べた文になる。

問６＜整序結合＞‘not … as〔so〕＋原級＋as ～’「～ほど…ない」の構文。‘原級’の部分に much を入れ，動詞の部分を受け身の否定形で are not valued「尊重されない」とまとめる。少女の意思が尊重されていないという段落全体の趣旨から，文の主語は boys ではなく girls になる。

問７＜指示語＞下線部⑩は日本で多くの食料が捨てられているという前文の内容を指し，それは日本だけではないと述べることで，次の文の他の国々の例への導入となる。

問８＜語句解釈＞ここでの thing は「(なすべき)こと」の意味。必要性があることから重要だと考えられる。　for sure「確かに」

問９＜英問英答＞「毎分何人の子どもたちが飢えで死んでいるか」―「６人の子ども」　第５段落第１文参照。10秒で１人だから，１分では６人となる。

問10＜内容真偽＞(1)「内戦の間，シリアには学校がなかった」…×　第１段落最終文参照。少なくとも小学校は残っていた。　(2)「車の衝突を避けるために厳しい法律がある」…○　第３段落第１，２文の内容に一致する。　(3)「家族を養うために，毎年多くの少女が『子どもの花嫁』として結婚を強制されている」…○　第４段落最後から２文目の内容に一致する。　(4)「イギリスで生産される食料の約50％が捨てられる」…×　第５段落最終文参照。３分の１である。　(5)「アメリカやイギリスなどの国では，消費者やスーパーマーケットがその品質を受け入れないという理由で多くの食品が捨てられている」…○　第６段落第１文の内容に一致する。

6〔**長文読解総合―スピーチほか**〕

(A)＜**講演**＞≪**全訳**≫❶皆さん，自分の最大の個人的目標を考えてみてください。真剣に，少しの間でいいです。これを理解するには，感じなくてはいけません。数秒かけて，あなたの個人的な最大の目標を考えてみてください，いいですか？　それを実行すると決めたと想像してください。今日会った人に，自分がやることを話すと想像してください。その人たちからの祝福，そしてその人たちがあなたに対して持つ高いイメージを想像してください。それを声に出して言うと気持ちよく感じないですか？　あなたは目標に近づいたと感じませんか？　それはあなた自身の一部になりつつあるのでしょうか？❷さあ，悪い知らせです。あなたは口を閉じているべきです，なぜなら今のその良い気分のせいで，あなたがそれをする可能性は低くなるのです。あなたの目標を誰かに話すと，それが起こる可能性が低くなることは，心理学の実験が何度も示しています。目標があるときには，それを達成するために踏む必要のある段階や，する必要のある作業があります。その作業を実際にやってしまわないと満足できないというのが理想的です。誰かに自分の目標を伝えて，彼らがそれを受け入れるとき，心理学者はそれが「社会的現実」と呼ばれるものであることを発見しました。あなたの心がそれはもう終わったことだと誤解するのです。そしてその後，その満足感を感じたため，一生懸命努力しようというやる気が減ってしまうのです。❸つまりこれは，友達から支援してもらうために彼らに目標を伝えるべきだという一般的な考え方に反していますね？❹では，その証拠を見てみましょう。1926年，社会心理学の創始者の１人であるクルト・レヴィンは，これを「代償行為」と呼びました。1933年，ヴェラ・マーラーは，それが他人から受け入れられると，心の中で現実のように感じられることを発見しました。1982年，ペーター・ゴルヴィツァーはこれに関する本を書き，2009年に新しい実験をしました。❺その実験は４種類の異なるテストを受けた163人で行われました。全員が自分の個人的目標を書き出しました。そして，半数がその目標を部屋にいる人たちに発表し，半数はそうしませんでした。その後，目標に直接つながる作業をする45分間が全員に与えられたのですが，彼らはいつでもやめていいと言われていました。そして，口を閉じていた人たちは平均で45分間ずっと作業をし，その後にどう感じたかを試験官が尋ねたとき，目標を達成するにはまだ先が長いと答えました。しかし，目標を公表した人は平均でたった33分で作業を終え，彼らが尋ねられたとき，目標達成にはるかに近づいたと感じると答えたのです。❻では，もしこれが正しいなら，私たちには何ができるでしょうか？　私がアドバイスをしましょう。目標を公表しないことです。あなたは社会的な承認がもたらす満足感を得ることはできますし，自分の心が言うことと実行することを取り違えることも理解できます。しかし，もし何かを話す必要があるのなら，「私はどうしてもこのマラソンを走りたいので，週に５回の練習が必要だから，そうしなかったら私を叱ってくださいね？」というように，あなたが満足感を得られない形で話せばいいのです。❼では皆さん，今度目標を聞かれたら何と答えますか？❽「⑫(例)私はあなたに目標を言いません」　そのとおりです！　よくできましたね。

(B)＜**リエの感想文**＞≪**全訳**≫私は講演者に賛成だ。彼の言っていることは理解できる。きっと，自分の目標を誰かに伝えたら，私は十分なことをする前に満足してしまうだろう。だから，誰かに目標を伝えるときはもっと慎重でなくてはならない。一番良い方法は，私の目標を少数の人に伝えることだと思う。また，目標を達成するためには，何を言うかではなく，どう行動するかを一人ひとりがもっと意識しなくてはならない。

(C)＜タクミの感想文＞≪全訳≫誰かに目標を伝えたいとき，口を閉じることは重要ではないと思う。僕は，友達に自分の目標を伝えたら，僕の目標を実現するために努力しようとする。『ワンピース』という日本の有名な漫画を読んだことがあるだろうか。主人公のルフィは，「海賊王に俺はなる！」と言う。彼は何度も傷つくが，挑戦を続けて決して諦めない。彼は自分について話すことで，常にやる気を出している。だから，僕は講演者には賛成しない。

問１＜熟語・単語の意味＞①for real は「本当に，実際に，真剣に」といった意味。ここはその中でも「真剣に目標を考える」という文脈である。　④直後の it が同じ文にある goal「目標」指すことから判断できる。　in order to ～「～するために」　⑥'motivate＋人＋to ～'「〈人〉に～する意欲を起こさせる」の受け身形。この意味を知らなくても文脈から推測できる。　⑧続く文章で述べられている学者たちの業績は，目標を人に言うべきでないことの証明となる。

問２＜語句解釈＞②前文にあるようにあなたが目標を持つ人間だと人に伝えれば，相手が持つあなたの image「イメージ」は高まるということ。　③that good feeling は前段落後半で述べられた，目標を公言するだけで得られる他人からの高い評価や達成感を指し，it は前段落最後から５文目の what you're going to do を指すと考えられる。　be likely to ～「～しそうである」　⑨the room で集合的に「部屋にいる人々」を表す用法。

問３＜語句解釈＞social「社会的な」が他人とのつながりを示している。下線部⑤を含む文の前半にあるように，誰かに自分の目標を話して承認されることで，現実に目標を達成したかのように感じることを示しているので，前半を抜き出す。

問４＜語句解釈＞'idea that＋主語＋動詞…'「～であるという考え」の形。よって，that 以下をまとめればよい。ここでは'目的'を表す副詞句の in order to ～ が主語の前に置かれていることに注意。

問５＜指示語＞どちらも Those who ～ の形で，これは「～する人々」という意味なので，関係代名詞節を含めて訳出すればよい。⑩の kept them shut は'keep＋目的語＋過去分詞'「～を…(された状態)にしておく」の形(shut－shut－shut)。なお，この「口を閉じていた」とは目標を語らなかったことの比喩表現である。

問６＜適文選択＞(A)の第６段落第２文で目標を公言しないよう講演者が助言したことに注目。空所⑫直後の内容から，聴衆は講演者の助言どおりの回答をしたと考えられる。よって不適切なものはB.「私は喜んで私の目標を話します」。なお全訳の例は選択肢Aである。

問７＜内容一致＞a.(B)の第１文参照。'agree with＋人'「〈人〉に同意〔賛成〕する」　b・c.(B)の第３文後半参照。　be satisfied with ～「～に満足している」　d.(B)の最後から２文目参照。　'a small number of＋複数名詞'「少数の～」　e.(C)の第１文参照。

問８＜内容真偽＞(1)「講演者はクルト・レヴィン教授が行った実験について話している」…×　(A)の第４段落最終文～第５段落参照。ペーター・ゴルヴィツァーの実験である。　(2)「講演者は，人は自分の目標を他人に話すと気分が良くなると説明する」…○　(A)の第１段落後半の内容に一致する。　(3)「タクミは，友達に自分の目標を伝えたいときは，注意しなくてはいけないと言う」…×　(B)の第４文参照。これはリエの意見。　(4)「タクミが講演者と同じ意見を持っていないのは，有名な漫画の登場人物が自分の夢を皆に話しているからだ」…○　(C)の後半の内容に一致する。

2023年度／淑徳高等学校

数学解答

1 (1) 2022　(2) a^3　(3) 6
(4) $x=-5$，$y=11$
(5) $x=-1$，12
(6) $-a^2+4b^2+4b+1$
(7) $a(x-b)(x-c)$

2 (1) $y=2x^2$　(2) 5　(3) -1
(4) 5通り　(5) ⑥　(6) 114°
(7) $\dfrac{7}{36}$

3 (1) $y=-\dfrac{1}{2}x+6$　(2) $(-4,\ 8)$
(3) 21

4 (1) 3 cm^2　(2) $\dfrac{3}{4}x^2\text{cm}^3$
(3) 3秒後，$\dfrac{9}{2}\text{cm}^3$

1〔独立小問集合題〕

(1)＜数の計算＞与式$=\{25\times(-12)-37\}\times(-6)=(-300-37)\times(-6)=(-337)\times(-6)=2022$

(2)＜式の計算＞与式$=6a^2b\times\dfrac{2a}{9b^2}\times\dfrac{3b}{4}=\dfrac{6a^2b\times2a\times3b}{9b^2\times4}=a^3$

(3)＜数の計算＞与式$=3-6\sqrt{6}+18-(6-3\sqrt{6}-3\sqrt{6}+9)=21-6\sqrt{6}-15+6\sqrt{6}=6$

(4)＜連立方程式―解の利用＞$ax+by=-3$……①，$bx+y=1$……②とし，$bx+ay=-3$……③，$bx+y=1$……④とする。$x=1$，$y=-1$は③，④の連立方程式の解だから，まず，④に代入すると，$b\times1+(-1)=1$，$b=2$となり，これと$x=1$，$y=-1$を③に代入すると，$2\times1+a\times(-1)=-3$，$a=5$となる。これより，①は，$5x+2y=-3$……①′，②は，$2x+y=1$……②′となるから，①′－②′×2より，$5x-4x=-3-2$，$x=-5$　これを②′に代入して，$2\times(-5)+y=1$，$y=11$となる。

(5)＜二次方程式＞両辺を2でわって整理すると，$(x-7)^2+3(x-7)=40$，$x^2-14x+49+3x-21=40$，$x^2-11x-12=0$，$(x+1)(x-12)=0$　$\therefore x=-1$，12
≪別解≫$x-7=X$とおくと，$2X^2+6X=80$，$X^2+3X-40=0$，$(X+8)(X-5)=0$　$\therefore X=-8$，5
$x-7=-8$のとき，$x=-1$，$x-7=5$のとき，$x=12$である。

(6)＜式の計算＞$1+2b=A$とおくと，与式$=(A+a)(A-a)=A^2-a^2$となり，Aをもとに戻して，与式$=(1+2b)^2-a^2=1+4b+4b^2-a^2=-a^2+4b^2+4b+1$である。

(7)＜式の計算―因数分解＞与式$=a(x^2-bx-cx+bc)=a\{x^2-(b+c)x+bc\}=a(x-b)(x-c)$

2〔独立小問集合題〕

(1)＜関数―放物線の式＞yはxの2乗に比例することから，$y=ax^2$とする。$x=2$のとき，$y=a\times2^2=4a$，$x=5$のとき，$y=a\times5^2=25a$と表される。よって，xが2から5まで増加するときの変化の割合が14であることから，$\dfrac{25a-4a}{5-2}=14$が成り立つ。これを解くと，$7a=14$，$a=2$となるから，yをxの式で表すと，$y=2x^2$である。

(2)＜関数―aの値＞3点$(-1,\ -1)$，$(3,\ a+2)$，$(-5,\ 1-2a)$をそれぞれA，B，Cとする。3点A，B，Cが一直線上にあるとき，直線ABの傾きと直線ACの傾きが等しいので，直線ABの傾きが$\dfrac{a+2-(-1)}{3-(-1)}=\dfrac{a+3}{4}$，直線ACの傾きが$\dfrac{-1-(1-2a)}{-1-(-5)}=\dfrac{-2+2a}{4}$と表されるから，$\dfrac{a+3}{4}=\dfrac{-2+2a}{4}$が成り立つ。よって，$a+3=-2+2a$，$-a=-5$，$a=5$となる。

(3)＜式の計算＞$\dfrac{a+b}{a-2b}=\dfrac{1}{2}$の両辺を$2(a-2b)$倍すると，$2(a+b)=a-2b$となり，$2a+2b=a-2b$，$a=-4b$となる。これを与式に代入すると，与式$=\dfrac{(-4b)^2-4b^2}{(-4b)^2+8\times(-4b)\times b+4b^2}=\dfrac{16b^2-4b^2}{16b^2-32b^2+4b^2}$

$=\dfrac{12b^2}{-12b^2}=-1$ となる。

(4)＜**数の性質**＞Mを奇数，Nを3でわった余りが1である数とするとき，$\dfrac{N}{M}$が5の倍数になるので，Nは3でわって1余る5の倍数である。よって，M，Nは3以上100以下だから，$N=10$，25，40，55，70，85，100である。$N=10$のとき，$\dfrac{N}{M}$が5の倍数になる奇数Mはない。$N=25$のとき，$M=5$であれば，$\dfrac{N}{M}=\dfrac{25}{5}=5$となり適している。$N=40$のとき，$\dfrac{N}{M}$が5の倍数になる奇数$M$はない。$N=55$のとき，$M=11$であれば，$\dfrac{N}{M}=\dfrac{55}{11}=5$となり適している。$N=70$のとき，$M=7$であれば，$\dfrac{N}{M}=\dfrac{70}{7}=10$となり適している。$N=85$のとき，$M=17$であれば，$\dfrac{N}{M}=\dfrac{85}{17}=5$となり適している。$N=100$のとき，$M=5$であれば，$\dfrac{N}{M}=\dfrac{100}{5}=20$となり適している。以上より，$M$，$N$の組合せは，$(M,\ N)=(5,\ 25)$，$(11,\ 55)$，$(7,\ 70)$，$(17,\ 85)$，$(5,\ 100)$の5通りある。

(5)＜**データの活用―箱ひげ図**＞与えられた①～⑥の箱ひげ図は，最小値，最大値，第1四分位数，第2四分位数(中央値)，第3四分位数を階級値によって表しているので，それぞれの値を階級値を利用して求める。まず，最小値は15点，最大値は85点である。次に，第2四分位数は10点以上50点未満に$2+1+3+2=8$(人)，60点未満に，$8+3=11$(人)だから，10番目と11番目の生徒はどちらも50点以上60点未満の階級に属し，その階級値の55点である。第1四分位数は5番目と6番目の生徒が属する階級値であり，5番目，6番目の生徒はともに30点以上40点未満の階級に属するから，その階級値の35点である。第3四分位数は15番目，16番目の生徒が属する階級値であるが，70点未満までに，$2+1+3+2+3+4=15$(人)だから，15番目の生徒が属する階級の階級値が65点，16番目の生徒が属する階級の階級値が75点となり，第3四分位数はこれらの平均値で，$\dfrac{65+75}{2}=70$(点)となる。以上より，このテストの得点の箱ひげ図は⑥である。

(6)＜**平面図形―角度**＞右図のように，円Iが辺AB，BC，CAと接する点をそれぞれP，Q，Rとする。まず，△BPIと△BQIにおいて，BI＝BI，PI＝QI(半径)，接点を通る半径は接線と垂直に交わるから，∠BPI＝∠BQI＝90°より，直角三角形の斜辺と他の1辺がそれぞれ等しいので，△BPI≡△BQIであり，∠IBP＝∠IBQとなる。同様にして，△CQI≡△CRIより，∠ICQ＝∠ICRとなる。ここで，∠IBP＝∠IBQ＝a，∠ICQ＝∠ICR＝bとおくと，△ABCの内角の和より，$2a+2b+48°=180°$，$2a+2b=132°$，$a+b=66°$となり，△IBCで，内角の和より，∠BIC＝180°－(∠IBQ＋∠ICQ)＝$180°-(a+b)=180°-66°=114°$である。

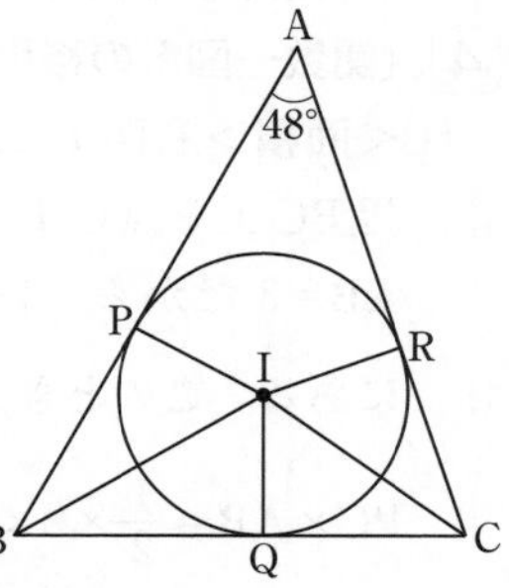

(7)＜**確率―サイコロ**＞大小2つのサイコロを同時に投げるとき，目の出方はそれぞれ6通りずつあるから，全部で$6\times6=36$(通り)あり，a，bの組も36通りある。このうち，$2a+b$が5の倍数となるのは，$(2a,\ b)=(2,\ 3)$，$(4,\ 1)$，$(4,\ 6)$，$(6,\ 4)$，$(8,\ 2)$，$(10,\ 5)$，$(12,\ 3)$だから，a，bの組は，$(a,\ b)=(1,\ 3)$，$(2,\ 1)$，$(2,\ 6)$，$(3,\ 4)$，$(4,\ 2)$，$(5,\ 5)$，$(6,\ 3)$の7通りある。よって，求める確率は$\dfrac{7}{36}$である。

3 〔関数―関数 $y=ax^2$ と一次関数のグラフ〕

≪基本方針の決定≫(3)　四角形OCABをy軸で三角形と台形に分けて求める。

(1)＜**直線の式**＞直線②は傾きが$-\frac{1}{2}$だから，その式を$y=-\frac{1}{2}x+k$とおくと，A(2, 5)を通ることから，$x=2$，$y=5$を代入して，$5=-\frac{1}{2}\times2+k$，$k=6$である。よって，直線②の式は$y=-\frac{1}{2}x+6$となる。

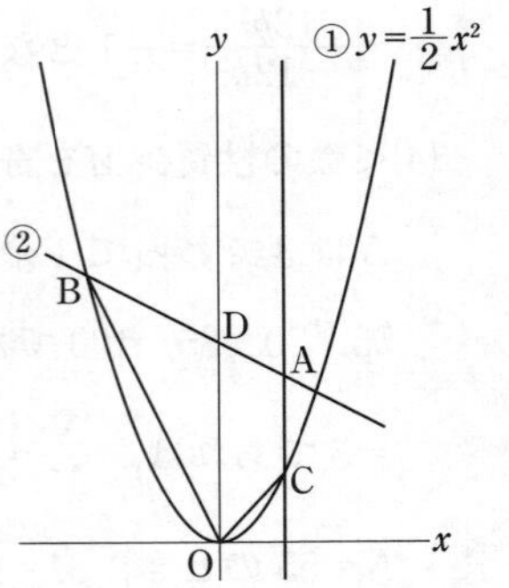

(2)＜**座標**＞点Bは放物線$y=\frac{1}{2}x^2$と(1)で求めた直線$y=-\frac{1}{2}x+6$との交点だから，2式からyを消去して，$\frac{1}{2}x^2=-\frac{1}{2}x+6$より，$x^2=-x+12$，$x^2+x-12=0$，$(x+4)(x-3)=0$，$x=-4$，3となる。点Bの$x$座標は負だから，点Bの$x$座標は$-4$となり，これを$y=\frac{1}{2}x^2$に代入すると，$y=\frac{1}{2}\times(-4)^2=8$より，B$(-4, 8)$である。

(3)＜**面積**＞右上図で，直線$y=-\frac{1}{2}x+6$とy軸の交点をDとし，四角形OCABの面積を△OBDと四角形OCADの面積の和として求める。直線$y=-\frac{1}{2}x+6$の切片より，D(0, 6)だから，△OBDの底辺をODと見ると，OD＝6であり，高さは点Bのx座標より4となるから，△OBD＝$\frac{1}{2}\times$OD$\times4=\frac{1}{2}\times6\times4=12$である。また，直線ACは$y$軸に平行だから，点Cの$x$座標は点Aの$x$座標2と等しく，点Cは放物線$y=\frac{1}{2}x^2$上の点だから，$x=2$とすると，$y=\frac{1}{2}\times2^2=2$となり，C(2, 2)である。よって，CAの長さは点C，Aのy座標から，CA＝5－2＝3である。四角形OCADはCA∥ODの台形だから，上底をCA，下底をODと見ると，高さは点Aのx座標より2となるから，〔四角形OCAD〕＝$\frac{1}{2}$(CA＋OD)×2＝$\frac{1}{2}$(3＋6)×2＝9である。以上より，〔四角形OCAB〕＝△OBD＋〔四角形OCAD〕＝12＋9＝21である。

4 〔**関数—図形の移動と関数**〕

(1)＜**面積**＞右図1で，点Pは点Aを出発して毎秒1cmの速さで辺AB，辺BC上を点Cまで進むから，4秒後に，1×4＝4(cm)進むことになる。AB＝3だから，4－3＝1(cm)より，点Pは辺BC上で，BP＝1の位置にある。このとき，PC＝BC－BP＝3－1＝2となるから，△APC＝$\frac{1}{2}\times$PC×AB＝$\frac{1}{2}\times2\times3=3$(cm²)である。

図1

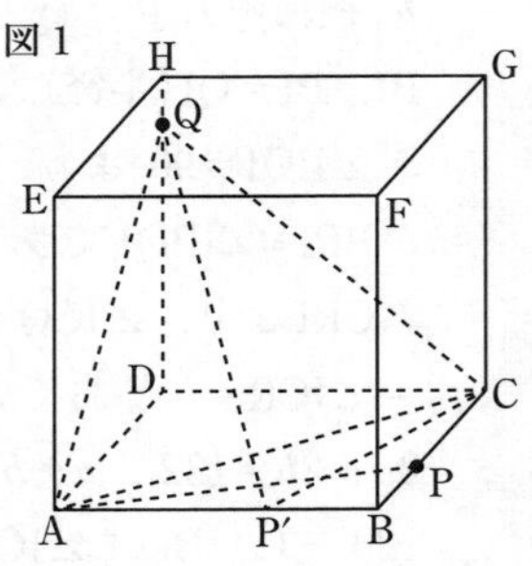

(2)＜**体積**＞点Qは点Dを出発して毎秒$\frac{3}{2}$cmで辺DH，辺HG，辺GC上を点Cまで進むから，x秒後に点Dから，$\frac{3}{2}\times x=\frac{3}{2}x$(cm)進むことになる。$0\leqq x\leqq2$より，$x=2$のとき，点Qが進んだ長さは，$\frac{3}{2}\times2=3$(cm)となることより，点Qは$0\leqq x\leqq2$のとき，辺DH上にあり，DQ＝$\frac{3}{2}x$となる。一方，点Pは$x$秒後に点Aから，$1\times x=x$(cm)進み，$0\leqq x\leqq2$のとき，辺AB上にある。ここで，右上図1で辺AB上の点PをP′とし，四面体QAP′Cの底面を△AP′Cと見ると，DQは面ABCDに垂直だから，高さに当たる。△AP′C＝$\frac{1}{2}\times$AP′×BC＝$\frac{1}{2}\times x\times3=\frac{3}{2}x$

と表されるから，〔四面体QAP′C〕$=\frac{1}{3}\times\triangle \mathrm{AP'C}\times \mathrm{DQ}=\frac{1}{3}\times\frac{3}{2}x\times\frac{3}{2}x=\frac{3}{4}x^2$(cm³)と表される。

(3)＜**体積**＞四面体OAPCの底面である△APCの面積が最大になるのは，点Pが点Bに進むときで，点Aを出発してから，$3\div1=3$(秒)後である。3秒後に，点Qは点Dから，$\frac{3}{2}\times3=\frac{9}{2}$(cm)進んでいるから，右図2のように辺HG上にある。点Qが辺HGにあるとき，HG∥〔面ABCD〕より，点Qから面ABCDまでの距離は，つまり，四面体OAPCの高さと等しく一定である。また，点Pが辺BC上にあるとき，△APCの面積は△ABCの面積より小さくなり，点Qが辺GC上にあるとき，四面体OAPCの高さは辺HG上にあるときより小さくなる。よって，点Pが点Bにある3秒後に四角形QAPCの体積は最大となり，このときの体積は，$\frac{1}{3}\times\triangle \mathrm{ABC}\times \mathrm{DH}=\frac{1}{3}\times\left(\frac{1}{2}\times3\times3\right)\times3=\frac{9}{2}$(cm³)である。

図2

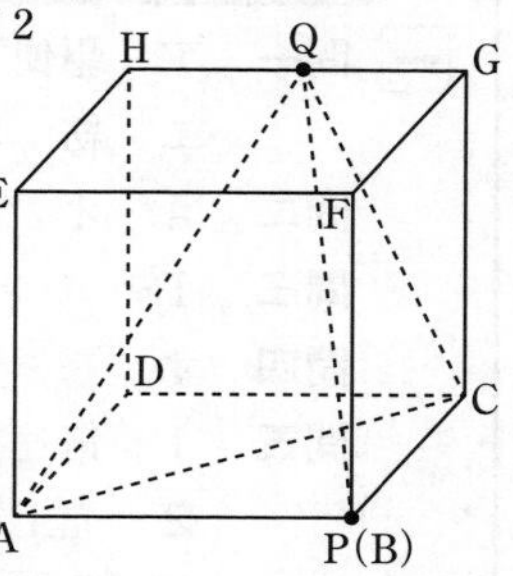

2023年度／淑徳高等学校

国語解答

一 問一 ア 駆使 イ 嘆 ウ 比喩〔喩〕 エ 紡 オ 翻訳家 カ 大幅

問二 a…オ b…ア c…イ

問三 Ⅰ…ア Ⅱ…エ Ⅲ…オ

問四 オ

問五 1 倍速視聴機能〔スキップ機能〕
2 売上に直結しそうなシーン
3 胸が痛い

問六 1 内容を熟知した
2 滋味を極限まで損なわせないような配慮
3 サマリー

問七 エ 問八 オ 問九 映像で

問十 A…カ B…エ C…イ

問十一 ウ，キ

二 問一 (1)…イ (2)…ウ (3)…ア

問二 (1)…ウ (2)…イ (3)…ア (4)…イ

問三 X…オ Y…ウ Z…ア

問四 オ 問五 ウ

問六 A 居ながらにして写真が撮れ
B 正面に近い一般席の最前列
C 昼の弁当
D 桜の木の下の，陰になる所

問七 四時はまだ真っ暗

問八 ウ 問九 オ 問十 イ

問十一 エ 問十二 ア

問十三 父は足

一 〔論説文の読解―社会学的分野―現代社会〕出典；稲田豊史『映画を早送りで観る人たち ファスト映画・ネタバレ――コンテンツ消費の現在形』。

≪本文の概要≫倍速視聴機能や10秒スキップ機能が標準搭載されている動画配信サービスは数多く，映像表現を早送りで見ているという人たちの声が雑誌に紹介されもした。筆者自身もかつて大量のVHSサンプルを視聴する仕事をしていたときには倍速視聴をしていたが，それでは作品の滋味を半分も味わえていなかったことに気づいた。映像作品は，セリフやナレーション以外のものから与えられる情報を味わってこそ堪能《たんのう》することができる。また，自己のペースで見ることを想定していない映像作品の倍速視聴と，書物の速読や長大な海外文学の抄訳や連続ドラマなどの総集編は根本的に異なるものであり，ファスト映画は違法というだけでなく，本編が適切にまとめられているか疑わしいという点で，質の悪いダイジェストである。映像表現の倍速視聴者は能動的な芸術鑑賞態度は持っておらず，動機の大半がきわめて実利的なものであるのは明白である。ただ，早送りで見る人たちにもそれなりの切実さがあるはずなので，同意はできないかもしれないが，納得・理解はしたいと考える。

問一＜漢字＞ア．自在に使いこなすこと。 イ．音読みは「嘆息」などの「タン」。 ウ．たとえのこと。 エ．音読みは「紡績」などの「ボウ」。 オ．翻訳をする人のこと。「翻訳」は，ある言語で表現されたものを他の言語にすること。 カ．規模や数量の差が大きいこと。

問二＜接続語＞a．Netflixでは「10秒飛ばし」や「10秒戻し」ができ，加えていえば，Amazonプライム・ビデオにも「10秒送り・10秒戻し機能」がある。 b．記事を見て「胸がざわついた。というより，居心地が悪かった」のは，「かつて自分にも倍速視聴にどっぷり浸かった時期があったから」である。 c．「倍速視聴したり，10秒飛ばししたりする人たちは，物語を追いかけるのに必要な情報は，必ずセリフやナレーションで与えられるものだと信じきっている，ように見える」けれども，「映像表現とは，本来そうではないはず」である。

問三＜語句＞Ⅰ．Netflixと並んで優れているAmazonプライム・ビデオにも，「10秒送り・10秒戻し機能」がある。二つのものがともに優れていて優劣がないことを，「双璧をなす」という。 Ⅱ．「AERA」には，「ある種の人々」にとって，耐えがたい記事が載っていた。耐えがたい，ということを，「我慢ならない」という。　Ⅲ．「抄訳作業を行った」のは「その作家やその種の文学」を深く理解しているプロの翻訳家である。広い知識や深い理解のことを，「造詣《ぞうけい》」という。

問四＜文章内容＞筆者は，仕事で時間がないときには「倍速視聴」をしていたが，後に「かつて倍速視聴した作品」を見直すと，「作品の印象がまったく違う」ので「愕然」とした(オ…×)。

問五＜文章内容＞１．筆者は，毎月決まった時期に「大量のVHSサンプルを視聴する必要があった」ため，「倍速視聴機能」(「スキップ機能」)を使って視聴していたのである。　２．倍速視聴をしている中で，「派手なアクションシーン」など「売上に直結しそうなシーン」だけは「通常再生に戻して」確認していた。　３．倍速視聴をするのは，「自転車で美術館内を回る」のと同じで，作品を鑑賞したことにはならないため，倍速視聴をしていたことを思い返すと「胸が痛い」。

問六＜文章内容＞１・２．「ドラマの総集編を編集した」のは「そのドラマの内容を熟知した」テレビマンであり，その「総集編」は「〝作品の滋味を極限まで損なわせないような配慮が施された〟ダイジェスト」であるが，「ファスト映画」はそのようなものではない。　３．「ファスト映画」は，「本編を適切にサマリーしているかどうか怪しい」ものである。

問七＜文章内容＞文章なら，「能動的な芸術鑑賞態度」があるといえるのは，「いったん書かれた文章」が「作者から切り離され，自律的なもの(テクスト)となってさまざまな読まれ方」をする場合である。いったんつくられた作品を鑑賞するときに，その作品の意図など，作者と直結している事柄を除外して作品そのものを鑑賞しようとするのが，「能動的な芸術鑑賞態度」なのである。

問八＜文章内容＞映像作品の「倍速視聴」の機能は，自分にとって興味のないものを無駄で不要なものとして省き，短時間で効率よく内容を把握するために都合のよい機能として使われている。

問九＜文脈＞「書物の速読」や「長大な海外文学の抄訳」や「連続ドラマなどの総集編」などは，なぜ「許容されて」いるのか。「許容しない人がいるとしても，なぜその数は映像の時短視聴に抵抗を覚える人に比べて少ない」のか。まず，「速読」から考えてみる。「映像で紡がれる物語」の「原型」である「演劇」は，「その出現時から，鑑賞者が自分のペースで観る，という性質のものではなかった」が，「書物」は，「出現時から読者が自分のペースで読むことを想定されて」いた。

問十＜主題＞Ａ．映画やドラマを「倍速」ないし「早送り」で見る人の声や，筆者自身も「かつて自分にも倍速視聴にどっぷり浸かった時期があった」ことが述べられている。　Ｂ．「倍速視聴したり，10秒飛ばししたりする人たちは，物語を追いかけるのに必要な情報は，必ずセリフやナレーションで与えられるものだと信じきっている」ように見えるが，実際には「セリフやナレーション」以外のことから与えられるものがある，ということが述べられている。　Ｃ．映像作品の「倍速視聴」を「書物の速読」や「長大な海外文学の抄訳」や「連続ドラマなどの総集編」などと比較しながら，「倍速視聴」は「能動的な芸術鑑賞態度」とは異なることが述べられている。

問十一＜要旨＞筆者は，動画配信サービスの倍速視聴機能や10秒スキップ機能が自在に操作できることについて，「聞き取れなかったセリフをもう一度聞くために10秒戻しをする」のは「わかる」と述べているが(ア…×)，「初見の映像作品」を「10秒飛ばし」で見たり「倍速視聴」したりすることには「違和感」を覚えている(イ…×)。筆者がそのような「違和感」を抱くのは，映像表現は「セリフやナレーション」以外のものから与えられる情報を味わってこそ堪能することができると考えるからである(ウ…○)。また，「書物の速読」や「長大な海外文学の抄訳」や「連続ドラマなどの総集編」などと違い，演劇が「原型」である映像作品は「鑑賞者が自分のペースで観る」という性質のものではないので(エ…×)，ファスト映画は「違法」というだけでなく「作品の滋味を極限まで損なわせないような配慮」が施されていない点で質の悪いダイジェストだ，と考えるからでもある(オ…×)。映像表現の倍速視聴者は，バルトのテクスト論で考えられているような「能動的な芸術鑑賞態度」を持っているとは考えがたく，彼らの動機の大半は「きわめて実利的なもの」であるのは明白だ，と筆者は見ている（カ…×）。ただし，筆者は，早送りで見る人たちにも「切実さ」は「あるはず」だと考え，「同意はできないかもしれないが，納得はしたい。理解はしたい」と考え，「まずは，彼らの話に耳を傾けることから始めよう」としている（キ…○）。

二〔小説の読解〕出典；帚木蓬生『花散る里の病棟』。

問一⑴＜**故事成語**＞「小学校の校門前に並んでいるときに，呼び出し」を受ければ，もうどうしようもない。全て終わりであることを，「万事休す」という。　⑵＜**語句**＞席取りのために暗いうちから並ぶような物好きは，父以外にいるはずがない。物好きな人のことを「酔狂者」という。「酔狂」は，物好きのこと。　⑶＜**文章内容**＞立ち上がった健は「膝についた土を払っている」が，「そんなことをすれば，遅れるだけだ。何たることか」と「私」はすっかりあきれてしまった。

問二⑴＜**語句**＞「しかるべき」は，そうであるのが適当だ，という意味。　⑵＜**語句**＞「したたか」は，甚だしい，ひどいさま。　⑶＜**語句**＞「上ずる」は，落ち着きがなくなってうわつく，という意味。　⑷＜**慣用句**＞「目をむく」は，驚いて目を大きく見開く，という意味。

問三＜**接続後**＞X．暗いうちから並んだだけあって，父は正面に近い一般席の最前列を取っていた。　Y．父が軍隊の話を持ち出したので，家内と私は，再びその話が始まった，と思った。　Z．跳び箱の「三段」の前に並んだ「私」は，走り出すときに「みじめな気」がしたうえに，「完全には跳び越えられず，尻をしたたかに打った」のだった。

問四＜**文章内容**＞父は「不整脈」があるので，「席取り」に行くなど無理だろう，とみんな思った。

問五＜**心情**＞父は，席取りに行く，それも「あしたは四時から並ぶ」「どうせ並ぶなら～四時間待てばよか」とまで言った。それを聞いて家内は止めにかかったが，母は，父が「一度言い出したら，後に引かない」ことを知っているので，「仕方ないというように」ため息をついた。

問六＜**文章内容**＞A・B．父が取ったのは「正面に近い一般席の最前列」で，そこからは，「居ながらにして写真が撮れた」のだった。　C・D．父は，「正面に近い一般席の最前列」では「昼の弁当」は「日が照って食われん」という理由で「桜の木の下の，陰になる所」も取っていた。

問七＜**文章内容**＞父は，朝四時から並んだ。「四時はまだ真っ暗」であるため，空には星が見えた。

問八＜**文章内容**＞「私」は，父が早朝から席取りに行ったことを申し訳ないと思っていた。しかし，父が「席取りで，よか時間ば過ごさせてもろうた」と言ったので，「私」はほっとした。

問九＜**文章内容**＞「私」が子どもの頃から「走るのも徒手体操の類も苦手」だったことを，家内はおそらく聞いて知っていただろう。ところが，父が「しかしあんときの伸二は速かったな」と言ったので，家内は意外な気がして，その話に関心を持った。

問十＜**文章内容**＞健は，「幼稚園での運動会」でも「かけっこが苦手」で，小学校の運動会当日の朝も「どこか緊張気味」であり，児童たちが入場門から入ってきて整列したときも，まだ「浮かない表情」だった。それでも，「大きく遅れたドン尻」でゴールインして「ゴール脇にしゃがんでいるときも，時々こぶしで目をぬぐっていた」し，妹に「お兄ちゃんが転んだ」と言われれば「後ろから押されたけ，倒れた」と「ふくれっ面」をして言い返してみせた。

問十一＜**文章内容**＞父は，金曜日に「下見」をしたうえで進んで席取りに行き，「特等席」を取った。また，「昼の弁当」のことを考えて木陰の席も取るなど，「何から何まで用意周到」であった。

問十二＜**表現**＞健の運動会の前日と当日のことが描かれているが，その間に「私」の回想が挟まれ，子どもの頃の「私」と今の健を比較するような形で物語が進んでいく。

問十三＜**文脈**＞健が「大きく遅れたドン尻」でゴールインすると，それを見ていた父が「やっぱり健も，お前と似とるごたる」と言った。父にそう言われると，「私」はぐうの音も出なかった。

Memo

Memo

2022年度 淑徳高等学校

【英　語】（50分）〈満点：100点〉

1 次の各組の英文がほぼ同じ内容を表す文になるように，（　）に入る最も適切な語を１語ずつ答えなさい。ただし，数字は英語で書き表すこと。

(1)
It is 6:45 now.
It is a (ア) (イ) seven now.

(2)
It is 8:05 now.
It is five (ア) (イ).

(3)
My birthday is July 12.
I was (ア) (イ) July 12.

(4)
Why did you become so angry?
(ア) (イ) you so angry?

(5)
Takeshi was late for class this morning.
Takeshi was not (ア) (イ) for class this morning.

(6)
Nobody is as kind as you.
You are the (ア) (イ) all.

(7)
An hour's walk takes you to the museum.
It takes you an hour to get to the museum (ア) (イ).

(8)
My grandfather died three months ago.
My grandfather has (ア) (イ) (ウ) three months.

2 次の各組の英文の(　)に当てはまる同音異義語(同じ発音で意味の異なる単語)を答えなさい。

(1)
Read the words (ア) after me.
Dictionaries are not (イ) in this test.

(2)
Don't cross the road at a (ア) light.
I (イ) an interesting book yesterday.

(3)
We all have hoped for (ア) in the world.
I ate a (イ) of bread in the morning.

(4)
Please (ア) your name before entering the room.
Everyone should have the (イ) to vote.

3 次の日本文の意味を表すように，(　)内の語(句)を並べかえ，３番目と７番目に来る語(句)を選び，それぞれ答えなさい。ただし，文頭に来る語も小文字で表している。

(1) 明日までにやらなきゃいけない宿題を手伝ってくれる？
(you / with / I / can / by / me / my homework / tomorrow / must / help / finish)?

(2) クミからもらったプレゼントにわくわくしちゃった。
(by / present / the / excited / me / sent / Kumi / made).

(3) 駅までの行き方を教えてくれるなんて彼はやさしいわ。
(was / me / to / kind / he / to / the / show / enough / way / the station).

(4) その村にはネコと暮らす老婆がいた。
(cat / was / living / old / her / woman / an / there / with) in the village.

(5) このことで相談ごとがあります。
(to / something / have / I / with / about / talk / this) you.

4 次の英文の下線部に誤りがある場合は記号を選び，訂正しなさい。誤りがない場合は，解答欄(記号部分)に○を書きなさい。

(1) A friend of ア mine smiled イ and laid ウ his hand on エ my shoulder.

(2) Tokyo is one ア of the biggest city イ in ウ Japan and many foreigners visit エ there every year.

(3) It is raining ア heavily イ now, so I don't know if it ウ will be エ fine tomorrow.

(4) I'm looking forward to visit ア Kyoto because イ there are ウ many places to see there エ.

(5) As ア I forgot sending イ her a letter, I must ウ go to エ the post office now.

(6) My father got ア a driver's license during イ he was ウ in エ America.

(7) Yuki has broken ア her bicycle, so イ she has to ウ buy it エ.

(8) You had ア better not イ to eat ウ before washing エ your hands.

5 次の英文を読み，設問に答えなさい。

*Farley Mowat worked for the Canadian *government. The government wanted to know more about wolves. ①Do wolves kill lots of *caribou (big animals)? Do they kill people? The government told Farley to learn about wolves.

They gave him lots of food, clothes and guns. Then, they put him on a plane and took him to a far place. The plane put him down and went away. There were no houses or people in this place but there were lots of animals — and lots of wolves.

People tell ②horrible stories about wolves. They say wolves like to kill and eat people. Farley remembered these stories and he was afraid. He had his gun with him all the time.

Then one day, he saw a group of wolves. There was a mother wolf with four baby wolves. A father wolf and another young wolf lived with them.

Farley watched these wolves every day. The mother was a very good mother. She gave milk to her babies. She gave them lessons about life. ③They learned (　　　　　). The father wolf got food for the mother. The young wolf played with the children. They were a nice, happy family — a wolf family!

Farley did not need his gun anymore. In a short time, he and the wolf family were friends. Farley watched them for five months. He learned many new things about wolves. He learned that many stories about wolves were not true. Wolves do not eat people, and they do not eat many large animals.

What do they eat? Lots of small animals, Farley learned. For example, they eat lots and lots of mice. Can a large animal ④live on mice? Farley wanted to know. There was only one way to learn. He was a large animal too — a large man. He must try to live on mice! So he did. He ate (X) — and no other food — for two weeks. After that, he did not want any more mice! But he was not thin, and he was not sick. Yes, a man can live on mice, so a wolf can, too. Now he could answer the government's questions about wolves.

In that far place, Farley did not see many people. But he learned bad things about some men. These men told horrible stories about wolves. In the stories, wolves killed hundreds of caribou. But ⑤this was not true. Farley learned that the men killed the caribou. They also killed many wolves.

Farley Mowat never saw the wolf family again. But he wrote a book about them. He wanted people to understand wolves and to stop killing them.

出典：A Man and Many Wolves Mikulecky・Jeffries, Basic Reading Power　一部改変

［注］ Farley Mowat：ファーリーモワット　government：政府　caribou：カリブー（トナカイ）

問１　下線部①の答えになる一文を本文から探し，始めの１語と終わりの１語を答えなさい。

問２　次の英文の質問に対する答えとして最も適切なものをそれぞれ選び，記号で答えなさい。

(1) What did the Canadian government **not** give Farley Mowat?

ア water　イ clothes　ウ guns　エ food

(2) How many wolves did he see?

ア four　イ five　ウ six　エ seven

(3) How long did he watch the wolf family?

ア four months　イ five months

ウ six months　エ seven months

問３　下線部②，④が本文中の表現と**最も近いもの**をそれぞれ選び，記号で答えなさい。

(1) ② horrible

ア terrible　イ impossible　ウ trouble　エ comfortable

(2) ④ live on

ア survive on　イ focus on　ウ take on　エ keep on

問４　下線部③が「彼らは，どのように食べ物を手に入れたらいいかを学んだ。」という意味になるよう，残りの部分を英語で書きなさい。

問５　空欄(X)に入る語を本文中から１語で抜き出し，答えなさい。

問６　下線部⑤の示す内容として最も適切なものを１つ選び，記号で答えなさい。

ア　ファーリーが行った場所には，多くのオオカミがいたこと。

イ　政府の人々が，ファーリーにオオカミは恐ろしいと言ったこと。

ウ　オオカミは，何百ものカリブーを殺すこと。

エ　政府の人々が，カリブーを殺すということ。

問７　本文の内容に一致するものには○，異なるものには×で答えなさい。

(1) Farley wanted the government to know about wolves.

(2) Farley went to a far place which had no houses.

(3) Wolves were dangerous, so Farley needed his gun.

(4) Farley learned many things about wolves.

6 次の英文を読み，設問に答えなさい。

Our bodies give us so many expressions. Today we will talk about the facial feature that sticks out the most . . . your nose!

If you are not wearing a mask which covers the mouth and nose, most of the time our noses are noticeable. You can see them clearly. That fact gives us this expression: ①<u>"as plain as the nose on your face."</u>

This means something that is very clear, easy to see or understand.

Here is one way to use it.

【 A 】

My friend Marina liked my (X) friend, Christopher, a lot. She never told me, but I could tell. Every time he entered the room, she acted differently. She (②). And she laughed at every joke (③) he made, although it was often not funny. So, to me she clearly liked him.

When I asked her about it, she said, "How did you know?"

"Marina," I said, "it's as plain as the nose on your face. Which means . . . he probably knows too!" ④<u>Her face turned deep red.</u>

Imagine we all have to wear masks all the time for years and years. If that happens, this expression might change. But for now we still use it.

【 B 】

Here is our (Y) expression. It's an easy one: "on the nose." This expression has two very common meanings.

If something is "on the nose," it is exactly right. It is correct. [⑤], his guess about the new company succeeding was right on the nose. After only a year, it is making a lot of money.

【 C 】

"On the nose" also means something happens at the exact set time. [⑤], Marjorie's work day starts at 10 a.m. and she arrives to the office every day at 10 a.m. on the nose.

【 D 】

One thing noses do is smell things. ⑥<u>(can / find / food / help / the nose / us).</u> Sometimes it can be useful for us to detect danger, like smelling smoke. This is a valuable ability.

So, if you have a special ability for something, we can say you "have a nose" for it. For example, a good *detective has a nose for solving crimes. They can *sniff out hidden clues. To sniff is to breathe in quickly, like this: (sniff sniff).

⑦<u>If you have a nose for news, you are good at finding news stories.</u> It's like you can sniff out an interesting story.

出典：【VOA】https://learningenglish.voanews.com/a/what-does-it-mean-to-be-on-the-nose-/5997915.html 一部改変

［注］ detective：探偵　　sniff：くんくんにおう

問１ 下線部①の表現が表す場面として，最も適切なものを選び，記号で答えなさい。

ア I can see a beautiful sunset on the horizon so it may be fine tomorrow.

イ Everyone understood who ate the cake because he had cream on his mouth.

ウ I got 50 points on the last test. I need to think about why my score didn't improve.

エ Someone dropped a bottle of milk on the floor, so the room smelled bad all day.

問2　(X)と(Y)に入る語の組み合わせとして，最も適切なものを選び，記号で答えなさい。

ア　X：other　―Y：another　イ　X：some―Y：the other

ウ　X：the other―Y：other　エ　X：some―Y：another

問3　(②)に入る最も適切なものを選び，記号で答えなさい。

ア　looked like she had a fever and a cough

イ　spoke strangely and got angry with him

ウ　lost her words and suddenly cried

エ　talked faster and fixed her hair a lot

問4　(③)に入る最も適切な語を書きなさい。

問5　下線部④のようになった理由を日本語で説明しなさい。

問6　[⑤]に共通して入る最も適切なものを選び，記号で答えなさい。

ア　And　イ　Because　ウ　For example　エ　However

問7　下線部⑥の(　)内の語(句)を本文の内容に合うように正しく並べかえなさい。ただし，文頭に来る語も小文字で表している。

問8　下線部⑦を日本語に訳しなさい。

問9　以下の英文が入る最も適切な箇所を，本文の【A】～【D】の中から1つ選び，記号で答えなさい。

But being "on the nose" and on time doesn't mean you have to do it every day.　It just means you agreed to be somewhere at a certain time and you are there.

問10　"the nose"の意味として，**本文中に述べられていないもの**を選び，記号で答えなさい。

ア　He weighs 175 pounds on the nose.

イ　I landed him a blow on the nose.

ウ　The fact is as clear as the nose on your face.

エ　Claire goes to jogging at nine o'clock on the nose every day.

【数　学】(50分)〈満点：100点〉

1　次の問いに答えなさい。

(1)　$56^2-4\times56\times17+28^2+101^2-5\times101\times21+73\times4$ を計算しなさい。

(2)　$\dfrac{1}{3}\left(2x-\dfrac{7}{2}y\right)-\left(3x-\dfrac{7}{2}y\right)$ を計算しなさい。

(3)　$\sqrt{(3-\pi)^2}-\sqrt{(\pi-2)^2}$ を計算しなさい。

(4)　連立方程式 $\begin{cases}6x-y=9\\(7x+2):32=y:6\end{cases}$ を解きなさい。

(5)　2次方程式 $6x^2+3x-18=0$ を解きなさい。

(6)　$(x+3)^2(2x^2-12x+18)$ を展開しなさい。

(7)　$4x^2+12xy+9y^2-6x-9y-4$ を因数分解しなさい。

2　次の問いに答えなさい。

(1)　右の図のように点Oを中心とする円の円周上に3点A，B，Cがある。$\angle$ABO$=35^\circ$，$\angle$BOC$=96^\circ$ であるとき，$\angle$ACOの大きさを求めなさい。

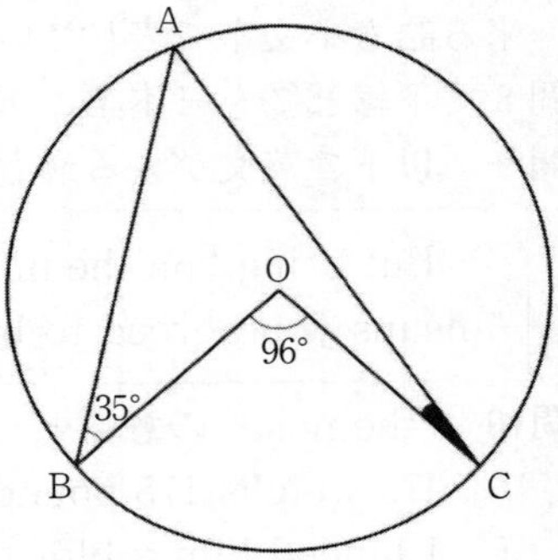

(2)　1桁の自然数 a，b において $2(a+2b)=5a+3b$ を満たす a，b の値の組は全部で何組あるか求めなさい。

(3)　大小2つのサイコロを同時に1回だけ投げるとき，出る目の数の和が12の約数となる確率を求めなさい。

(4)　座標平面上に点A(2，4)，B(3，-2)，C(-2，-2)，D(-1，2)を頂点とする四角形ABCDがある。直線 $y=ax$ が，頂点を含む辺AB，CDの両方と交わるような a の値の範囲を求めなさい。

(5)　x についての2次方程式 $x^2-6px+9p^2=4$ の異なる2つの解はともに正の数で，1つの解がもう1つの解の3倍である。このとき，定数 p の値を求めなさい。

(6)　1次関数 $y=(a-b)x+2a-b$ において，x の変域が $-3\leqq x\leqq7$ であるとき，y の変域が $-2\leqq y\leqq18$ である。このとき a，b の値を求めなさい。ただし，$a<b$ とする。

(7)　下の図のように，点Oを中心とする半径5cmと10cmの2つの円がある。4点A，B，C，Dは外側の円の円周上にあり，線分AD，BCは内側の円に接している。斜線部分の面積を求めなさい。ただし，円周率を π とする。

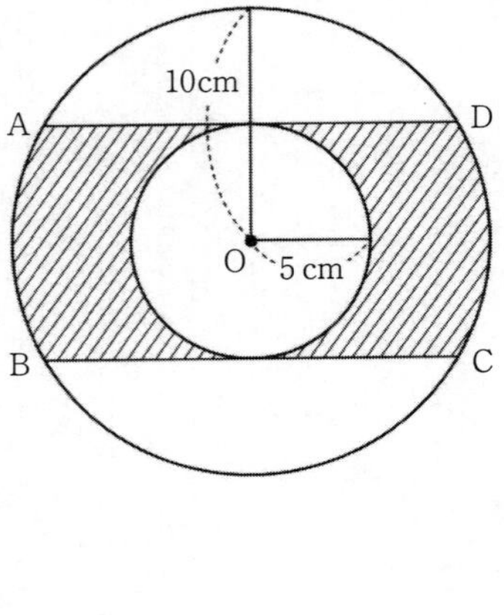

3 　Oを原点とする。放物線 $y=x^2$…①と直線 $y=x+6$ の2つの交点を x 座標の小さい方から順にA，Bとする。また，放物線①上で x 座標が -3 である点をC，x 座標が1である点をDとし，直線ABとCDの交点をEとする。このとき，次の問いに答えなさい。

(1)　点Bの座標を求めなさい。

(2)　点Eの座標を求めなさい。

(3)　点Pが放物線①上にあり，△ADEと△ADPの面積が等しくなるような，点Pの x 座標をすべて求めなさい。

4 　右の図のようにAB＝AD＝3，AE＝9の直方体ABCD-EFGHがある。点Ｉは，辺AE上にあり，AI＝6とする。また，点Ｊは辺BF上にあり，IJ＋JCが最短となる点である。このとき，次の問いに答えなさい。

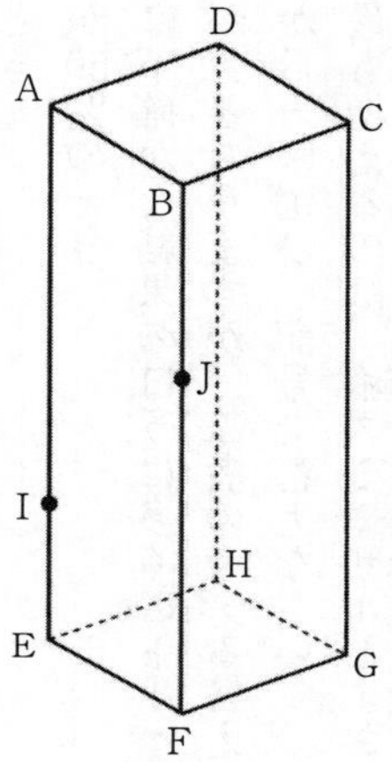

(1)　BJ：JF を求めなさい。

(2)　直方体をＩ，Ｊ，Ｃの3点を通る平面で切ったとき，切り口の面積を求めなさい。

(3)　Ｉ，Ｊ，Ｃの3点を通る平面と直線AGとの交点をKとする。線分AKの長さを求めなさい。

ができなくなってしまった。

イ　私たちは新しい情報や知識を求めており、クリックが大好きなため、今見ているページには全く興味がなくなってしまう。

ウ　パソコンやスマホのページをめくるごとに得られる新たな知識に対しドーパミンが分泌され、新たな知識を求め続けてしまう。

エ　現代のニュースやSNSは短くまとめられたものが多く、10分以上時間をかけるページなどはほとんど存在しなくなってきている。

オ　現代の若者の閲覧する媒体やページの数が非常に多いため、クリックの速度や読むスピードが上がり、一つのページにかける時間が短く済むようになった。

問十　⑦の中に入る適切なことばを文中から漢字二字で抜き出しなさい。

問十一　――線⑧「何かが起こるかもという期待」を次のように説明しました。（A）、（B）に入ることばを文中からそれぞれ指定した字数以内で抜き出しなさい。

（A　**二十五字以内**）、それを食べられるかもしれないという期待や、パソコンやスマホの（B　**二十字以内**）が面白いかもしれないという期待。

問十二　【C】の実験結果から、どんなときにより多くドーパミンが放出されると思われますか。より多くドーパミンが放出されると思われる順に並べなさい。

Ⅰ　報酬をもらえる確率が70％のとき

Ⅱ　報酬を毎回もらえるとき

Ⅲ　報酬をもらえる確率が50％のとき

問十三　――線⑨「なぜ脳は不確かな結果のほうに多くのドーパミン報酬を与えるのだろうか」とありますが、筆者の考える答えとして適当なものを次の中から一つ選び、記号で答えなさい。

ア　人間のドーパミンが最も増えるのは、ネズミやサルとまさしく同様に2回に1回の頻度であり、その確率は人間の進化の過程で確立してきたものであるから。

イ　脳にしてみれば、報酬をもらえるまでの過程が目当てなのであって、報酬がもらえたかもらえなかったかは不確かでもよく、報酬をもらえたことによる影響はないから。

ウ　ドーパミンを得るために、脳に何かに集中させ、期待させることがドーパミンの目的であり、2回に1回の成功確率が最も物事の信憑性を高めるから。

エ　報酬を得られる確率の高さを上げる努力をさせるよりも、報酬をもらえるかもという期待のための努力をさせることをドーパミンが目的としているから。

オ　ドーパミンは、報酬がもらえたかどうかの明確な結果よりも、もらえるまでの不確定な過程によって分泌されるかどうかが決まるから。

問十四　【A】【B】【C】に入るタイトルとして適当なものを次の中から一つ選び、それぞれ記号で答えなさい。

ア　人間の脳構造を煽《あお》るSNS

イ　「かもしれない」が大好きな脳

ウ　ドーパミンの役割

エ　ドーパミンのシステムが作られた過程

オ　脳は常に新しいもの好き

二 次の文章を読んで、後の問いに答えなさい。

〔編集部注…課題文は著作権上の問題により掲載しておりません。
作品の該当箇所につきましては次の書籍を参考にしてください〕
・アンデシュ・ハンセン著／久山葉子訳『スマホ脳』
〈新潮新書　二〇二〇年一一月二〇日発行〉
七〇頁四行目～七五頁後ろから四行目

※前章に、「ストレスのシステムは祖先たちが暮らしていた、今より相当に危険の多い世界で生き延びるために発達した。」とある。

問一　＝＝線ア～キのカタカナを漢字に直しなさい。

問二　――線①「ドーパミンはよく報酬物質だと呼ばれるが、実はそれだけではない」とありますが、それ以外にどんな役割がありますか。「役割」に続くように文中から十六字以内で抜き出しなさい。

問三　あ に入ることばを次の中から一つ選び、記号で答えなさい。

ア　強力なタイマー　　イ　嬉しいご褒美《ほうび》
ウ　最高の栄養源　　エ　大事な選択肢
オ　人間の原動力

問四　い 、 う に入ることばを文中から八字以内で抜き出しなさい。

問五　――線②「現代社会は未知の世界だ」とありますが、「現代社会」の説明として適当なものを次の中から一つ選び、記号で答えなさい。

ア　人間が群れで生活していた時代の分泌理由とは異なるスマホやパソコンによるドーパミンの分泌が起こり始めた。
イ　今まで経験したことのない新たな脳の報酬システムが確立し、そのシステムにより、脳の構造自体が変化し始めた。
ウ　日々の食料を探し求める必要がなくなった現代社会では、食料の確保による報酬物質の分泌がなくなり始めた。
エ　スマホやパソコンが新しい情報を求めるという人間の本能のメカニズムにハッキングし、エンドルフィンを分泌させ始めた。
オ　電子機器の急速な発達など文明の進化の速度が速まり、人間の対応力では賄《まかな》えない前代未聞の時代に突入した。

問六　（③）の中に入る、「一つの事柄に集中できず、焦点が定まらない様子」という意味の熟語を漢字二字で答えなさい。

問七　――線④「人間は新しいもの、未知のものを探しにいきたいという衝動がしっかり組み込まれた状態で生まれてくる」理由として適当なものを次の中から一つ選び、記号で答えなさい。

ア　脳には元来、新しいことだけに反応してドーパミンを産生する細胞があり、その対象が時代の流れによって変化してきたから。
イ　周囲の環境を理解するほど、生き延びられる可能性が高まり、そのためには新しいものを求め、古いものを捨てる必要があったから。
ウ　私たちの祖先が生きた、食料や資源が常に不足していた時代の経験から、新たなものへの欲求が遺伝子に根付いていったから。
エ　遥か昔から現代まで、人間のストレスのシステムと同様に、脳内の報酬システムは何百年もかけて発達してきたから。
オ　人間にとって食べ物の入手は永遠の課題であり、その食べ物への欲望は常に新鮮で珍しいものに働き続けるから。

問八　――線⑤「パソコンやスマホ」とありますが、人間のどのような部分にダイレクトにハッキングしたのですか。文中から十四字で抜き出しなさい。

問九　――線⑥「インターネット上のページの5分の1に、私たちは時間にして4秒以下しか留まっていない」とありますが、その説明として適当なものを次の中から一つ選び、記号で答えなさい。

ア　現代の若者は、脳のメカニズムをハッキングしたスマホやパソコンの使用過多により、一つのページに長い間集中することべ終えてほっとしたのに、その安堵感を壊すような「私」の発言を不快に感じたから。

オ　トラブルが解決してほっとしていたのに、働きぶりや才能をほめても励ましても反応の薄かった「私」が、突然意外な提案をして驚いたから。

問十　――線⑧「私はとんだお調子者だ」とはどういうことですか。その説明として適当なものを次の中から一つ選び、記号で答えなさい。

ア　店長に自信を持っていいと言われたことを真に受けて、新人なのに商品の陳列方法を変えたいという大胆な提案をする「私」は、軽はずみな人間だということ。

イ　店長に自信を持っていいと言われたことを真に受けて、並べ方を変えたいという提案は個人的な意見かという問いに大胆にもそうだと答える「私」は、浅はかな人間だということ。

ウ　店長に自信を持っていいと言われたことを真に受けて、自分の提案に違和感を持ちつつも、何の思慮もなく提案する「私」は、ただ店長のご機嫌を取ろうとしているだけの人間だということ。

エ　スタッフの誰もが思っていながら口にできなかった陳列方法の違和感を、やり過ごせないほどでもないのに、その変更を提案する「私」は、軽薄な人間だということ。

オ　スタッフの誰もが思っていながら口にできなかった陳列方法の変更を、大胆にも提案して優越感を持ちたいと思う「私」は、愚かな人間だということ。

問十一　本文の内容や表現の説明として適当なものを次の中から一つ選び、記号で答えなさい。

ア　控室で煙草を吸う三津井さんの発言は勝気でぶっきらぼうな印象を受ける。早く着替えて手伝えと「私」に対して当たりがきつく、「私」も受け答えに苦労している。しかし、「私」の提案に親指を立てて称えてくれるなど悪気はない。勝気だがさっぱりとした性格である。

イ　吉井さんは店長を気遣って一生懸命サポートしようとしているのに、その吉井さんをあからさまに疑い、きつい言葉を浴びせる店長はひどいと「私」は憤慨している。さらに店長に疑われたからといって、手伝いもせずにその場を逃げ出した吉井さんに対しても「私」は憤慨している。

ウ　誰かがわざとやったと「私」が勘ぐらないように、こうしたトラブルはよくあることだと言いながら、吉井さんをあからさまに疑う店長の言葉は矛盾している。その矛盾に違和感を抱きつつ作業を続けた「私」は、店長や吉井さんへの反発から、思わずディスプレイの変更を提案したのである。

エ　騒動を早く収めた「私」を称《たた》える店長の言葉に、解決できた理由もわからない「私」のただ謙遜するしかない心境がよくうかがわれる。そんな「私」が大胆にもディスプレイの変更を提案するが、なぜそんな言葉が出てきたのか自分の言葉が信じられず、揺れ動く「私」の心情がよく表現されている。

オ　騒動を「私」に告げる言葉を選び、早く騒動を収めた「私」をほめ、自信なさそうな「私」を励まし、騒動後は店員をねぎらうなど、その時々の店長の心情がよく表現されている。特に店長が騒動の原因を作ったと疑っている吉井さんとのやり取りからは、店長のいらだちとその場の緊迫感がよくうかがわれる。

ルの原因を作ったと疑われてしまうと思ったから。

イ　あまりにも早く作業が終わったことで、「私」がこのトラブルの原因を作ったことがばれてしまうと思ったから。

ウ　あまりにも早く作業が終わったことで、今まで隠してきた、靴の値段がわかるという特技がばれてしまうと思ったから。

エ　あまりにも早く作業が終わったことで、代理店から派遣されている立場の「私」だからできたことだと疑われてしまうと思ったから。

オ　あまりにも早く作業が終わったことで、トラブルの原因を作った「吉井さん」に、「私」が絡んでいたことがばれてしまうと思ったから。

問六　――線④「靴の値段は、ただわかる」ことを、「店長」と「私」はどのように捉《とら》えていますか。文中から「店長」の捉え方は二十字以内で、「私」の捉え方は十五字以内でそれぞれ抜き出しなさい。

問七　――線⑤「上がっていた肩がゆっくりと落ちた」とありますが、このときの「店長」の気持ちの説明として適当なものを次の中から一つ選び、記号で答えなさい。

ア　新人の「私」が価格表を見ないで値札を付けられたことに疑惑を感じながらも、その才能をうらやましく思った。

イ　新人の「私」が価格表を見ないで値札を付けられたことに驚きを感じ、二十年もこの仕事をしている自分もかなわないと思った。

ウ　新人の「私」が価格表を見ないで値札を付けられたことを疑問に思いながらも、これで自分が責任をとらずにすむのでほっとした。

エ　「私」を疑って緊張していたが、価格表を見てちゃんと確認したと聞いて、これでトラブルも解決したのでほっとした。

オ　「私」を疑って緊張していたが、靴の値段がわかるという言葉をひとまず信用してみようと思い、緊張を解いた。

問八　――線⑥「ゆるやかに両腕を組む」とありますが、このときの「店長」の気持ちの説明として適当なものを次の中から一つ選び、記号で答えなさい。

ア　自分が二十年かかってようやくわかるようになったのに、新人の「私」がどうして靴の値段がわかるのか、信じられないでいる。

イ　自分が二十年かかってようやくわかるようになったのに、新人の「私」がどうして価格表を見ないで靴の値段がわかるのか、あらためて確かめたいと思っている。

ウ　新人の「私」の奮闘でトラブルが解決したものの、自分が励ましてもほめても黙り込むか、口ごもるかしかしないので、いらだちを隠せないでいる。

エ　新人の「私」が価格表を見ないで靴の値段がわかると言ったことを一度は信用したものの、どうしても信じられず、疑惑を拭い去れないでいる。

オ　新人の「私」が今まで人一倍熱心に仕事をし、仕事を吸収してきたのに、「私」が自信なさそうな様子なので励まそうとしている。

問九　――線⑦「店長は微笑を仕舞った」とありますが、その理由として適当なものを次の中から一つ選び、記号で答えなさい。

ア　スタッフ全員で売り場に靴を並べ終えたが、実際は「私」のおかげだと感謝して微笑んだのに、「私」が微笑を返さなかったから。

イ　スタッフ全員の協力で靴を並べ終えてほっとしていたのに、「私」が指摘する違和感を自分も感じていたところなので、少しばかりいらだちを感じたから。

ウ　「私」の特技で値段を付け、スタッフ全員の協力で靴を並べ終えたが、自分が疑ったことで、チーフの吉井さんだけがこの場にいないことを後ろめたく思ったから。

エ　「私」の特技で値段を付け、スタッフ全員で売り場に靴を並

イ　思いっきり嫌悪感を表す
ウ　思いっきり憎悪を表す
エ　思いっきり失望を表す
オ　思いっきり喜びを表す

(4)　E に入る語句を次の中から一つ選び、記号で答えなさい。
ア　戦々恐々としている　イ　意気消沈している
ウ　茫然自失《ぼうぜんじしつ》している　エ　悪戦苦闘している
オ　疑心暗鬼になっている

(5)　F に入る語句を次の中から一つ選び、記号で答えなさい。
ア　息を抜く　イ　息を継ぐ
ウ　息を切らす　エ　息をひそめる
オ　息を弾ませる

問二　＝＝線a～dに関して、後の問いに答えなさい。

(1)　＝＝線a「矢面に立たされても」とありますが、「矢面」の読みを答え、同じ意味の語を次の中から一つ選び、記号で答えなさい。
ア　前面　イ　側面　ウ　背面
エ　裏面　オ　正面

(2)　＝＝線b「釘を刺した」の意味を次の中から一つ選び、記号で答えなさい。
ア　あらかじめ断った
イ　前もってだめ押しした
ウ　はじめから苦言を呈した
エ　念を押して注意を促した
オ　最後にとどめを刺した

(3)　＝＝線c「怪訝な顔で」の意味を次の中から一つ選び、記号で答えなさい。
ア　不思議そうな顔で　イ　怪しげな顔をして
ウ　不安げな顔で　エ　危なげな顔をして
オ　疑《うたぐ》り深い顔をして

(4)　＝＝線d「意を決して口を開いた」の文中での意味を次の中から一つ選び、記号で答えなさい。
ア　恐る恐る丁寧に説明した
イ　思い切って意見を述べた
ウ　怒りを込めて不満をぶつけた
エ　不安に思いながらおずおずと口を開いた
オ　自信を持ってあたためていた考えを提案した

問三　――線①「三津井さんは両肩をすくめてみせた」とありますが、この時の「三津井さん」の気持ちとして適当なものを次の中から一つ選び、記号で答えなさい。
ア　このトラブルの原因がわからず、何をしても無駄だというあきらめ。
イ　このトラブルの原因がわからず、それでも何とかしようという意気込み。
ウ　このトラブルの原因がわからず、どうしてよいかわからないという困惑。
エ　このトラブルの解決方法がわからず、私は何もできないという恥じらい。
オ　このトラブルの解決方法がわからず、もうどうにでもなれという腹立ち。

問四　――線②「やっぱり、と思う」とありますが、このときの「私」の気持ちを次のように説明しました。（　）内に入ることばを文中から十五字以内で抜き出しなさい。
三津井さんの「手伝って」ということばは通り店長からも手伝いを要求されて、「私」のしていることは手伝いなのか、店員として一人前ではないのか、（　　　）、と思った。

問五　――線③「まずかった、というのが率直な思いだった」とありますが、その理由として適当なものを次の中から一つ選び、記号で答えなさい。
ア　あまりにも早く作業が終わったことで、「私」がこのトラブないと思うわ。今のうちに運べるかもしれない」

「はい」

そこからは早かった。接客中だった中村さんを売り場に残し、他のスタッフ全員で靴を運んだ。もともと一度は店頭に並べてあったものを今朝になって慌ただしく撤収したのだ。スペースはじゅうぶんにあった。ブランドごとに区分けされた棚にそれらを置いてしまうと、なんとか形は整った。――整いすぎてしまった違和感だけがひんやりと漂っていた。

「ありがとう、みんな。無事に済みました」

店長は事務所に戻ったスタッフ全員に声をかけ、最後に私に向かって微笑んだ。私は微笑み返さなかった。代わりに、d意を決して口を開いた。

「並べ方を変えてみてはどうかと思うんです」

⑦店長は微笑を仕舞った。

「どの棚の」

「全部です」

中村さんも、三津井さんも、それに今日出勤している蓮田《はすだ》さん、平野さん、小宮山さん、それぞれが [F] ように私たちのやりとりを見ている。

「それは、あなたの個人的な意見？」

「はい」

はい、と言いながら、自分の言っていることが信じられない。違和感を持ちつつもやり過ごせないほどではなかった。自信を持っていいと店長に言われたことがこんなふうに作用しているのだとしたら、⑧私はとんだお調子者だ。

「それなら、ミーティングのときに聞きましょう。次回はいつだっけ」

チーフはいなかった。店長は左手の人差し指で左側のこめかみをとんとんと叩いた。

「来週の木曜ね。ディスプレイの案があるならそれまでにまとめておいて」

「はい」

スペースの空いた棚や台を見ていて、不意に思いついたのだ。案といえるほどの案ではなかった。ただ、今のように靴がブランドごとに整然と分けられてしまっているのは得策ではないとずっと思ってはいた。ここはショールームではない。店長や、スタッフたちの意向がディスプレイにもう少し反映されていてもいいのではないか。

とはいえ、キャリアもなく、まだまだ裏方仕事の多い私がディスプレイに口を出すなんて厚かましいとも思う。自信など持ちようもない。案をどうまとめればいいのか、すでに気弱になりながら持ち場に戻ると、三津井さんが近づいてきてささやいた。

「よく言った」

「はい？」

「ディスプレイ変えたいって、絶対、みんな思ってた」

それだけ言って親指を立てると、また、すっと離れていった。

宮下奈都『スコーレNo.4』（光文社文庫）

問一 [A]～[F] に関して、後の問いに答えなさい。

(1) [A]、[C] には、同じ語で異なる活用形の語が入ります。文中の語を必要があれば活用させて、それぞれ五字以内で答えなさい。また、その語の活用形を次の中から一つ選び、それぞれ記号で答えなさい。（Cは二箇所あります）

ア 未然形　イ 連用形　ウ 終止形

エ 連体形　オ 仮定形

(2) [B] に入る語句を次の中から一つ選び、記号で答えなさい。（Bは二箇所あります）

ア 気が張る　イ 気が重い

ウ 気が滅《め》入る　エ 気が気でない

オ 気がせく

(3) [D] に入る語句を次の中から一つ選び、記号で答えなさい。

ア 思いっきり不満を表す

私は値札を付け終わっていた。まず靴を見て、値段を読む。値札の中から、想定した値段に最も近いものを探す。するとそれぞれにほとんどずれのない数字の書かれた値札が見つかる。面白いほどだった。後はファクスで確認すればいい。そう思って立ち上がったとき、ファクスが流れはじめた。
「ファクス、来ました！」
「一度ゆっくり話しあいましょう」
「何も話すことはありません」
　私は緊迫したふたりを見ないようにし、送られてきた価格表と実際の値札と靴を突きあわせることに集中した。揉《も》めている場合じゃない。誰かが読み上げてくれれば早いのに、と思った。
　値札は予想通りだった。すべて合っていた。おかげで早く終わったのだ。
「終わりました」と振り向いたとき、吉井さんはもう事務所にいなかった。店長が驚いたように顔を上げた。
「ずいぶん早かったわね」
　そうして机の前からこちらへまわり込んできて、私をまっすぐに見た。
「価格表を見て値札を付けたんじゃないわね。あなたは最初から値段を知っていた。そうでしょう」
　③まずかった、というのが率直な思いだった。疑われてもしかたがない。新しい価格表が届く前に、わからなくなってしまったはずの値札と商品を正しく組み合わせたのだ。誰が価格表をなくしたのか、値札がどうして入れ替えられていたのか、店じゅうが
［　E　］ときに。
「はい」
「……どういうこと？　あなたが絡んでいるとは思わなかった」
「私はどこにも絡んでいません。④靴の値段は、ただわかるんです。でも価格表でちゃんと確認しておきました」
　店長はしばらく黙って私の顔を見ていたけれど、やがて表情をゆるめた。⑤上がっていた肩がゆっくりと落ちた。
「どうしたものかしら」
　それから、私を見たまま微笑《ほほえ》んだ。
「私もね、わかるのよ、値段。おおよそなんだけどね。そりゃあ二十年もこの仕事をしているわけだし、発注するときに現地価格を見てるんだし。でも、あなたはどうして」
「どうしてだか、自分でもよくわからないんです」
　店長はまだ私をじっと見ている。何か言わなくちゃいけないと思った。でも、言うべきことが見つからない。
「値段がわかるということが、どういうことだか、わかるかしら」
　私は黙って首を振る。ほんとうは、わかっている。値踏みできるということは、少なくとも靴に惚《ほ》れてはいないということだ。店長は笑って私の肩を叩《たた》いた。
「ものを見る目が養われているということなんだから、ほら、もっと自信を持ちなさい」
　そうして⑥ゆるやかに両腕を組む。
「たしかに、あなたは人一倍熱心だった。ものすごい勢いで仕事を吸収してくれた。だけど、値段がわかるようになるにはまだまだかかるはずなの。もし秘訣《ひけつ》があるのなら、教えてほしいくらいよ」
「いえ、そんな、全然」
　私は口ごもった。靴を愛していないからです、と口走りそうになってしまった。入社して以来、ほめられることなど一度もなかった。謙遜するよりほかにどんな態度を取ればいいのか見当もつかない。
「それはともかく――」
　店長の視線が値札を付け終えた靴へ注がれた。
「これを片づけてしまわないと」
「はい」
　吉井さんの姿が見えない。でも、今はこっちを片づけてからだ。壁の時計を振り返った店長が言った。
「売り場を見てきてくれるかしら。お昼前だし、今ならお客様も少

手伝う、という言葉も[A]うと思う。[B]ようなことは[C]癖がついた。私のしていることは仕事ではなくて、手伝いなんだろうか。入社して一年あまりも経った今、まだそんなふうにしかカウントされていないんだろうか。[C]ことに失敗すると、やはりちょっと[B]。

着替えて出ていくとすぐに、店長に呼ばれた。

「津川さん、今日は店のほうはいいから、ちょっと」

②やっぱり、と思う。店員として一人前じゃないから店より事務所に引っ張られる。おまけに私は代理店側に籍があるのだ。もしこれから代理店と面倒なやりとりを行わなければならないとしたら、a矢面に立たされてもしかたがないかもしれない。

招き入れられた事務所には新しい靴が山積みだった。苦労して開《かい》梱《こん》し、状態を確かめ、手入れをし、値札を付け、昨日の閉店後に店頭に並べたものばかりだ。

「ちょっとね、間違いがあって、値段が入れ替わってたの。これからファクスで価格表が来るから、型番を見て付け替えるのを手伝ってくれるかしら」

「はい、わかりました」

何十足もの靴を見渡していて気がついた。

「価格自体はわかっているんですよね。どれがどの靴の値段なのかが、わからなくなってしまったということですね」

店長は慎重だった。

「そうだけど、あんまり深く考えないでね。よくあることなのよ、こういうことって」

私は黙ってうなずいた。よくあることだとは全然思わない。店長は、店の中の誰かが故意に仕組んだことではないかと勘ぐらないようb釘《くぎ》を刺したのだ。

値札を付けるといっても、それぞれの靴の前に黒いプラスティックの小さな板を置くだけだ。板には金文字で価格が書かれている。数字の部分は嵌《は》め込みで、並べ替えられるようになっていた。この手作業での並べ替えが少し面倒なだけで、その値札がすでにできているのなら、後は簡単だと思った。私は一足ずつ、靴の前に値札を置いていった。吉井さんはc怪訝《けげん》な顔で見ていたが、店長は事務所を出たり入ったりしてファクスを待っていた。

「どのタイミングで店に出せばいいでしょうね、値札を無事に付け替え終わったとして」

吉井さんが訊いても、店長はいらいらした様子でろくに答えるふうもない。

「落ち着いてください」と吉井さんが言った。

「ファクスさえ来れば、無事に終わるんですから」

店長がきっと顔を上げた。

「どうしてファクスで送ってもらわなきゃならなかったのかしら」

「それは、価格表がなくなっていたから――」

「だからどうして紛失したのかしら、って言っているの」

吉井さんが顎《あご》を引く。

「私に訊かれても」

「じゃあ誰に訊けばいいと思う?」

つまり、店長は吉井さんを疑っているのだ。靴に値札を付けながら私は、押し殺してもどうしても大きくなってゆく声のやりとりを背中で聞いていた。

「どういう意味でしょうか」

吉井さんも一歩も引かなかった。

「価格表の管理は特別に私だけが任されていたわけじゃありません。ファイルに挟んでその棚にあったんです。見ようと思えば誰でも見ることができました。持ち出すことだって簡単にできたはずです」

「何のために」

「さあ」

アシカだかアザラシだかが[D]ときの鳴き声を、いつだったか水族館のショーで聞いた。さあ、と言った吉井さんの低い声は、そのときの声に似ていた。

二〇二二年度 淑徳高等学校

【国語】（五〇分）〈満点：一〇〇点〉

（注意）設問においては、特に注記のないかぎり句読点や記号等も字数に数えるものとします。

一 次の文章を読んで、後の問いに答えなさい。

> ※主人公の「私（津川）」は語学力を活かしたいと輸入貿易会社に就職したが、現場を経験するという会社の方針で、イタリア製の靴を扱う販売店に出向させられていた。靴への関心はまったくなく、研修らしい研修もなく、語学力を活かせるはずもなく、鬱々《うつうつ》とした気分のまま働いていた。

翌朝は遅番だった。出社すると、事務所が慌ただしかった。ドアの前を素通りし、更衣室で一緒になった三津井さんに何かあったのかと訊《き》くと、彼女も首を傾《かし》げた。

「値札を間違えて付けたらしいのよ、ほら、冬の新商品、今日からの予定だったでしょう」

そう言って、つんとした鼻にちょっと皺《しわ》を寄せた。

「やんなっちゃうわね、そういうこと、きちんとしておいてもらわないと」

「え、と」

私は訊いた。

「きちんと、って、どこが、誰が、すべきところなんですか」

素朴な疑問だった。単に値札を間違えたのか、価格表を取り違えたのか、最初から価格表が間違っていたのか。責任は誰にあるのか。

「それはわからないけど」と三津井さんは言った。

「少なくとも私たちの仕事じゃないよね」

「そうですね」

「相当まずいと思うな。冬物入荷って葉書、出しちゃったでしょ。今日には冬物目当てのお客様が見えるかもしれない。なんだか間に合いそうもないって話よ」

「そんなにたくさん間違ってたんですか」

三津井さんがうなずく。

「全部入れ替わってたらしいのよ。なんでこんなことになったのかわからないって、店長とチーフが話してた」

「それで、付け替えるんですね、これから」

「そうだと思う。でも、一覧表がなくなってるんだって。おかしいと思わない？ 型番で問い合わせるしかないみたいよ」

①三津井さんは両肩をすくめてみせた。

「問い合わせるって、どこにですか」

「たぶん、輸入代理店。あ、津川さん、代理店さんから来たんだったね」

輸入貿易会社がここでは代理店と呼ばれていた。

「じゃあ、帰ったら、言っておいてね。けっこういい加減なこと多いのよ、うちが発注したのと違う商品が届いたり」

帰ったら、という言葉は聞き流すことにした。私の帰る場所は向こう側なのかと後頭部を軽く叩《たた》かれたような気がしたのだけれど。

「あの、商品の発注は、この店の権限なんですか」

三津井さんは興味なさげにうなずいた。

「一応、そういうことになってる。発注のためのミーティングもあるし、私たちも意見を訊かれるし。型番で頼んだものはちゃんと仕入れてもらえる。でも、結局は代理店の意向が大きいのよ。代理店の会議には店長も参加するけど、実際に現地に買い付けに行くのは代理店の人だけなんだから」

そうですか、とうなずいていると、三津井さんは慌ただしく残りの煙草《たばこ》を吸い、また足早に出ていこうとして、振り返った。

「まあそういうわけで今日はばたばたしてるのよ、早く着替えて手伝って」

英語解答

1 (1) ア quarter イ to
(2) ア past〔after〕 イ eight
(3) ア born イ on
(4) ア What イ made
(5) ア in イ time
(6) ア kindest イ of
(7) ア on イ foot
(8) ア been イ dead ウ for

2 (1) ア aloud イ allowed
(2) ア red イ read
(3) ア peace イ piece
(4) ア write イ right

3 (1) 3番目…help 7番目…I
(2) 3番目…sent 7番目…me
(3) 3番目…kind 7番目…me
(4) 3番目…an 7番目…with
(5) 3番目…something 7番目…this

4 (1) 記号…○
(2) 記号…イ 正…cities
(3) 記号…○
(4) 記号…ア 正…visiting
(5) 記号…イ 正…to send
(6) 記号…イ 正…while
(7) 記号…エ
正…one〔another / another one〕
(8) 記号…ウ 正…eat

5 問1 Wolves, animals
問2 (1)…ア (2)…エ (3)…イ
問3 (1)…ア (2)…ア
問4 how to〔they〕 get food／the way to get food
問5 mice 問6 ウ
問7 (1)…× (2)…○ (3)…× (4)…○

6 問1 イ 問2 ア 問3 エ
問4 that〔which〕
問5 (例)クリストファーに好意があることが(クリストファーや私に)知られていることがわかったから。
問6 ウ
問7 The nose can help us find food
問8 (例)もし，あなたがニュースをかぎつける能力を持っているなら，それはあなたがニュースを見つけるのが得意ということだ。
問9 D 問10 イ

1〔書き換え―適語補充〕

(1)「今，6時45分だ」→「今，7時15分前だ」 「15分」は1時間の4分の1で，a quarter と表せる。「7時までであと15分」ということなので，a quarter to seven とする。

(2)「今，8時5分だ」→「今，8時5分過ぎだ」 past ～ で「～を過ぎて」を表せる。ここでは after ～「～の後に」も使える。

(3)「私の誕生日は7月12日だ」→「私は7月12日に生まれた」 be born「生まれる」 ‘on＋特定の日付’で「～日に」となる。

(4)「君はなぜそんなに腹を立てたのか」→「何が君にそんなに腹を立てさせたのか」 ‘make＋目的語＋形容詞’「～を…(の状態)にする」

(5)「タケシは今朝授業に遅れた」→「タケシは今朝授業に間に合わなかった」 be late for ～「～に遅れる」を，be not in time for ～「～に間に合わない」で書き換える。

(6)「誰も君ほど親切ではない」→「君は皆の中で最も親切だ」 ‘as ～ as …’「…と同じくらい～」を最上級を使って書き換える。

(7)「1時間の歩行が君を博物館へ連れていく」→「博物館までは歩いて1時間かかる」 on foot「徒

歩で」 ‘It takes＋人＋時間＋to ～’「〈人〉が～するのに(時間が)…かかる」

(8)「私の祖父は３か月前に亡くなった」→「私の祖父は３か月間亡くなっている」 ‘状態の継続’を表す現在完了の文で書き換え，‘期間’は for を使って表す。 be dead「亡くなっている」

2〔適語補充―同音異義語〕

(1)「私の後に声を出して単語を読みなさい」「この試験では辞書(の使用)は許されていません」 aloud[əlaud]と allowed[əlaud]。

(2)「赤信号では道路を渡ってはいけない」「私は昨日おもしろい本を読んだ」 red[red]と read[red]。 read[ri:d]－read[red]－read[red]

(3)「私たちは皆世界の平和を望んできた」「私は午前中にパンを１切れ食べた」 peace[pi:s]と piece[pi:s]。

(4)「入室前にあなたの名前を書いてください」「誰もが投票する権利を持つべきだ」 write[rait]と right[rait]。

3〔整序結合〕

(1)文の骨組みである Can you help me「(あなたは)(私を)手伝ってくれる？」で始める。「～の…を手伝う」は，‘help ～ with …’。「(私が)やらなきゃいけない宿題」は，my homework の後に I must finish をつけて表す。「明日までに」は by tomorrow。 Can you help me with my homework I must finish by tomorrow？

(2)「(私は)プレゼントにわくわくしちゃった」は「プレゼントは私をわくわくさせちゃった」と考えて‘make＋目的語＋形容詞’「～を…(の状態)にする」の形で表す。「クミからもらったプレゼント」は，語群より「クミによって送られたプレゼント」と考え，the present の後に‘受け身の意味を表す過去分詞＋動作主を表す by＋人’を続けて表す。 The present sent by Kumi made me excited.

(3)「～するなんて彼はやさしい」は，語群より「彼は～する(のに十分な)ほどやさしかった」と考え，‘形容詞＋enough to ～’「～する(のに十分な)ほど…」を使って表す。「駅までの行き方を(私に)教える」は，‘show＋人＋物’を使って表す。 He was kind enough to show me the way to the station.

(4)「～がいた」は There was ～。「ネコと暮らす老婆」は，an old woman の後に，現在分詞 living で始まるまとまりをつくり，名詞の woman を後ろから修飾する形にする。 There was an old woman living with her cat in the village.

(5)「～があります」を I have ～ で表す。「相談ごと」は「あなたと話すべきこと」と考え，something の後に形容詞的用法の to不定詞を続けて表す。 I have something to talk about this with you.

4〔誤文訂正〕

(1)「私の友達の１人はほほ笑み，手を私の肩に置いた」 lay「～を置く」 lay－laid－laid

(2)‘one of＋複数名詞’で「～のうちの１つ」なので，city は複数形 cities にする。 「東京は日本で最も大きな都市の１つで，毎年多くの外国人がそこを訪れる」

(3)「今は激しく雨が降っているので，明日晴れるかどうか私にはわからない」

(4)‘look forward to＋(動)名詞’で「～を楽しみにする」なので，visit は動名詞の visiting にする。「私は京都を訪れるのを楽しみにしている，なぜならそこには見るべき場所がたくさんあるからだ」

(5)forget ～ing は「～したことを忘れる」。ここでは forget to ～「～するのを忘れる」が正しい。

「彼女に手紙を送るのを忘れたので，私はこれから郵便局へ行かなくてはならない」

(6)during は前置詞なので，during his stay のように後には名詞(句)を続ける。後に he was in America という文を続ける場合には，接続詞の while を使う。　「私の父はアメリカにいる間に運転免許を取った」

(7)it では「壊してしまった自転車そのもの」を再度買うことになってしまうので，「同じ種類の別の1つ」を表す one や another を用いる。　「ユキは自転車を壊してしまったので，別のを買わなくてはならない」

(8)'had better＋動詞の原形'「～する方がいい」，'had better not＋動詞の原形'で「～しない方がいい」なので，to eat は eat にする。　「手を洗う前には食べない方がいいよ」

5〔長文読解総合─説明文〕

≪全訳≫❶ファーリー・モワットはカナダ政府で働いていた。政府はオオカミについてもっと知りたいと考えた。オオカミは多くのカリブー(大型動物)を殺すのか。人を殺すのか。政府はファーリーに，オオカミについて学ぶように命じた。❷彼らは彼に大量の食料と衣類と銃を与えた。それから，彼を飛行機に乗せて遠い場所まで連れていった。飛行機は彼を下ろし，行ってしまった。この場所には家もなければ人もいなかったが，多くの動物──そして多くのオオカミがいた。❸人々はオオカミについて恐ろしい話をする。オオカミは人を殺して食べるのが好きだ，と言う。ファーリーはこれらの話を覚えていて，恐れていた。彼は常に銃を持っていた。❹そしてある日，彼はオオカミの群れを見た。4頭の赤ちゃんオオカミを連れた母オオカミがいた。父オオカミともう1頭の若いオオカミが彼らと一緒に暮らしていた。❺ファーリーはこれらのオオカミを毎日観察した。母親はとてもいい母親だった。赤ちゃんたちに乳をやっていた。生きることについて教えていた。彼らは，どのように食べ物を手に入れたらいいかを学んだ。父オオカミは母親のために食べ物を取ってきた。若いオオカミは子どもたちと遊んでいた。彼らはすてきな，幸せな一家──オオカミ一家だった。❻ファーリーはもう銃を必要としなかった。短期間で，彼とオオカミ一家は友達になった。ファーリーは彼らを5か月間観察した。彼はオオカミについて多くの新しいことを知った。オオカミに関する多くの話は真実ではないと知った。オオカミは人を食べないし，多くの大型動物を食べることもない。❼彼らは何を食べるのか。多くの小動物だとファーリーは知った。例えば，実に大量のネズミを食べる。大型動物が，ネズミを食べて生きていけるのか。ファーリーは知りたいと思った。知る方法は1つしかなかった。彼もまた大型動物──大きな人だった。ネズミを食べて生きていけるか試してみなくてはならない。そこで彼はやってみた。2週間，ネズミだけを食べた──他には何も食べずに。その後は，それ以上ネズミが欲しいとは思わなくなった。しかし，やせもせず，病気にもならなかった。そう，人がネズミを食べて生きていけるのだから，オオカミにもできるのだ。今や彼はオオカミに関する政府の質問に答えられるようになっていた。❽その遠い場所で，ファーリーは多くの人には会わなかった。しかし，彼はある男たちについて悪いことを知った。その男たちはオオカミについて恐ろしい話をしていた。その話の中では，オオカミは何百頭ものカリブーを殺していた。しかし，これは真実ではなかった。ファーリーはその男たちがカリブーを殺したと知った。彼らはまた多くのオオカミも殺していた。❾ファーリー・モワットがそのオオカミの家族を二度と見かけることはなかった。しかし，彼は彼らについての本を書いた。彼は，人々がオオカミを理解し，彼らを殺すのをやめてほしいと思った。

問1＜英文解釈＞「オオカミは多くのカリブー(大型動物)を殺すのか。人を殺すのか」という問いに対する答えは，第6段落最終文で「オオカミは人を食べないし，多くの大型動物を食べることもない」と述べられている。

問２＜英問英答＞(1)「カナダ政府はファーリー・モワットに何を与えなかったか」―ア．「水」　第２段落第１文参照。They は The Canadian government を，him は Farley Mowat を指す。　(2)「彼は何頭のオオカミを見たか」―エ．「７頭」　第４段落第２，３文参照。a mother wolf と four baby wolves，a father wolf，another young wolf の合計７頭。　(3)「彼はどれくらい長い間そのオオカミ一家を観察したか」―イ．「５か月」　第６段落第３文参照。

問３(1)＜単語の意味＞horrible「恐ろしい」≒terrible　(2)＜熟語＞live on 〜「〜を食べて生きる」≒survive on 〜

問４＜和文英訳＞They learned が与えられているので，英訳すべき部分は「どのように食べ物を手に入れたらいいか」。「どのように〜すべき〔したらいい〕か」は how to 〜 で表せる。「食べ物を手に入れる」は get food。「食べ物の入手方法」と考えて，the way to get food としてもよい。

問５＜適語補充＞前の２文に「(彼は)ネズミを食べて生きていけるか試してみなくてはならない。そこで彼はやってみた」とあるので，Xがネズミを指すとわかる。mice は mouse の複数形。

問６＜指示語＞この this は，前の文の the stories を指す。その内容は，wolves killed hundreds of caribou「オオカミは何百頭ものカリブーを殺した」ということである。

問７＜内容真偽＞(1)「ファーリーは政府に，オオカミについて知ってほしいと考えた」…×　第１段落参照。政府がオオカミについて知りたいと考え，ファーリーに調べてくるように命じた。　(2)「ファーリーは家もない遠い場所へ行った」…○　第２段落最終文に一致する。　(3)「オオカミは危険だったので，ファーリーには銃が必要だった」…×　初めはオオカミを怖いと思って銃を持っていた(第３段落)が，観察を続けるうちにオオカミに危険はないと知り，銃は必要なくなった(第６段落)。　(4)「ファーリーはオオカミについて多くのことを知った」…○　第６段落第４文に一致する。

6〔長文読解総合―説明文〕

≪全訳≫❶私たちの体は，私たちにとても多くの表現を与えている。今日は最も突き出している顔の造作…鼻について話そう。❷もし口と鼻を覆うマスクをしていなければ，ほとんどの時間，鼻は目立つ。それらははっきりと見える。その事実は私たちにこの表現，「顔にある鼻と同じくらい明白な」を与えている。❸これは，とてもはっきりしていて，簡単に見てとれたり理解したりできることを意味する。❹これがその使い方の一例だ。❺友人のマリナは，私のもう１人の友人であるクリストファーがとても好きだった。彼女は決して私には言わなかったが，私にはわかった。彼が部屋に入ってくるたびに，彼女はふだんと違う行動をとった。いつもより早口で話し，髪を何度も直した。そして彼が言う全ての冗談に笑った，おもしろくない場合が多かったにもかかわらずだ。だから，私には，彼女は明白に彼が好きだったように見えた。❻彼女にそのことを尋ねると，彼女は言った。「どうしてわかったの？」❼「マリナ」と私は言った。「顔にある鼻と同じくらい明白だよ。つまりね…彼もたぶん知ってるよ！」彼女の顔は真っ赤になった。❽私たち皆が何年も何年も常にマスクをしていなくてはならないと想像してみよう。もしそんなことが起きたら，この表現は変わってしまうかもしれない。しかし今のところ，私たちはまだそれを使っている。❾もう１つの表現がこれだ。簡単なもので，on the nose(鼻の上に)だ。この表現には，２つのとてもよく使われる意味がある。❿もし何かがon the noseならば，それはまさに正しい。合っている。例えば，新しい会社が成功するという彼の推測はまさしくon the noseだった。わずか１年後，それは大金を生み出している。⓫On the noseはまた，何かが設定時刻どおりに起きることも意味する。例えば，マージョリーの勤務日は午前10時に始まり，彼女は毎日オフィスに午前10時ぴったり(on the nose)に着く。⓬$_D$しかし，on the noseで時刻どおりであることは，それを毎日しなくてはならないという意味ではない。単に，ある場所にある時刻にいることに同意し，実際にそこにいるという意味にすぎない。⓭鼻がすることの１つは，物のにおいをかぐことだ。鼻は私たちが食べ物を見つけるのを助けうる。煙のにおいをかぐように，私たちが危険を察知するために役立つときもあるだろう。これは役に立つ能力だ。⓮だから，もし何かに関して特別な能力を持っていれば，それに関して「鼻が利く」と言うことができる。例えば，優れた探偵は犯罪を解決するのに鼻が利く。彼らは隠された手がかりをかぎ出せる。かぐとは，こんなふうに(くんくんと)すばやく息を吸い込むことだ。⓯もし，あなたがニュースをかぎつける能力を持っているなら，それはあなたがニュースを見つけるのが得意ということだ。あなたはおもしろい話をかぎ出せるだろう。

問１＜語句解釈＞次の文に「これ(as plain as the nose on your face)は，とてもはっきりしていて，簡単にわかったり理解したりできることを意味する」とある。この例として最も適切なのは，イ.「皆，誰がケーキを食べたかわかった，彼の口にクリームがついていたからだ」。

問２＜適語選択＞my や our のような人称代名詞の所有格の後には，some や the は続けられないので，my other friend，our another expression のように表す。

問３＜適語句選択＞前の３文より，マリナはクリストファーが好きで，彼を意識した行動をとってしまうとわかる。この文脈に合うのは，エ.「いつもより早口で話し，髪を何度も直した」である。

問４＜適語補充＞空所の前後より，「彼が言う全ての冗談」とする。every joke を先行詞とし，関係代名詞の that を入れて，he made を続ける。このように先行詞に every がついている場合，関係代名詞には which よりも that を用いるのが一般的である。

問５＜文脈把握＞マリナの顔が真っ赤になった理由は，その前で説明されている。彼女がクリストファーを好きなことは「私」には明白で，たぶんクリストファーもわかっているよと指摘されたからである。

問６＜適語句選択＞２つの空所は，ともに前文で on the nose という表現の意味を説明し，後でその具体例を挙げている。よって，‘例示’を表す For example「例えば」が適する。

問７＜整序結合＞鼻の役割として，においをかぐことを挙げた段落。主語になりうる名詞は food か the nose で，‘help ～ ＋動詞の原形’「～が…するのを助ける」を用いて「～が食べ物を見つけるのを助ける」をつくると，「鼻は私たちが食べ物を見つけるのを助けうる」という the nose を主語とした文ができる。

問８＜英文和訳＞前の２つの段落より，鼻の「においをかぐ」機能から，nose は何かを「かぎ出す」「かぎつける」という意味の表現に使われることがわかる。「もし you have a nose for news なら，それは you are good at finding news stories ということだ」という文。‘be good at ～’「～が得意だ」

問９＜適所選択＞補う文が「しかし，on the nose で時刻どおりであることは」と始まっているので，直前に「on the nose で時刻どおりであること」に関する言及があると推測できる。第10，11段落がこれに該当するので，その後のDが適切。

問10＜語句解釈＞the nose の意味としては，「明白な」(第３段落)と「(時刻が)ぴったり～」(第11段落)，「かぎつける能力」(第14段落)が述べられている。述べられていないのは，イ.「私は彼の鼻に一撃を加えた」。

数学解答

1 (1) 0　(2) $-\frac{7}{3}x+\frac{7}{3}y$　(3) -1
(4) $x=2$, $y=3$　(5) $x=\frac{3}{2}$, -2
(6) $2x^4-36x^2+162$
(7) $(2x+3y+1)(2x+3y-4)$

2 (1) 13°　(2) 3組　(3) $\frac{1}{3}$
(4) $-\frac{2}{3}\leqq a\leqq 1$　(5) $\frac{4}{3}$
(6) $a=14$, $b=16$
(7) $\frac{25}{3}\pi+50\sqrt{3}\,\mathrm{cm}^2$

3 (1) (3, 9)　(2) (−1, 5)
(3) 0, −1, $\frac{-1\pm\sqrt{17}}{2}$

4 (1) 1：2　(2) $9\sqrt{3}$　(3) $\frac{6\sqrt{11}}{5}$

1〔独立小問集合題〕

(1)＜数の計算＞与式 $=(2\times28)^2-4\times2\times28\times17+(4\times7)\times28+101^2-5\times101\times21+73\times4=4\times28\times28-4\times28\times2\times17+4\times28\times7+101\times(101-5\times21)+73\times4=4\times28\times(28-34+7)+101\times(101-105)+73\times4=4\times28\times1+101\times(-4)+73\times4=4\times(28-101+73)=4\times0=0$

(2)＜式の計算＞与式 $=\frac{1}{3}\times2x-\frac{1}{3}\times\frac{7}{2}y-3x+\frac{7}{2}y=\frac{2}{3}x-\frac{7}{6}y-3x+\frac{7}{2}y=\frac{2}{3}x-3x-\frac{7}{6}y+\frac{7}{2}y=\frac{2}{3}x-\frac{9}{3}x-\frac{7}{6}y+\frac{21}{6}y=-\frac{7}{3}x+\frac{14}{6}y=-\frac{7}{3}x+\frac{7}{3}y$

(3)＜数の計算＞$\pi=3.14\cdots$ より，$3-\pi<0$，$\pi-2>0$ である。よって，$\sqrt{(3-\pi)^2}=-(3-\pi)=\pi-3$，$\sqrt{(\pi-2)^2}=\pi-2$ となる。よって，与式 $=(\pi-3)-(\pi-2)=\pi-3-\pi+2=-1$ となる。

(4)＜連立方程式＞$6x-y=9$……①，$(7x+2):32=y:6$ より，$6(7x+2)=32y$，$42x+12=32y$，$42x-32y=-12$……②とすると，①×7−②より，$-7y-(-32y)=63-(-12)$，$25y=75$　$\therefore y=3$　これを①に代入して，$6x-3=9$，$6x=12$　$\therefore x=2$

(5)＜二次方程式＞$6x^2+3x-18=0$ の両辺を3でわり，$2x^2+x-6=0$ として，解の公式を用いると，$x=\frac{-1\pm\sqrt{1^2-4\times2\times(-6)}}{2\times2}=\frac{-1\pm\sqrt{49}}{4}=\frac{-1\pm7}{4}$ となる。よって，$x=\frac{-1+7}{4}=\frac{6}{4}=\frac{3}{2}$，$x=\frac{-1-7}{4}=\frac{-8}{4}=-2$ である。

(6)＜式の計算＞与式 $=(x+3)^2\times2(x^2-6x+9)=(x+3)^2\times2(x-3)^2=2(x+3)^2(x-3)^2=2\{(x+3)(x-3)\}^2=2(x^2-9)^2=2\{(x^2)^2-2\times x^2\times9+9^2\}=2(x^4-18x^2+81)=2x^4-36x^2+162$

(7)＜式の計算―因数分解＞与式 $=\{(2x)^2+2\times2x\times3y+(3y)^2\}-3(2x+3y)-4=(2x+3y)^2-3(2x+3y)-4$ として，$2x+3y=A$ とすると，与式 $=A^2-3A-4=(A+1)(A-4)$ となる。A をもとに戻して，与式 $=(2x+3y+1)(2x+3y-4)$ となる。

2〔独立小問集合題〕

(1)＜平面図形―角度＞右図1のように，半径OAを引くと，△OABはOA＝OBの二等辺三角形なので，底角が等しく，∠BAO＝∠ABO＝35°となる。また，円周角と中心角の関係より，∠BAC＝$\frac{1}{2}$∠BOC＝$\frac{1}{2}$×96°＝48°となる。よって，∠CAO＝∠BAC−∠BAO＝48°−35°＝13°となり，△OACもOA＝OCの二等辺三角形なので，∠ACO＝∠CAO＝13°である。

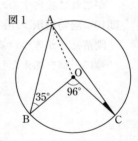

図1

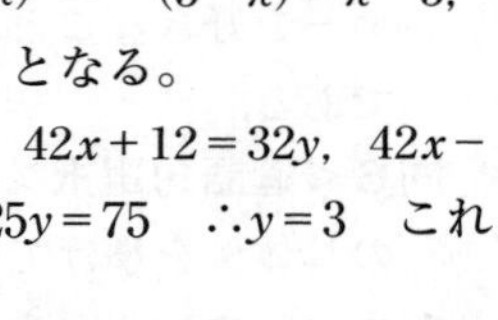

(2)＜場合の数―a，b の値＞$2(a+2b)=5a+3b$ より，$2a+4b=5a+3b$，$b=$

$3a$となる。よって，bはaの3倍だから，1けたの自然数a，bの組は$(a,\ b)=(1,\ 3)$，$(2,\ 6)$，$(3,\ 9)$の3組ある。

(3)**＜確率―サイコロ＞**12の約数は，1，2，3，4，6，12であり，このうち，大小2つのサイコロの目の和でできる数は，2，3，4，6，12である。それぞれのサイコロの目をa，bとすると，和が2になる目の出方は，$(a,\ b)=(1,\ 1)$，和が3になる目の出方は，(1, 2)，(2, 1)，和が4になる目の出方は，(1, 3)，(2, 2)，(3, 1)，和が6になる目の出方は，(1, 5)，(2, 4)，(3, 3)，(4, 2)，(5, 1)，和が12になる目の出方は，(6, 6)となり，出る目の数の和が12の約数となるのは12通りある。大小2つのサイコロを投げるとき，目の出方は全部で，$6\times6=36$(通り)あるので，求める確率は$\frac{12}{36}=\frac{1}{3}$となる。

(4)**＜関数―変域＞**四角形ABCDは，右図2のようになる。また，関数$y=ax$のグラフは，原点Oを通る直線であり，この直線が辺AB，CDの両方と交わるのは，直線$y=ax$の傾きが点Bを通るときの傾き以上で，点Cを通るときの傾き以下のときである。よって，点Bを通るとき，$y=ax$に$x=3$，$y=-2$を代入して，$-2=a\times3$，$3a=-2$より，$a=-\frac{2}{3}$となり，点Cを通るとき，$y=ax$に$x=-2$，$y=-2$を代入して，$-2=a\times(-2)$，$-2a=-2$より，$a=1$となるので，$-\frac{2}{3}\leqq a\leqq1$である。

図2

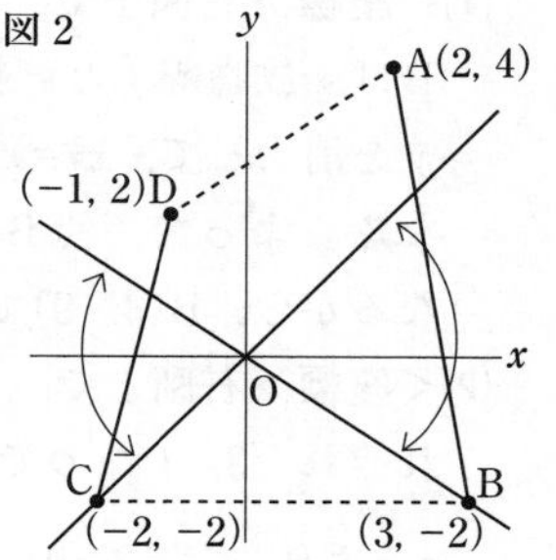

(5)**＜二次方程式―解の利用＞**二次方程式$x^2-6px+9p^2=4$……①の異なる2つの解を，$x=k$，$3k\ (k>0)$とすると，①は，$(x-k)(x-3k)=0$……②と変形できる。②の左辺を展開すると，$x^2-4kx+3k^2=0$となり，①を，$x^2-6px+9p^2-4=0$として，左辺の係数を比較すると，$-4k=-6p$より，$k=\frac{3}{2}p$……③，$3k^2=9p^2-4$……④となる。よって，③を④に代入して，$3\times\left(\frac{3}{2}p\right)^2=9p^2-4$，$3\times\frac{9}{4}p^2=9p^2-4$，$\frac{27}{4}p^2=9p^2-4$，$27p^2=36p^2-16$，$9p^2=16$，$p^2=\frac{16}{9}$より，$p=\pm\frac{4}{3}$となる。ここで，$k>0$なので，③より，$\frac{3}{2}p>0$となるので，$p$の値も正となる。したがって，$p=\frac{4}{3}$である。

(6)**＜関数―a，bの値＞**一次関数$y=(a-b)x+2a-b$……①で，$a<b$より，$a-b<0$なので，この関数の変化の割合は負であり，xの値が増加すると，yの値は減少することがわかる。これより，xの変域が$-3\leqq x\leqq7$であるとき，yの変域が$-2\leqq y\leqq18$であることから，$x=-3$のとき$y=18$で，$x=7$のとき$y=-2$となる。①にこれらの値を代入すると，$18=(a-b)\times(-3)+2a-b$，$-3a+3b+2a-b=18$，$-a+2b=18$……②，$-2=(a-b)\times7+2a-b$，$7a-7b+2a-b=-2$，$9a-8b=-2$……③が成り立つ。②，③を連立方程式として解くと，②×4＋③より，$-4a+9a=72-2$，$5a=70$より，$a=14$となり，これを②に代入して，$-14+2b=18$，$2b=32$より，$b=16$となる。

(7)**＜平面図形―面積＞**右図3のように，円の半径OA，OB，OC，ODを引き，半径5の円が弦AD，BCと接する点を，それぞれE，Fとすると，OE⊥AD，OF⊥BCとなる。また，OE＝5，OA＝10より，△OAEはOE：OA：AE＝1：2：$\sqrt{3}$の直角三角形となるので，$\mathrm{AE}=\sqrt{3}\mathrm{OE}=\sqrt{3}\times5=5\sqrt{3}$となり，△OADはOA＝ODの二等辺三角形だから，点Eは辺ADの中点で，$\mathrm{AD}=2\mathrm{AE}=2\times5\sqrt{3}=10\sqrt{3}$となる。よって，$\triangle\mathrm{AOD}=\frac{1}{2}\times\mathrm{AD}\times\mathrm{OE}=\frac{1}{2}\times10\sqrt{3}\times5=25\sqrt{3}$となり，△OBC≡△OADなので，$\triangle\mathrm{OBC}=\triangle\mathrm{OAD}=25\sqrt{3}$となる。また，△OADにおいて，∠DOE

図3

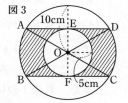

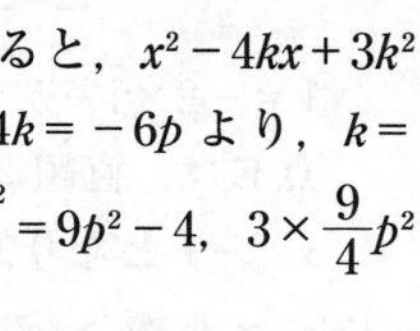

$=\angle AOE=60^\circ$より，$\angle AOD=\angle AOE+\angle DOE=60^\circ+60^\circ=120^\circ$なので，△OBCで，$\angle BOC=\angle AOD=120^\circ$である。これより，$\angle AOB+\angle COD=360^\circ-\angle AOD-\angle BOC=360^\circ-120^\circ-120^\circ=120^\circ$となる。よって，おうぎ形OABとおうぎ形OCDの中心角の和は120°となるので，これらのおうぎ形の面積の和は，$\pi\times OA^2\times\frac{120^\circ}{360^\circ}=\pi\times10^2\times\frac{1}{3}=\frac{100}{3}\pi$となる。求める斜線部分の面積は，△OADと△OBC，おうぎ形OAB，おうぎ形OCDの面積の和から，半径5の円の面積をひいたものになる。したがって，$25\sqrt{3}\times2+\frac{100}{3}\pi-\pi\times5^2=\frac{25}{3}\pi+50\sqrt{3}$ (cm²)である。

3 〔関数―関数 $y=ax^2$ と一次関数のグラフ〕

≪基本方針の決定≫(3)　等積変形の考え方を利用する。

(1)**＜座標＞**右図1で，放物線$y=x^2$……①，直線$y=x+6$……②とすると，点Bは，放物線①と直線②の交点のうち，x座標が正の点だから，①，②より，yを消去して，$x^2=x+6$，$x^2-x-6=0$，$(x+2)(x-3)=0$より，$x=-2$，3となる。よって，点Bのx座標は正なので3となり，y座標は，$y=3^2=9$となるから，B(3，9)である。

図1

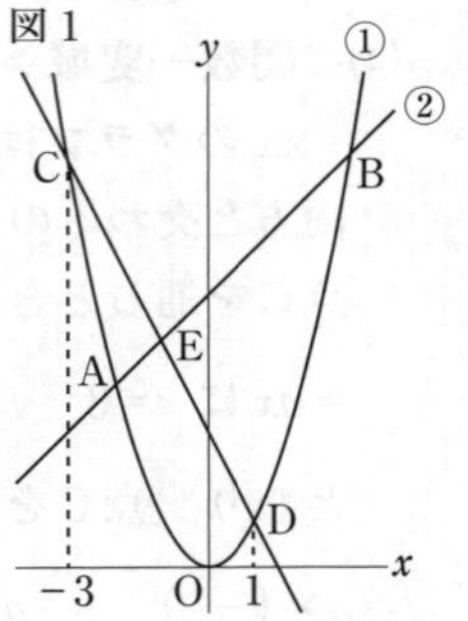

(2)**＜座標＞**右図1で，2点C，Dはともに放物線$y=x^2$上にあり，x座標はそれぞれ−3，1なので，点Cのy座標は$y=(-3)^2=9$，点Dのy座標は$y=1^2=1$より，C(−3，9)，D(1，1)となる。これより，直線CDの傾きは$\frac{1-9}{1-(-3)}=\frac{-8}{4}=-2$となるから，その式を$y=-2x+b$として，点Dの座標から$x=1$，$y=1$を代入すると，$1=-2\times1+b$，$-2+b=1$より，$b=3$となる。よって，直線CDの式は，$y=-2x+3$……③となる。点Eは，直線②と直線③の交点なので，②，③より，yを消去して，$x+6=-2x+3$，$3x=-3$より，$x=-1$となり，これを②に代入して，$y=-1+6=5$となるから，E(−1，5)である。

(3)**＜x座標＞**右上図1で，点Aは，放物線$y=x^2$……①と直線$y=x+6$……②の交点のうち，x座標が負の点である。よって，(1)より点Aのx座標は−2，y座標は$y=(-2)^2=4$となる。次に，右図2のように，点Eを通り，直線ADに平行な直線lを引き，放物線①と交わる点をP_1，P_2とすると，△ADEと$\triangle ADP_1$と$\triangle ADP_2$の底辺をADとしたときの高さが等しくなるので，$\triangle ADE=\triangle ADP_1=\triangle ADP_2$となる。A(−2，4)，D(1，1)より，直線ADの傾きは$\frac{1-4}{1-(-2)}=\frac{-3}{3}=-1$となり，直線$l$は直線ADと傾きが等しいので，その式を$y=-x+d$として，(2)よりE(−1，5)なので，$x=-1$，$y=5$を代入すると，$5=-(-1)+d$より，$d=4$となる。よって，直線$l$の式は$y=-x+4$……④となる。①，④より，$y$を消去して，$x^2=-x+4$，$x^2+x-4=0$となり，解の公式より，$x=\frac{-1\pm\sqrt{1^2-4\times1\times(-4)}}{2\times1}=\frac{-1\pm\sqrt{17}}{2}$となる。また，直線ADの式を，$y=-x+k$として，点Dの座標から，$x=1$，$y=1$を代入すると，$1=-1+k$より，$k=2$となる。これより，直線ADの切片は2となり，直線ADとy軸の交点をFとすると，F(0，2)となる。また，直線lの切片をGとすると，G(0，4)であり，$FG=4-2=2$となる。そこで，△ADGをつくると，この三角形も△ADEと面積が等しく，$OF=FG=2$であることから，△ADOも△ADEと面積が等しくなる。したがって，図2のように，原点Oを通り，直線ADと平行な直線mを引き，この直線と放物線①の交点をP_3，P_4とすると，$\triangle ADE=\triangle ADP_3=\triangle ADP_4$となる。直線$m$の式は

図2

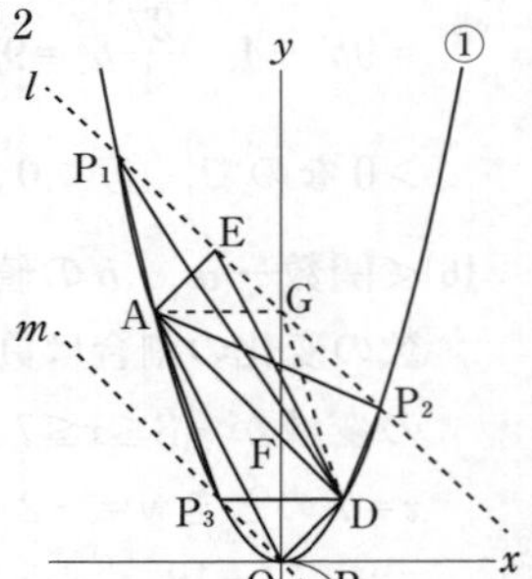

$y=-x$……⑤となるので，①，⑤より，yを消去すると，$x^2=-x$，$x^2+x=0$，$x(x+1)=0$より，$x=0$，-1となる。以上より，△ADE＝△ADPとなる点Pのx座標は，0，-1，$\frac{-1\pm\sqrt{17}}{2}$である。

4〔空間図形―直方体〕

≪基本方針の決定≫(1)　直方体の側面の展開図を考える。　(2)　切り口の図形の形について考える。　(3)　求める線分を含む平面を考える。

(1)＜**長さの比**＞右図1で，IJ＋JCの長さが最短になるのは，右図2のように，直方体の面ABFEと面BCGFの展開図で，2点I，Cを結ぶ線分と辺BFの交点をJとするときである。△ACIで，AI＝6，AB＝BC＝3，AE∥BFより，IJ：JC＝AB：BC＝3：3＝1：1となり，点Jは辺ICの中点だから，中点連結定理より，BJ$=\frac{1}{2}$AI$=\frac{1}{2}\times6=3$となる。よって，BF＝9より，JF＝BF－BJ＝9－3＝6となるので，BJ：JF＝3：6＝1：2となる。

図1

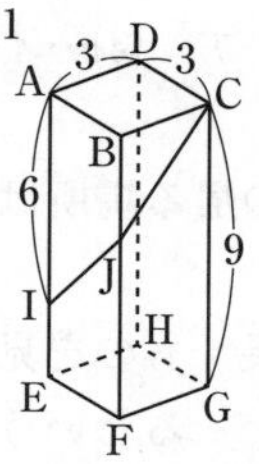

図2

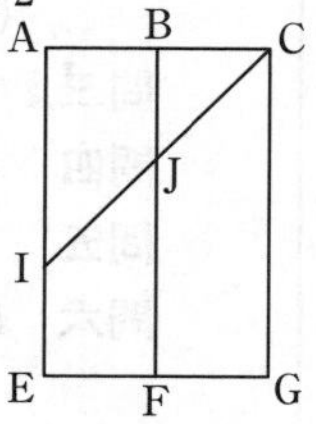

(2)＜**面積**＞右図3で，3点I，J，Cを通る平面が，辺DHと交わる点をLとすると，平行な面には平行な切り口が表れるので，IJ∥LC，JC∥ILより，切り口の図形は平行四辺形となる。さらに，右上図2より，IJ：JC＝1：1なので，IJ＝JCとなり，隣り合う辺の長さが等しいので，▱IJCLはひし形となる。そこで，図3のように，正方形ABCDの対角線ACを引くと，△ABCはAB＝BC＝3の直角二等辺三角形となるので，CA$=\sqrt{2}$AB$=\sqrt{2}\times3=3\sqrt{2}$となる。よって，△ACIで三平方の定理より，IC$=\sqrt{\mathrm{AI}^2+\mathrm{AC}^2}=\sqrt{6^2+(3\sqrt{2})^2}=\sqrt{54}=3\sqrt{6}$となる。また，直角三角形の斜辺と他の一辺がそれぞれ等しく，△BCJ≡△DCLなので，BJ＝DLであり，BJ∥DLより，四角形BJLDは平行四辺形だから，JL＝BD＝AC$=3\sqrt{2}$となる。以上より，切り口のひし形IJCLの面積は，$\frac{1}{2}\times$IC$\times$JL$=\frac{1}{2}\times3\sqrt{6}\times3\sqrt{2}=9\sqrt{3}$となる。

図3

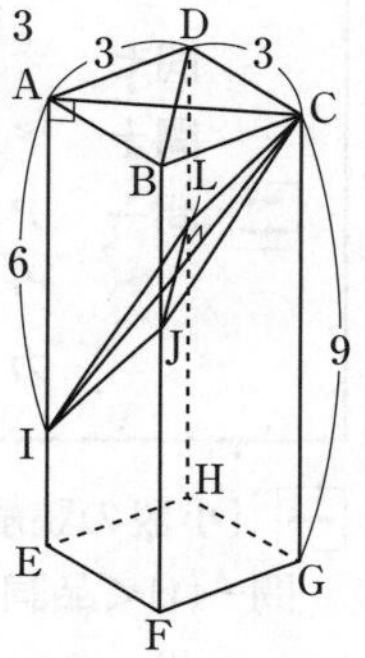

(3)＜**長さ**＞直方体を，頂点A，E，G，Cを通る平面で切ると，右図4のような長方形になり，線分AGはその対角線となる。(2)より，CA$=3\sqrt{2}$，CG＝9なので，△ACGに三平方の定理を用いると，AG$=\sqrt{\mathrm{CA}^2+\mathrm{CG}^2}=\sqrt{(3\sqrt{2})^2+9^2}=\sqrt{99}=3\sqrt{11}$となる。また，AI∥CGより，△AIK∽△GCKであり，これらの相似比は，AI：GC＝6：9＝2：3となる。よって，AK：GK＝2：3となるので，AK$=\frac{2}{2+3}$AG$=\frac{2}{5}\times3\sqrt{11}=\frac{6\sqrt{11}}{5}$となる。

図4

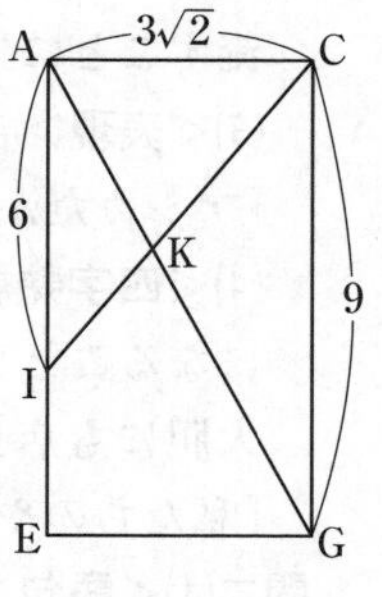

国語解答

一 問一 ⑴ A 聞き流そ・ア
C 聞き流す・エ
⑵…ウ ⑶…ア ⑷…オ ⑸…エ

問二 ⑴ やおもて・オ ⑵…エ
⑶…ア ⑷…イ

問三 ウ

問四 私の帰る場所は向こう側なのか

問五 ア

問六 店長 ものを見る目が養われているということ
私 靴に惚れてはいないということ

問七 オ 問八 イ 問九 オ

問十 ア 問十一 オ

二 問一 ア 勧〔薦／奨〕 イ 基礎
ウ 渇望 エ 猛獣 オ 挑
カ 中枢 キ 動機

問二 何に集中するかを選択させる〔何に集中すべきかを私たちに伝える〕〔役割〕

問三 オ

問四 い ドーパミン
う エンドルフィン

問五 ア 問六 散漫 問七 ウ

問八 新しい情報を探そうとする本能

問九 ウ 問十 報酬

問十一 A お腹が空いているときにテーブルに食べ物が出てきたら
B 今読んでいるページよりも次のページ

問十二 Ⅲ→Ⅰ→Ⅱ 問十三 エ

問十四 A…ウ B…オ C…イ

一〔小説の読解〕出典；宮下奈都『スコーレNo.４』。

問一⑴＜品詞＞A.「私」は，「帰ったら」という言葉と同じく，「手伝う」という言葉も聞き流そうと思った。「聞き流す」は五段活用動詞で，助動詞の「う」に接続するのは，未然形。　C.「私」には，気分が落ち込む言葉を聞き流す「癖」がついた。下に「癖」という体言があるため，ここでの「聞き流す」は，連体形。　⑵＜慣用句＞「気が滅入る」は，憂鬱な気分になる，という意味。気分が落ち込む言葉を聞き流す癖がついていたが，「私」は，「手伝う」という言葉を聞き流すことに失敗して，自分のしていることは「手伝いなんだろうか」と，少し気分が落ち込んだ。⑶＜表現＞吉井さんは，店長が自分を「疑っている」ことに腹を立て，店長の問いかけに対して，「アシカだかアザラシだか」が納得できず反発したときの「鳴き声」に似た声で，「さあ」と答えた。⑷＜四字熟語＞「疑心暗鬼」は，疑う気持ちがあるために，ささいなことまで恐ろしく感じて不安になること。　⑸＜慣用句＞「息をひそめる」は，息を抑えてじっとする，という意味。「私」が，大胆にも店長にディスプレイの変更を提案したため，その場にいた人たちは，息を詰めてじっと「私たちのやりとり」を見ていた。

問二⑴＜語句＞「矢面」は，批判や攻撃をまともに受ける立場のこと。「正面」は，おもての側。⑵＜慣用句＞「釘を刺す」は，後でもめたり，相手に言い訳をさせたりしないように念押しをする，という意味。　⑶＜語句＞「怪訝」は，状況を理解できず，不思議に思うこと。　⑷＜慣用句＞「意を決する」は，思い切って決意を固める，という意味。

問三＜心情＞「値札を間違えて付けた」という問題について，なんでこんなことになったのかもわからず，「型番で問い合わせる」以外に対処のしようがない状況で，三津井さんは戸惑っている。

問四＜心情＞三津井さんや店長から手伝いを求められた「私」は，自分が一人前の店員ではなく，代理店の人間として扱われていると感じ，やはり「私の帰る場所は向こう側なのか」と思った。

問五＜文章内容＞「私」は，値札と商品を組み合わせる作業を「新しい価格表が届く前」に終わらせたことで，「最初から値段を知っていた」と店長に思われて，価格表の紛失や値札のつけ間違いの原因に，「私」が「絡んでいる」と疑われる可能性に気づいたのである。

問六＜文章内容＞店長は，「靴の値段」がわかるということは，「ものを見る目が養われているということ」だと考えて，自信を持つようにと「私」を励ましたが，「私」は，靴の「値踏みできるということ」は，「靴に惚れてはいないということ」だと考えている。

問七＜心情＞店長は，「私」が「最初から値段を知っていた」と考え，価格表の紛失や値札のつけ間違いに，「私」が「絡んでいる」のではないかと疑って警戒した。だが，「私」の「靴の値段は，ただわかるんです」という言葉を聞いて「私」を信じようと思い直し，表情を緩めて警戒を解いた。

問八＜心情＞店長は「二十年もこの仕事」をして，靴の値段を判断できるようになったが，新人の「私」が同じことをするには，「まだまだかかるはず」である。それで店長は，「私」に靴の値段がわかる理由に改めて興味を持ち，「秘訣があるのなら，教えてほしい」と思ったのである。

問九＜文章内容＞店長が「私」の「人一倍熱心」な態度や「ものを見る目」を褒めたとき，「私」は，「謙遜」して口ごもっただけで，明確な反応を示さなかった。しかし，無事にトラブルが解決したときに，「私」が急に「並べ方を変えてみてはどうか」と提案したので，店長は，驚いたのである。

問十＜文章内容＞「調子者」は，褒められて，調子に乗って軽率なことをする人のこと。「私」は，新人であるのにディスプレイの変更を提案したことについて，自分が「自信を持っていいと店長に言われたこと」をうのみにして調子に乗り，軽率な行動をしてしまったと感じたのである。

問十一＜表現＞「私」に「慎重」に騒動の説明をしたり，「私」の手際の良さを評価して「もっと自信を持ちなさい」と励ましたり，解決後はスタッフ全員に「ありがとう」と感謝したりするなど，店長の様子や心情が詳しく描かれている。また，騒動に「いらいら」しながら吉井さんを疑い，吉井さんと「緊迫した」会話をする様子も，臨場感をもって描かれている（オ…○）。

二〔**論説文の読解—自然科学的分野—人類**〕出典；アンデシュ・ハンセン／久山葉子訳『スマホ脳』。

≪本文の概要≫ドーパミンは，何に集中するかを人に選択させて，行動を促す役目を持ち，生き延びて遺伝子を残せるように人間を突き動かしてきた。脳には新しいことに反応してドーパミンをつくる細胞があり，人間は，新しいものを探しにいきたいという衝動が組み込まれた状態で生まれる。私たちの祖先は，食料や資源が常に不足していた世界で，この新しいものへの欲求に突き動かされて，新たな可能性を求めて移動したのだろう。その欲求は，現代ではパソコンやスマホがもたらす新しい知識や情報への欲求として現れている。報酬システムを激しく作動させるのは，何かが起こるかもという期待である。ネズミやサル，人間による実験を行ったが，報酬が確実にもらえるとわかっているときは，確実にもらえるかわからないときほどドーパミンは増えなかった。脳が，不確かな未来への期待を好み，それにドーパミン報酬を与える理由については，「ドーパミンの最重要課題は，人間に行動する動機を与えることだから」という説明が，最も信憑性が高い。

問一＜漢字＞ア．「勧」の音読みは「勧誘」などの「カン」。「薦」の音読みは「推薦」などの「セン」。「奨」の音読みは「奨励」などの「ショウ」。　イ．「基礎」は，物事を成立させるためのおおもとになる部分のこと。　ウ．「渇望」は，切実に願い望むこと。　エ．「猛獣」は，性質の荒い大型の肉食獣のこと。　オ．音読みは「挑戦」などの「チョウ」。　カ．「中枢」は，物事の中心になる最も重要な部分のこと。　キ．「動機」は，意志決定や行動の直接の原因のこと。

問二＜文章内容＞「ドーパミンの最も重要な役目」は，人に「満足感」を与えて「私たちを元気にすること」ではなく，「何に集中するかを選択させること」である。ドーパミンは，「快楽を与える報酬物質」ではなく，「何に集中すべきかを私たちに伝える存在」なのである。

問三＜文章内容＞ドーパミンは，人に「何に集中するかを選択」させて「行動を促す」役割を持っており，人間の行動の源になるものともいえる。

問四＜文章内容＞人に「行動を促す」物質である「ドーパミン」は，「目の前にある美味しいものを食べるよう仕向けてくる」が(…い)，「それを美味しいと感じさせる」のは，人に「満足感を与える」物質であり，「体内のモルヒネ」といわれる「エンドルフィン」である(…う)。

問五＜文章内容＞人間が群れで暮らしていた時代では，「食べ物の入手」など，「生き延びて遺伝子を残せる」ような行動を促すために，ドーパミンが分泌されたが，現代社会では，「パソコンやスマホが運んでくる，新しい知識や情報への欲求」を起こすために，ドーパミンが分泌され始めた。

問六＜語句＞「注意散漫」は，集中力を欠いて，注意が別のところに向きがちになること。

問七＜文章内容＞「新しい場所や環境」へ移動するほどに，「食べものが見つかる確率は高く」なるのであり，また，周囲を理解するほどに，「生き延びられる可能性が高まる」のである。私たちの祖先の生きた「食料や資源が常に不足していた」時代の経験に基づいて，人間の遺伝子に「新しいものへの欲求」が，定着していったのである。

問八＜文章内容＞「新しい知識や情報」を運んでくるパソコンやスマホは，人間が自然から与えられた「新しい情報を探そうとする本能」にはたらきかけて，生き延びることに関係なく，脳にドーパミンを放出させるのである。

問九＜文章内容＞「パソコンやスマホのページ」から情報を得るごとに，「脳がドーパミンを放出」して，新しい知識や情報への欲求がより高まり，人は性急に次のページを見ようとするのである。

問十＜文章内容＞新たな情報を得ると，脳の報酬システムが作動し，「満足感」という「見返り」を求める「報酬」探索行動と，情報を欲する情報探索行動は，脳内で密接した関係ではたらくのである。

問十一＜文章内容＞「報酬システム」は，「何かが起こるかも」という「期待」によって激しく作動する。「お腹が空いているときに」テーブルに出てきた食べ物を食べられることを期待したり(…Ａ)，パソコンやスマホで「今読んでいるページよりも次のページ」の内容を期待したりすることで，「ドーパミンの量」が増えるのである(…Ｂ)。

問十二＜文章内容＞ドーパミンは，報酬を毎回「もらえるとわかっていると，確実にもらえるかわからないときほど」放出されない。また，ネズミやサルの実験結果と同様に，人間も，「２回に１回」の頻度で報酬をもらえるときが最もドーパミンが増えるのである。したがって「２回に１回」の頻度の次に，70％の確率のときが多く，毎回もらえるときが，最も少なくなる。

問十三＜文章内容＞「ドーパミンの最重要課題」は，確実に報酬を得られるように努力させることではなく，報酬を得られるかもしれないという「行動する動機」を人間に与えて，「行動を促す」ことであるため，人が「不確かな未来への期待」を抱いたときに，ドーパミンの量が増えるのである。

問十四＜主題＞Ａ．脳内の伝達物質であるドーパミンが紹介され，「ドーパミンの最も重要な役目」が「何に集中するかを選択させること」であるとして，具体例を挙げて説明されている(…ウ)。　Ｂ．人類の「進化の観点」から，人間の脳には「新しいもの，未知のものを探しにいきたい」という欲求が組み込まれていることや，その欲求の裏にドーパミンのはたらきがあることが説明されている(…オ)。　Ｃ．脳の報酬システムを激しく作動させ，ドーパミンを放出させるのは「何かが起こるかも」しれないという期待であることが，実験内容とその結果とともに説明されている(…イ)。

Memo

Memo

2021年度 淑徳高等学校

【英　語】（50分）〈満点：100点〉

1　次の各組の文がほぼ同じ内容を表す文になるように，（　）内に入る適語を答えなさい。

(1)
Tom is very good at playing tennis.
Tom (ア) play tennis very (イ).

(2)
The doctor said to my father, “Don’t eat too much.”
The doctor told my father, not (ア) (イ) too much.

(3)
Mt. Fuji is the highest mountain in Japan.
(ア) (イ) mountain in Japan is higher than Mt. Fuji.

(4)
She is sad to know this news.
This news (ア) (イ) sad.

(5)
Tell me the way to the station.
Tell me (ア) (イ) get to the station.

2　（　）内の正しい語句を選び，記号で答えなさい。

(1) I will be back (ア　from　　イ　at　　ウ　in) an hour.
(2) Two years (ア　have passed　　イ　have been passed　　ウ　passed) since she came to live here.
(3) If you have money, please lend me (ア　ones　　イ　any　　ウ　some).
(4) You (ア　had better not　　イ　had better not to　　ウ　had not better) go out.
(5) When did you finish (ア　to write　　イ　writing　　ウ　being written) the report?

3　Aから話しかけられたとき，Bはどのように応答したらよいか。（　）内に適当な語を入れなさい。

(1) A : Hello, this is Sachiko speaking.　May I speak to Mr. Brown?
　B : I’m (ア) you have the (イ) number.
(2) A : Would you mind giving me a ride to Shukutoku school?
　B : No, not (ア) (イ).
(3) A : This machine isn’t working.
　B : Yes, it has been (ア) (イ) order for a long time.
(4) A : Can I have some cookies?
　B : Yes.　Please (ア) (イ) to them.
(5) A : I’ll miss you so much.
　B : Don’t worry.　I will keep (ア) (イ) with you.

4　次の英文に誤りがあればその語(句)を抜き出し，正しなさい。誤りがなければ，それぞれの空欄に○で答えなさい。ただし，解答は1語とは限らない。

(1)　My father is knowing many things about Japanese culture.

(2)　Sit besides me and read to me.

(3)　I don't like this one.　Show me other.

(4)　Can you finish it by tomorrow?

(5)　My sister will make some sandwiches when her friend will come.

5　次の日本文の意味に合うように(　)内の語句を並べかえ，(　)内で数えて3番目と6番目に来る語句を選び，それぞれ記号で答えなさい。なお，文頭の語も小文字で表している。

(1)　その子供は，彼らによって献身的な世話を受けました。

(ア taken　イ them　ウ was　エ care　オ by　カ of　キ the child　ク good).

(2)　あなたが彼の家を見つけるのは簡単でしたか？

Was (ア find　イ easy　ウ his house　エ to　オ it　カ you　キ for)?

(3)　向こうで私の猫と遊んでいる少女は明美(Akemi)です。

(ア is　イ playing　ウ there　エ my cat　オ the girl　カ over　キ with) Akemi.

(4)　学ぶに遅すぎることなし。

No man (ア so　イ learn　ウ is　エ he　オ may　カ old　キ but).

(5)　彼は決して嘘をついたりしない。

He (ア the　イ tell　ウ lie　エ last　オ a　カ is　キ to　ク man).

6　次の文章を読んで設問に答えなさい。

Everybody knows someone with a happy nature : ①the cheerful type of person with a positive attitude, who will always say a glass is half full rather than half empty. It's the person who is not easily put off when things go wrong and who appears to lead a happier life as a result. Such people may be healthier too, since there seems to be a link between happiness and good health. But what is the secret of happiness? And how can we achieve it?

Psychologists *define this feeling of *well-being as 'when thoughts and feelings about one's life are mainly positive'. The key seems to be happiness with what you already have, emotionally, materially and professionally. The more people try to keep up with others, for example, the more likely they are to be dissatisfied with life. [　A　]

David Lykken, Professor of Psychology at the University of Minnesota, is a leading specialist in happiness. As a result of studying 300 sets of twins, he now believes that happiness is more than 50 percent *genetically determined. He also believes that we each have our own fixed 'happiness point', a level we always return to, whatever happens to us in life. [　B　]

But it is not necessarily the case that we are stuck with the level of happiness we were born with. This is because although a person's temperament is not easily changed, their character can be. ②The former determines what kinds of thing will make someone happy but not how much pleasure that person gets from them. ③The latter develops in response to the experience a person has during his or her life.

This is why Dr. Issac believes we need to study happy people and learn how to be like them. [　C　]

They also tend to be interested (④) things other than themselves. This could be through their day-to-day work, for example, or by caring for others less fortunate, or by having some kind of spiritual focus to their life.

Happy individuals also tend to relate to other people and are able to give and receive affection. [　D　] They are, therefore, more likely to belong to things like sports teams, singing societies and political parties. Researchers at Harvard University have found that people involved (④) such activities were happier than those who were not, and that this had nothing to do with how ⑤well-off people were financially.

⑥Another factor in happiness appears to be physical activity. Exercise improves a person's mood and removes tension. But there must be a balance between activity and rest because stress results in unhappiness. To avoid this, it is important to pick a sport or activity you enjoy and which you do when you want to, rather than when you think you should.

But mental activity can be just as important. Psychologist believe it's possible to train yourself to recognize happiness and, therefore, feel the benefits of it more often. The key is not taking your feelings for granted but rather learning to celebrate them and noticing times when you are happy. It is claimed that the more you recognize when there's a decision to be made about how you feel, the better you'll become at choosing happiness over *misery.

出典：『Expert First Coursebook』PEARSON　Jan Bell and Roger Gower　2014　（一部改変）

［注］ define：～を定義する　　well-being：幸福，健康な状態
genetically determined：遺伝的に決定された　　misery：苦難

問１　下線部①はどんな人か，「グラス」という言葉を使って具体的に説明しなさい。

問２　下線部②，③では，それぞれ「前者」，「後者」と言っているが，それを具体的に表すものを本文中から②は３語，③は２語で抜き出しなさい。

問３　(④)に共通する前置詞を入れなさい。

問４　下線部⑤の類語として，最も適切なものを選び，記号で答えなさい。

ア　lucky　　イ　unlucky　　ウ　rich　　エ　poor

問５　下線部⑥とあるが，その要素によって何が起こるのか，具体的に本文の内容に沿って日本語で答えなさい。

問６　以下の英文は，本文中の［A］～［D］のどこに入れるのがよいか，最も適切な場所を選び，記号で答えなさい。

That's why being part of a social group, such as a family, a community or a club adds to their overall sense of well-being.

問７　次の文が本文の内容と一致するものには○を，異なる場合は×を書きなさい。

ア　心理学者は，自分自身を改善しようと思っている人は，幸福に向かう可能性があると信じている。

イ　研究の中で，私たちの遺伝子は，どれだけ自分たちが幸せかを決める上で，重要な役割を果たしていることが分かった。

ウ　何が自分を幸せにするかは，自分の性格によって決まる。

エ　アイザック博士によると，周りに目を向けることで幸福を感じやすい傾向にある。

オ　幸せになるためには，何かの団体に所属し，財政的に安定した生活を送る必要がある。

カ　心理学者は，ネガティブな感情を認識することは，自分自身が幸せになるための訓練だと信じている。

問８　この文章に題名をつけるとしたらどれが適切か選び，記号で答えなさい。

ア　Being part of some activities

イ　The secret of true happiness

ウ　The decision to be a better life

エ　The experience during our life

7　次の文章を読んで設問に答えなさい。

Once upon a time, Big Mother Goat was about to go to the supermarket.

"Kids," she said to her children, "don't you open that door to *anyone*.　(　①　), the hungry wolf will probably get in, and eat you all.　Now, we don't want that, do we?"

"(　②　) want that," said the kids.

"I'll kick him on the leg," shouted the littlest one.

Now, the wolf was hiding underneath the window, and he heard all this.　When Big Mother Goat had gone on her way, he knocked on the door.

"Who's that?" shouted the kids together.

"I'm your Mum," the wolf *growled.　"Open up the door, I forgot to give you your pocket money."

"You're not Mum," shouted the littlest one.　"Mum's got a beautiful little voice that sounds like music."

"You're the Hungry Wolf," shouted the kids, and ③<u>they wouldn't open the door.</u>　So the wolf ran off to the music teacher's house.

"Teach me to speak in a beautiful little voice, like music," he growled.　"(　④　), I'll bite your *beak off."

"Very well," said the music teacher, and she did her best.

Then the wolf hurried back to the kids' house, and banged on the door.　"Let me in, this is Mummy, I've got some sweets for you," he called.

"Show us your *hoof first," said the littlest one, and the wolf pushed his *paw through the letterbox.

"That's not Mum's hoof," cried the kids.　"Mum's hoof's white.　You're the Hungry Wolf."

The littlest one hit the paw with his little hammer.

"OWWWWWWWCHHHH!"　The wolf pulled his paw out of the letterbox, and *sucked his fingers.　"White, is it?" he growled, and went off to find an artist.

"It's got to be white, with a little black bit at the end, just like a goat's hoof," he told the artist.　"Make a good job of it, (　⑤　) I'll not bite your nose off."

The artist made a very good job of it, and the wolf hurried back to the house where the kids lived.

He banged on the door, and called in a beautiful little voice, like music, "Let me in, dearies. I've brought you some comics from the supermarket."　The wolf waved his paw through the letterbox.　"Look, it's Mummy."

"It's Mum's hoof all right," said one of the kids.

"And it's Mum's little beautiful voice like music," said another.

"Open the door."

"Wait !!" said the littlest one. "Let's see your tail."

The wolf pushed his tail through the letterbox.

"Mum's tail is pretty, like *an ear of wheat," said one kid. "This tail is grey and bushy, like . . . like . . ."

"Like the Hungry's Wolf's tail," cried the littlest one.

The wolf howled, and the kids refused to open the door.

"So Mum's tail is pretty, like an ear of wheat, is it ?" *muttered the wolf, and he rushed off to see the (⑥).

"I don't usually pull out tails," said the (⑥).

"If you don't pull out my tail, I'll bite your tail off," said the wolf.

"Then I'll make an exception in your case," said the (⑥).

The wolf inserted ⑦an ear of wheat where his tail was, and once again banged on the kids' front door.

"Let me in," he called, in his little beautiful voice like music, waving his paw ⑧(paint) like a hoof. "I'm Mummy, and I've got ice cream."

He turned round, and waved his new tail.

"It's Mum's little beautiful voice like music," said one kid.

"It's Mum's white hoof with a little black tip," said another.

"It's Mum's pretty tail like an ear of wheat," said the third.

"It's Mum !" they all shouted joyfully, and threw open the door. All that is, but the littlest one, who wasn't so sure, hopped into the coal bucket to hide.

The wolf jumped into and swallowed (⑨) little kids whole.

"I thought there were seven," muttered the wolf. "Seven would have been delicious. Still, (⑨) is OK."

So saying, he loosened his belt, and helped himself to a glass.

The wolf took the beer into the back garden, and sat down in a chair. Then, with a big smile on his face, he took a nap in the sun.

When Big Mother Goat got home, she had seven bags of sweets, seven comics, and seven ice creams.

The littlest one jumped out of the coal bucket and told his mother exactly what had happened.

"He's still here, Mum," he cried. "He's in the garden. He's in your chair." "WHAT ?" shouted Big Mother Goat, dropping all her bags. "In my chair ? With my kids (⑩) him ? LET ME GET AT HIM !"

Big Mother Goat hit the wolf and pushed him out of the chair.

She punched him (⑪) hard that one of her kids shot out of his mouth.

She punched him again, and out came another.

"Not again !" asked the wolf, trying to crawl away. "Not on my bottom, my tail place still hurts . . . OW !"

She punched him again, and out flew a third kid.

Altogether, Big Mother Goat punched the wolf (⑫) times. Once each to get back her six swallowed children, and once to send the wolf right over the trees, and away forever.

Then she gathered her kids around her, dried their tears, and gave each one a big kiss on the nose . . . and a slap on the ear for opening the door to a wolf.

出典：『Mrs Goat and Her Seven Little Kids』MACMILLAN CHILDREN'S BOOKS （一部改変）

［注］ growl：うなる　beak：くちばし　hoof：ひづめ　paw：足
suck：なめる　an ear of wheat：小麦の穂　mutter：ぶつぶつ言う

問1　本文の意味に沿って，(①)(④)に適する組み合わせを選び，記号で答えなさい。
ア　① If you do　④ If you do
イ　① If you do　④ If you don't
ウ　① If you don't　④ If you do
エ　① If you don't　④ If you don't

問2　(②)に適するものを選び，記号で答えなさい。
ア　Yes, we　イ　Yes, we don't
ウ　No, we　エ　No, we don't

問3　下線部③とほぼ同じ意味になるように，本文から適語を抜き出しなさい。
they (ア) (イ) open the door.

問4　(⑤)に適する語を選び，記号で答えなさい。
ア　and　イ　but　ウ　or　エ　because

問5　(⑥)に共通して入る語を，下記の語義から考えて1語で答えなさい。
someone whose job is to treat people's teeth

問6　下線部⑦は具体的に何を指すか適するものを選び，記号で答えなさい。
ア　his new tail　イ　his new nail
ウ　his new voice　エ　his new ear

問7　下線部⑧の語を適する形にしなさい。

問8　(⑨)に共通して入る語を選び，記号で答えなさい。
ア　five　イ　six　ウ　seven　エ　eight

問9　(⑩)に適する前置詞を答えなさい。

問10　(⑪)に適する語を入れなさい。

問11　(⑫)に入る語を選び，記号で答えなさい。
ア　five　イ　six　ウ　seven　エ　eight

【数　学】 （50分） 〈満点：100点〉

1　次の問いに答えなさい。

(1)　$5\times8\times7-107\times20\times2+54\div(-9)\div3$ を計算しなさい。

(2)　$x-\frac{1}{2}\left(x-\frac{y}{2}\right)-\frac{3x+5y}{6}$ を計算しなさい。

(3)　$(-3)^3\times\left(\frac{2+\sqrt{3}}{\sqrt{3}}\right)^2-\frac{(\sqrt{3}-3)^2}{\sqrt{3}}$ を計算しなさい。

(4)　連立方程式 $\begin{cases}\frac{1}{3}x-\frac{7}{6}y=0.5(x-y+11)\\ -0.3x+y-1.4=0.5y\end{cases}$ を解きなさい。

(5)　2次方程式 $5(x-9)^2+5(x-9)=150$ を解きなさい。

(6)　$(1+2a-2b)(1-2a+2b)$ を展開しなさい。

(7)　$4x^2+4xy+y^2-6x-3y-10$ を因数分解しなさい。

2　次の問いに答えなさい。

(1)　z は x の2乗に比例し，y に反比例する。$x=-2$，$y=3$ のとき $z=7$ となるとき，y を x の式で表しなさい。

(2)　2つの直線 $y=x$，$y=-2x+b$ と y 軸によって囲まれた部分の面積が6となるとき，b の値を求めなさい。ただし，b は正の数とする。

(3)　$\frac{a-3b}{a+2b}=3$ のとき，$\frac{2a^2-3ab+4b^2}{a^2+ab-b^2}$ の値を求めなさい。

(4)　x についての2次方程式 $x^2+(a-3)x-a^2+50=0$ の解の1つが，1次方程式 $3x+a=2x+1$ の解と等しくなるような a の値をすべて求めなさい。

(5)　3つの正の整数 a，b，c があり，a を40倍した数と，b を72倍した数と，c を2乗した数が等しくなるような c を小さい方から3つ答えなさい。

(6)　下図のようにAB＝8，BC＝10，CA＝9の△ABCの内部に辺AB，ACに接する円Oと辺CA，CBに接する円O′をかいたところ，2つの円OとO′は点Eで接した。直線BEと辺ACとの交点をDとするとき，△ABDと△BCDの面積の比を，できるだけ簡単な整数の比で表しなさい。ただし，2つの円OとO′はともに線分BDに接しているものとする。

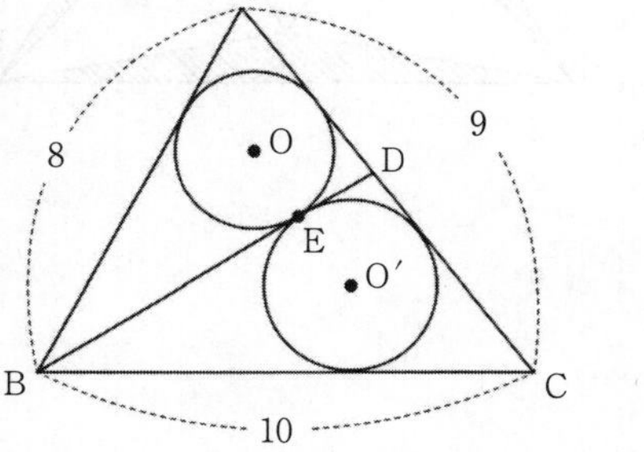

(7)　箱の中に1，2，3，4の数字を書いたカードが1枚ずつ入っている。最初にAがカードを1枚引き，引いたカードの数を確認して元にもどす。次にB，Cも順番に同じようにカードを引き，3人の中で最も大きい数のカードを引いた人を勝ちとするゲームをする。3人とも同じ数のときはあいこで勝者はいないものとし，2人が同じ数で1人が2人よりも小さな数を引いたときは2人が勝ちとする。このとき，Aが勝つ確率を求めなさい。

3　放物線 $y=\frac{1}{2}x^2$ 上に x 座標がそれぞれ -2，4 の 2 点A，Bがあり，点Pは x 軸上を -2 から 4 まで毎秒 1 の速さで動く。放物線 $y=\frac{1}{2}x^2$ 上にあり点Pと x 座標が同じ点をQとし，平行四辺形AQBRを作るとき，次の問いに答えなさい。

(1)　平行四辺形AQBRの対角線の交点の座標を求めなさい。

(2)　点Pが出発してから t 秒後の点Rの座標はR（［　①　］$-t$，［　②　］t^2+［　③　］$t+$［　④　］）と表せる。［①］～［④］に入る数を答えなさい。

(3)　点Rが直線 $y=5x$ 上にあるとき，平行四辺形AQBRの面積を求めなさい。

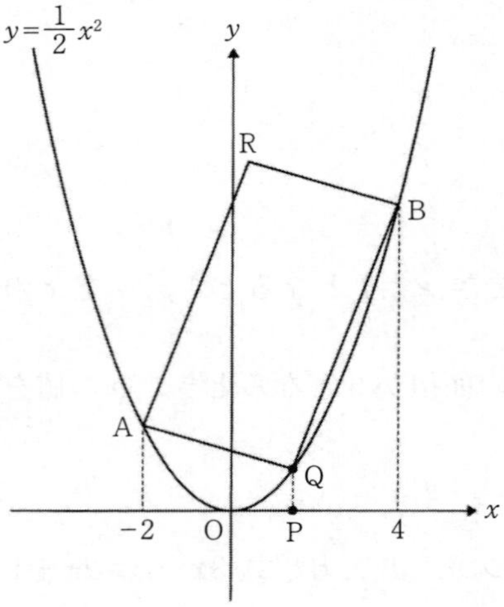

4　図のように 1 辺の長さが $6\sqrt{3}$ cmの正三角形から，その各辺を底辺とする合同な二等辺三角形を切り取り，残った部分を組み立てて底面が 1 辺 $2\sqrt{3}$ cmの正三角形の立体を作った。このとき，次の問いに答えなさい。

(1)　この立体の表面積を求めなさい。

(2)　この立体の体積を求めなさい。

(3)　この立体に内接する球の体積を求めなさい。

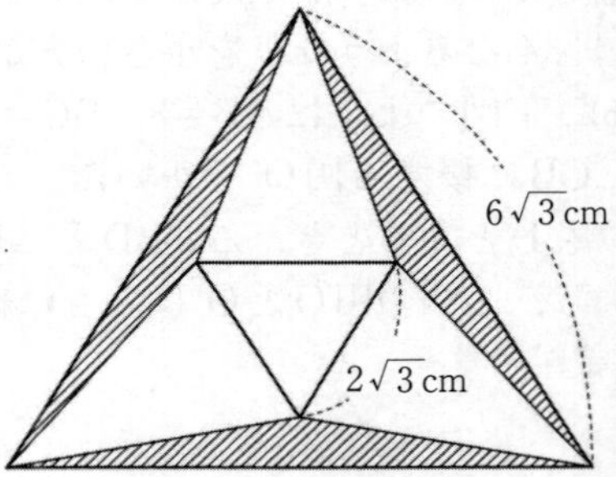

それぞれ指示された字数で文中から抜き出しなさい。

五年前は［　十八字　］読み、今回は［　十八字　］て読んだ。こうすることによって［　三十四字　］ことができるようになった。

問十一　⑪には二葉亭四迷の作品が入ります。適当なものを次の中から一つ選び、記号で答えなさい。

ア　舞姫　イ　伊豆の踊子　ウ　こころ

エ　浮雲　オ　羅生門

問十二　——線⑫「静かに感情が閉ざされていく」とは具体的にはどうなることですか。簡潔に答えなさい。

問十三　——線⑬「ちいちゃんと一緒に笑うことをしなかった」のはなぜですか。次の文の［　］に入る語句を指示された字数で文中から抜き出しなさい。

［　十八字　］から。

問十四　——線⑭「語りの変化」とはどういうことですか。適当なものを次の中から一つ選び、記号で答えなさい。

ア　ちいちゃんの悲劇がなかったかのように、現在の子どもたちを明るく静かに語ること。

イ　ちいちゃんの悲劇を際立たせるため、現在の平和な世の中を明るく静かに語ること。

ウ　ちいちゃんの悲劇から時間の途切れを感じさせないように明るく静かに語ること。

エ　間を置くことによって、暗い過去を完全に断ち切って明るく静かに現在を語ること。

オ　ちいちゃんの悲劇を忘れさせられるように、現在をことさら明るく静かに語ること。

緊張と、高揚と、どうがんばっても勝てないかもしれないという不安感とが入り混じった感情。
僕はゴクリと唾を飲み込んで、手に持っていた『オツベルと象』の絵本を、ギュッと強く握りしめていた。

大橋崇行『遥かに届くきみの聲《こえ》』（双葉社）一部改変

※近藤さん…先に登場していた「青山水希」と同一人物。親の離婚で姓が変わっている。
※シークエンス…いくつかのシーンを寄せ集めたひと続きの画面。

問一 ――線①「僕」のこの時の学年を答えなさい。

問二 ――線②「僕のほうに手を差し伸べた」とありますが、この場面はどこにつながりますか。つながる箇所を文中から十五字で抜き出しなさい。

問三 ――線③「逡巡」の意味として適当なものを次の中から一つ選び、記号で答えなさい。
ア 不快に思うこと　イ 抵抗すること
ウ ためらうこと　エ 緊張すること
オ 恥ずかしいこと

問四 ――線④「前のほうに押し出した」とありますが、それはどうしてですか。適当なものを次の中から一つ選び、記号で答えなさい。
ア 自分の話したいことは話し終えたので、話題を変えるため。
イ 「僕」と朗読したいと言っているのはこの子だと紹介するため。
ウ 自分一人で話をしているのが急に恥ずかしくなってきたため。
エ 有名な子役である「僕」をもっと身近で女の子に見せるため。
オ 隠していた悔しさがこみ上げてきてこれ以上話ができないため。

問五 ――線⑤「けれども自由図書に選んだ『ちいちゃんのかげおくり』」は、どうだというのですか。十五字以内で答えなさい。

問六 ――線⑥「最初の難関」というのはどうしてですか。適当なものを次の中から一つ選び、記号で答えなさい。
ア 四人の声を順番に演じ分けるだけでなく、それぞれの持つ性格なども明確に区別して表現しなければならないから。
イ 四人の声を順番に演じ分けるだけでなく、悲しい別れの場面をできるだけ明るく表現しなければならないから。
ウ 四人の声を順番に演じ分けるだけでなく、この場面が聞き手の頭の中に具体的に浮かぶように読まなければならないから。
エ 四人の声を順番に演じ分けるだけでなく、このやりとりを通して聞き手に戦争の悲惨さを訴えなければならないから。
オ 四人の声を順番に演じ分けるだけでなく、ちいちゃんが現状を理解しているのかどうか解釈しなければならないから。

問七 ――線⑦「すごーい」という言葉を近藤さんはどのように朗読しましたか。そのことがわかる一文を探し、その最初と最後の五字を抜き出しなさい。

問八 ――線⑧「僕はゴクリと唾を飲み込んで、大きく静かに息を吐いた」とありますが、これはどうしてですか。適当なものを次の中から一つ選び、記号で答えなさい。
ア 想像していたちいちゃんのイメージにぴったりの声だったから。
イ ちいちゃんが状況を理解していることがはっきりわかったから。
ウ 近藤さんの朗読のあまりのうまさに圧倒されてしまったから。
エ 自分の表現力では近藤さんにはとても勝てないと悟ったから。
オ ちいちゃんの無邪気さが声を通して直接伝わってきたから。

問九 ――線⑨「嘘の振る舞い」をしたのはどうしてですか。次の文の□に入る語句を指示された字数で探し、その最初と最後の五字を抜き出しなさい。
ちいちゃんが［三十六字］したから。

問十 ――線⑩「近藤さんは明らかに五年前のものから変えてきた」とありますが、それを説明した次の文の□に入る語句をお父さんと、お母さんと、お兄ちゃん。
ちいちゃんはふらふらする足を踏みしめて立ち上がり、三人の声を聴く。やがてちいちゃんの体は、すうっと空に吸い込まれていく。
空の上は、いちめんに空色の花畑が広がっていた。

そのとき、むこうから、おとうさんと　おかあさんと　おにいちゃんが、わらいながら　あるいてくるのが　見《み》えました。
（なあんだ。みんな　こんな　ところに　いたから、こなかったのね。）
ちいちゃんは、きらきら　わらいだしました。わらいながら、花《はな》ばたけの中《なか》をはしりだしました。

けれども、近藤さんが作る語り手は、⑬ちいちゃんと一緒に笑うことをしなかった。
空色の花畑を、笑いながら走るちいちゃん。その様子を、静かに、抑揚を抑えて、ゆっくりと読み上げる。
その変化はあまりに緩やかに行われていて、僕はこの場面まで気が付かなかった。近藤さんは少しずつ、語り手を、ちいちゃんから離脱させていたのだ。いつの間にか語り手は、ちいちゃんと感情を共有する語り手ではなく、哀《かな》しみと哀《あわ》れみとを抱きながら、ちいちゃんの物語を語り尽くす語り手へと変わっていた。上野紀子《うえののりこ》が描いた、愛らしいちいちゃんの表情、しぐさ。今度はそこに込められた思いのほうに、寄り添っていた。

なつの　はじめの　ある朝《あさ》。
こうして、小《ちい》さな　女《おんな》の子《こ》の　いのちが、空《そら》に　きえました。

ぽつりと呟くように読まれた一言。
ここで、近藤さんは絵本を閉じて、深々と頭を下げた。

「えっ……？」
と、僕は思わず、小さく声をあげた。
『ちいちゃんのかげおくり』には、まだもう一ページ残っているのだ。途中で朗読を止めることは、作品の改変と同じ扱いになっている。だから、もしこれがコンクールだったら、ルール違反になってしまう。
けれども、そうではなかった。
聴衆となった部員たちの拍手が止まったあと。近藤さんは声のトーンを大きく変えて、明るく、けれども静かに読み上げた。

それから　なん十年《ねん》。
町《まち》には、まえよりも　いっぱい　いえが　たっています。
ちいちゃんが　ひとりで　かげおくりをした　ところは、ちいさな　こうえんに　なっています。
青《あお》い　空《そら》の下《した》。
きょうも、おにいちゃんや　ちいちゃんぐらいの　子《こ》どもたちが、きらきら　わらいごえを　あげて、あそんでいます。

近藤さんは、聴衆から受ける拍手を、演出として使っていたのだ。映画のエンドロールが流れたあとで、最後の※シークエンスを挟むように、観客の反応を利用した。そのことで、ちいちゃんの悲劇から「なん十年」の年月を経た場面に、もう一段階、⑭語りの変化を加えた。
ふたたび、視聴覚室に拍手が響く。
僕はその中で必死に思考をめぐらせていた。
……どうしたら、この朗読に勝つことができるだろう。
それは、小学生のときに高島みのるとしてコンクールに出ていたときには、一度も味わったことのない感情だった。
何度も手を強く叩《たた》きながら、心臓の鼓動がだんだんと高まっていく。

この頷くという動作を、そこにこめられた意味を、朗読では声で表現しなくてはいけない。

ここの演じ方を、⑩近藤さんは明らかに五年前のものから変えてきた。

　　ちいちゃんは、また　ふかく　うなずきました。

二回目の返事を、五年前は、ちいちゃんと語り手とを切り離したまま、理想としての現実を生きることを選んだちいちゃんを、語り手が慈《いつく》しむように、哀《あわ》れむように読んでいたのだ。それが今日は、力強く、声のトーンを太くして、歯切れ良く読み上げた。ちいちゃんと、ナレーターとしての語り手をリンクさせるという読み方。ちいちゃんと同じ決意を語り手に持たせることで、ちいちゃんは一言も言葉を発していないのに、その心の中を表現するという方法。

僕はふと、部活の途中で近藤さんがチラリと、二葉亭四迷《ふたばていしめい》『（⑪）』の第二編について話していたことを思い出す。全三編でできている『（⑪）』は、第一編、第二編、第三編で、語り手の性質がまったく違うのだという。一人の独立した人格として、作中人物から距離をとって、人物をからかったりしながら語る第一編。現代の小説と同じように、人物を客観的に見て淡々と語ることが多い第三編。

けれども第二編の語り手は、作中人物と、感情を共有する。

主人公の内海文三《うつみぶんぞう》が怒っているときは語り手も一緒になって怒り、悲嘆に暮れているときは一緒になって悲しむ。そうすることで、内海文三が内面を吐露しなくても、その心情を語ることができるという、小説としてはとても珍しい書き方になっているのだという。

近藤さんが『ちいちゃんのかげおくり』で選んだのは、こういう性質の語り手だった。主人公のちいちゃんと心を共にし、ちいちゃんのけっして言葉にできない心境を、リアルタイムで表現していく。こうした語り手の作り方は、ここから先のクライマックスで、絶大な効果を発揮することになった。

　　その夜《よ》。

　　ちいちゃんは、ざつのうの中《なか》に　入《い》れてある　ほしいいをすこし　たべました。

　　そして、こわれかかった　くらい　ぼうくうごうの中《なか》で　ねむりました。

　　（おかあちゃんと　おにいちゃんは、きっと　かえってくるよ。）

　　くもった　あさが　きて、ひるが　すぎ、また、くらい　よるが　きました。

　　ちいちゃんは、ざつのうの中《なか》の　ほしいいを、また　すこしかじりました。

　　そして、こわれかかった　ぼうくうごうの中《なか》で　ねむりました。

壊れかかった暗い防空壕《ぼうくうごう》の中で、ちいちゃんは言葉少なになっていく。雑嚢《ざつのう》の中に入っているほんのわずかな干し飯を少しずつ齧《かじ》りながら、衰弱していく。お母さんとお兄ちゃんはきっと帰ってくるという願いは、しだいに望みの薄いものとなっていく。

近藤さんの作った語り手はちいちゃんと感情を共有しているので、そのすべてをナレーションだけで表現することができる。

トーンを抑えた、微《かす》かに震える声。

朝が来て、昼が過ぎて、夜が来て。時間が経《た》つにつれてその響きはしだいに細くなり、虚《うつ》ろな色合いを帯びていく。干し飯を口の中に含んで唾液でふやかしながら、⑫静かに感情が閉ざされていく。

けれども次の瞬間、ちいちゃんは光に包まれた。

　　「かげおくりの　よくできそうな　空《そら》だなあ。」

もちろん、ちいちゃんが、お父さんが出征するということをまだよくわかっておらず、影送りが成功したことを無邪気に喜んでいるように読むこともできる。

けれどもこの絵本には、ずっと戦争の影が落とされている。しかもお父さんは、体が弱いにもかかわらず、明日には出征しないといけないのだ。

それを、ちいちゃんが理解しているととるか、とらないか。それによって、朗読者がこの絵本を読むときの全体の解釈が変わってくる。

――⑦すごーい。

ちいちゃんの、たった一言。

近藤さんがその声を発した瞬間、⑧僕はゴクリと唾を飲み込んで、大きく静かに息を吐いた。

お父さんが明日にはいなくなることを、ちいちゃんはもう理解している。もしかしたら、もう二度と会うことができないかもしれない。家族四人がこうして一緒に歩くこともないかもしれない。

それをわかっていながら、そうした不安を内に秘め、なおかつ明るく振る舞おうとするちいちゃん。

それが、近藤さんの解釈だった。そして、そんな複雑な心境を、たった一言に込めて演じきった。無邪気に聞こえるちいちゃんの声に、ほんの少し、躊躇《ためら》いと、震えと、息苦しさを込めることで表現した。

五年前――近藤さんが小学六年生だったときと、同じ解釈。けれども高校生になって、その演じ方は格段に洗練されている。

僕は呼吸をすることも忘れて、じっと近藤さんの朗読に入っていった。

お父さんが出征したあと、空はアメリカ軍の飛行機に覆われるようになる。空は影送りができる楽しい場所ではなく、焼夷《しょうい》弾や爆弾を落とす飛行機によって制圧された、恐ろしい空間になる。

空襲が起きたのは、夏の始め、風の強い日のことだった。

逃げる途中でお母さん、お兄ちゃんとはぐれてしまったちいちゃんは、ひとりぼっちで逃げ延びる。

いえは、やけおちて　なくなっていました。

「ここが　おにいちゃんと　あたしの　へや。」

ちいちゃんが　しゃがんでいると、おばさんが　やってきて

いいました。

「おかあちゃんたち、ここに　かえってくるの？」

ちいちゃんは、ふかく　うなずきました。

「じゃあ、だいじょうぶね。あのね、おばちゃんは、いまから、

おばちゃんの　おとうさんの　うちに　いくからね。」

ちいちゃんは、自分の身の回りで何が起きているのかを理解している。

そう解釈した近藤さんは、この部分のちいちゃんを、お母さんたちが帰ってくることを素朴に信じる少女として演じることができない。

ここで斜《はす》向かいに住むおばちゃんと一緒に家の跡を離れていれば、ちいちゃんはそこで生きていくこともできたかもしれない。けれども、おばちゃんと離れてしまう。

もしかしたら、お母さんたちは帰ってこないかもしれない。ちいちゃんはそれをわかっていながら、「かえってくるの？」という問いかけに頷《うなず》いてしまう。だから、ちいちゃんはある意味において、⑨嘘《うそ》の振る舞いをしていることになる。

近藤さんの解釈では、この振る舞いが、同時に、帰ってこないかもしれないという現実を理解していながら、きっと帰ってくるという理想としての現実を目指して生きていく選択を、決意を、ちいちゃんがここで行ったことを表すことになる。

けれども、ちいちゃんはここで一言も言葉を発しないのだ。

ただ、深く、頷く。

だときよりも大きかった。

朗読の芸術点は、コンクール実績のある朗読者の場合、点数が高くなりやすい傾向がある。点数をつけるときに、前の大会で獲得した点数が基準になるからだ。大会ごとに、点数に大きなブレが生じないようにするためらしい。

もし僕が全国大会で名の知られた朗読者じゃなかったら……。

そう考えてから、僕はおずおずと手を握り返した。

もしかしたら、周囲に取材のカメラを抱えた記者がいるかもしれない。子役だった頃は、いつもそんなことを気にしていたように思う。

――私は来年、大会に出たとしても中学生の部だから……再来年。再戦してくれたら嬉《うれ》しいな。私の他にも、キミと朗読してみたいって子がいるから。絶対、そっちの勝負も受けてあげてよね。

彼女はにこやかにそう言った。

嵐のようにやってきた、爽やかな少女――青山水希。

そして彼女は、自分の背中に隠れていたもう一人の女の子を、④前のほうに押し出した。

翌日。

味岡図書館まつりを二日後に控えていることに加えて、Bチームに入る二人を決めるオーディションもある。そのため基礎トレーニングは中止になり、その日の部活はすぐに視聴覚室に集合となった。

部員はまだ全員が集まっていなかったけれど、審査員を務める松村先生、尾形部長、梨花《りか》の三人と、※近藤さん、遥《はるか》、僕の三人が揃《そろ》ったところで、すぐにオーディションは始まった。

トップバッターは、近藤さんだった。

課題図書の『オツベルと象』の朗読も、素晴らしかった。

⑤けれども自由図書に選んだ『ちいちゃんのかげおくり』。

「かげおくり」って　あそびを　ちいちゃんに　おしえてくれたのは、おとうさんでした。

ズシリと重い、地を這《は》って響いてくるような声で読み上げられた冒頭の一文を聴いた瞬間、課題図書がすべて吹き飛ぶかのように、僕たちはその朗読に引き込まれていった。

太平洋戦争に出征する前の日、青く晴れ渡った空の下で、ちいちゃんのお父さんがふと呟《つぶや》く。

「かげおくりの　よくできそうな　空《そら》だなあ。」

影送り。地面にできた自分の影を瞬《まばた》きをしないでじっと見つめてから空を見上げると、脳が影を陰性残像として認識してしまうために、青い空に自分の白い影が残像として映って見えるという遊びだ。

ちいちゃんがお父さんに教えられたとおりにやってみると、空には、お父さん、お母さん、お兄ちゃん、ちいちゃんの四人の影が映って見える。

「すごーい。」

と、おにいちゃんが　いいました。

「すごーい。」

と、ちいちゃんも　いいました。

「きょうの、きねんしゃしんだなあ。」

と、おとうさんが　いいました。

「大《おお》きな　きねんしゃしんだこと。」

と、おかあさんが　いいました。

この絵本の、⑥最初の難関。

四人の声を順番に演じなくてはいけないのはもちろん、ここで家族四人の中で交錯している感情を、どのように解釈するか。

イ　出る杭は打たれる
ウ　君子危うきに近寄らず
エ　石の上にも三年
オ　能ある鷹は爪を隠す

問四　――線③「こういう考え方」とは何を指しますか。「という考え方」に続くように文中から二十字で抜き出しなさい。

問五　――線④「横行し」、――線⑧「パッション」の意味として適当なものを後の中から一つずつ選び、それぞれ記号で答えなさい。

④「横行し」
ア　波及し　イ　流行し　ウ　蔓延《まんえん》し
エ　浸透し　オ　普及し

⑧「パッション」
ア　情熱　イ　努力　ウ　個性
エ　度胸　オ　発言

問六　――線⑤「以□伝□」の□に同じ一字の漢字を入れて四字熟語を完成させなさい。また、次のⅠ、Ⅱの□に漢字一字を入れてそれぞれ四字熟語を完成させなさい。

Ⅰ　五里□中
Ⅱ　危機一□

問七　⑥、⑨に入る適当な一字の漢字をそれぞれ答えなさい。

問八　⑦に入る適当な語を次の中から一つ選び、記号で答えなさい。
ア　苦笑　イ　失笑　ウ　微笑
エ　冷笑　オ　爆笑

問九　［A］～［D］に入る最も適当な語を次の中から一つずつ選び、それぞれ記号で答えなさい。（同じ記号は二回以上使用しません）
ア　つまり　イ　しかし　ウ　むしろ
エ　もちろん　オ　なぜなら　カ　そして
キ　ましてや

問十　――線⑩「失敗が怖くなる」とありますが、筆者はどうして失敗が怖くなったのですか。次の文の□に入る語句を指示された字数で文中から抜き出しなさい。

失敗しても［二十二字］と気づいたから。

問十一　――線⑪「状況を本当に変えたいと思うなら自分で行動するしかない」とありますが、筆者はそれをどのように実践していますか。文中から一続きの二文を探し、その最初と最後の五字を抜き出しなさい。

問十二　この文章の大筋の流れとは直接関係しない形式段落が一カ所あります。その段落の最初と最後の五字を抜き出しなさい。

二

次の文章を読んで、後の問いに答えなさい。

五年前の夏休み、全国大会が行われた名古屋国際会議場。センチュリーホールから広い吹き抜けに出たところで、①僕は後ろから声を掛けられた。

――ねえ……キミ、高島みのる君だよね。

振り向くと、髪を長く伸ばした女の子が、両手を腰に当てた状態で立っていた。妙に偉そうな態度に見えたことを、覚えている。そして、彼女の背中に隠れるようにして、もう一人、大人しそうな女の子がいたような記憶がある。

――私だよ。今日、二位だった青山水希《みずき》。いやあ……キミの朗読、すっごく良かった。今日は、私の完敗だね。

そう言って彼女はニカッと笑い、②僕のほうに手を差し伸べた。

僕はその手を握り返すことに、少しだけ③逡巡《しゅんじゅん》したことを覚えている。

それまでの二年間、僕……高島みのるは、二位にもっと大差をつけて優勝していた。それなのにこのときは技術点で彼女に上回られ、僅差でようやく勝ちを拾ったのだ。特に自由図書、僕が読んだ『おにたのぼうし』と同じ作者――あまんきみこが書いた『ちいちゃんのかげおくり』の朗読に浴びせられた拍手は、間違いなく僕が読んなければ、何も得られず家に帰ることになり、成長は何もありません。だから、みなさんには手をあげて質問してほしい。

もしかしたら昔の私と同じように、当てられたとたんに頭の中が真っ白になって質問を忘れてしまうかもしれません。でも、それでもいいじゃないですか。絶句したからといって、誰もあなたのことを笑ったりしない。それは、この私で証明ずみです。

「あーあ、ついに今北さんみたいな失敗をやっちゃった」と、楽しむぐらいの気持ちでやってみればいい。それを続けていくうちに、「継続は（⑨）なり」という言葉のとおり、必ず自分の中に良い変化が起こってきます。

今の私は、みなさんのように中学や高校の時に「人前で恥をかく経験」をしておけばよかったと思っています。一度経験してしまえば、次からは⑩失敗が怖くなくなるので、前向きなことについての「人前で恥をかく経験」は早いほどいいのです。

人間なら誰でも、自分の思うような状況にならないと、人のせいにしたくなったり、愚痴をこぼしたくなったりします。

みなさんもこれまでに一度や二度は、「模擬試験で数学の成績が伸びないのは先生の教え方が悪いからだ」とか、「もとを正せば、こんな先生がいる学校が悪いんだ」などと思ったことがあるのではないですか？

その気持ちは、わからないではありません。私にも、一人だけで背負い込むのはあまりにつらいので、つい愚痴をこぼしたくなったりすることはあります。

でも、⑪状況を本当に変えたいと思うなら自分で行動するしかない。「先生が悪い、学校が悪い、会社が悪い、上司が悪い、社会が悪い」というのは打開策を実行しない自分への言い訳、負け犬の遠《とお》吠《ぼ》えに過ぎません。人のせいにすると、一瞬、気持ちの上では楽になりますが、結局は自己g嫌悪になって自分に戻ってきてしまいます。だから、言い訳をするのはやめましょう。「愚痴を言うくらいなら行動する。行動する勇気がないなら愚痴はやめる」とそう決めてみる。そうすれば愚痴を言わないだけでも精神衛生上プラスになる」――と、今も私は自分自身に言い聞かせています。

これからみなさんが社会に出ても、嫌な上司、嫌な同僚、嫌な部下、嫌なビジネスパートナーは、どこへ行ってもいます。そのたびに、「嫌な上司に当たった自分は不運だ」「話の合わない同僚ばかりで気がめいる」と嘆く人生では、自分自身が楽しくないでしょう。「あの人はイヤ、この人とは付き合いたくない」と逃げまわるよりも、そういう人達とどうすればうまく付き合えるかを考える方が、ずっと建設的です。

「豚もおだてりゃ木に登る」というように、嫌な上司や同僚をおだてとわからないようにおだてて乗せてあげれば、それだけで自分に害が及ぶ度合いが減少しますから、この点を意識して苦手な人と接していくようにするといいでしょう。最初は抵抗感があるかもしれませんが、これはあくまでも、嫌な人から敵前逃亡しないためのトレーニングだと考えればいいのです。

今北純一『自分力を高める』（岩波書店）一部改変

問一 ＝線a～gのカタカナは漢字に直し、漢字は読みを答えなさい。

問二 ――線①「雄弁は銀、沈黙は金」の意味として適当なものを次の中から一つ選び、記号で答えなさい。

ア 沈黙はよくないが、必ずしも雄弁である必要はない。
イ 雄弁などは論外で、沈黙こそ奥ゆかしい態度である。
ウ 雄弁と沈黙は、時と場合によって使い分けるべきだ。
エ 雄弁と比較すると、沈黙の方が優れた態度である。
オ どんな場合でも沈黙するよりも雄弁であるべきだ。

問三 （②）に入ることわざとして適当なものを次の中から一つ選び、記号で答えなさい。

ア 雉《きじ》も鳴かずば打たれまい

したが、その時、e公の場で自分の考えをきちんと発言できるようになりたいと思い、「国際会議やシンポジウムの席で、必ず一つは質問をする」という課題を自分自身に与えました。

私にとって難しい課題でしたが、これに慣れない限り、コミュニケーション力やプレゼンテーション力や交渉力を高めることはできない、と考えたのです。

でも、そうは思っても、はじめは会場の片隅にちょこんと座ったまま、手をあげるタイミングさえつかめず、ひと言も発言できずにうなだれて帰ってきました。

そこで次は、「質問をしないうちは帰らない」と心に決めて、あるシンポジウムに参加しました。基調講演に耳を傾ける余裕もなく、質疑応答に入るのを今か、今かと待っているうちに、ようやく質疑応答になり、（⑥）を決してぱっと手をあげると、演壇上の講演者から指名され、それと同時に案内係の女性が飛んできてマイクを私の前に差し出しました。

ところが席を立ちマイクを手にしたその瞬間、それまで考えていた質問が頭の中からすべて吹っ飛んでしまったのです。結局、何も言えずじまいで着席しました。

「ああ、大恥をかいてしまった。周りの人達はさぞかし僕のことを（⑦）しているだろうな」と思いましたが、周囲にはざわめきすら起こらず、マイクを手渡す係の女性はさっさと別の質問者のほうに飛んでいきました。

「そうか、思っていたほど聴衆は他人のことなど気にしてないんだな。[A]、こちらの失敗をあざ笑っている暇はない。世間の目や他人の思惑を気にする必要なんかないんだ」と気づいた私は、それからは人前で失敗することを恐れなくなりました。

[B]、この事件の前までは、「人前で恥をかくことは、できれば避けたい」という気持ちはありました。でも、「このままずっと避け続けていたら、自分は一生変われない」とも思ったのです。

こうしてその後も、「実践→失敗→挫折→反省→新たな実践→新たな失敗→新たな挫折」を繰り返していくうちに、少しずつ公の場で発言できるようになっていきました。

みなさんにも、できる範囲で、こうしたトレーニングを行なうことをお勧めします。

たとえば、将来ついてみたい職業があるとします。建築家、照明デザイナー、庭師、大工、陶芸家、美容師……どんな職業であれ、興味を持っている分野で活躍している人に会ってみたいと思うのなら、方法はいくらでもあります。インターネットで検索すれば、すぐに何人もの名前が出てきますし、人物を絞り込めば、その人の実績や、「いつ、どこで講演会をする」といったスケジュールを知ることもできるでしょう。

はじめのうちは、「この人にf弟子入りするんだ」とか、「この分野を一生の仕事にするんだ」などと思い詰めず、「面白そうだから、もうちょっと詳しく知りたい」くらいの感覚でいいのです。そうやって関心のあるものにいくつか接していくうちに、「自分は絶対にこれをやりたい！」というものが見えてきます。

目当ての人を見つけたら、その人の講演会などに足を運んで話を聞き、質疑応答の時に何か質問をしてみるとよいでしょう。中学生や高校生が質問をしても、問題はまったくありません。[C]、若い人からの質問を喜ぶ人はたくさんいます。個人で勝負している人は、年齢や見た目で人を判断せず、個人の⑧パッションを評価するのです。

勇気を出して手をあげて質問すれば、必ずきちんと答えてくれる。[D]、その質問をする前に比べると、あなたは新しい何かを手に入れているわけです。

その「何か」とは、よそでは絶対に手に入らない貴重な情報かもしれないし、「尊敬する人が自分の質問に答えてくれた」という満足感だけかもしれません。でも、とにかく確実に新しい感動や知的刺激が手に入るのです。

「的外れな質問をして笑われたら恥ずかしい」と尻込みして質問し

二〇二一年度 淑徳高等学校

【国 語】（五〇分）〈満点：一〇〇点〉

（注意）設問においては、特に注記のないかぎり句読点や記号等も字数に数えるものとします。

一　次の文章を読んで、後の問いに答えなさい。

西洋のことわざに、「①雄弁は銀、沈黙は金」という言葉があります。「口から泡を飛ばすような雄弁よりも、黙して語らぬほうが分別があり、すぐれている」という意味です。

なぜか日本では「沈黙は金」だけが切り離されて、「おしゃべりが度を超すと人間の価値を下げることになる」という、いましめの意味でよく使われています。「（　②　）」と同じように、「沈黙」は奥ゆかしさの要素の一つとみなされているわけです。

けれど欧米社会の現場では、③こういう考え方はまったく通用しません。私自身の経験から言うと、沈黙は「金」ではなく「罪」であり、「何も考えていない愚か者の証拠」です。

たとえば、ビジネスの交渉の場や、シンポジウム、ディベートなどに出席して、ひと言も発言しない人がいたとします。

日本では、「何か発言すればいいのに。ずいぶんおとなしい人だな」と思われるくらいですむかもしれませんが、欧米では、「あなた、なんのためにここにいるの？」という目で見られます。場合によっては、「aジャマだ」と思われるかもしれません。自分の考えを何も発言しないということは、非常に恥ずべきことだと思われているのです。

ところで、ここで使った「欧米」という言葉は、日常語としてよく使われますが、語源をたどれば、「欧」は欧州、つまりヨーロッパ、「米」は米国つまりアメリカのことです。しかし、「欧米」とくっつけたとたんに、欧州と米国を一緒くたにしてしまって、あたかも、ヨーロッパとアメリカを同類項に押し込めてしまったような解釈が④横行しています。日本以外の先進国という意味であれば、「欧米」も必ずしも的外れではありませんが、「欧」と「米」は共通項こそあれ、本質的には大違いです。ただ、このことはbネントウに置いたうえでとりあえず、「欧米」という言い方をここでは使います。

「雄弁は銀、沈黙は金」ということわざは、あくまでも原則の世界のことであって、現実には、黙っていたのでは何もことは運ばないし、何も手に入れることができません。

阿吽《あうん》の呼吸とか、⑤以□伝□とかといった言い回しがあるように、日本人の多くは、「あえて口に出して言わなくても、相手は理解してくれるはず」と考えがちですが、欧米社会では、はっきり口に出して言わなければ何も理解されないし、自分から動かなければ何一つ自由になりません。

小学生の頃は平気でみんなの前で意見を述べ、先生の質問に積極的に答えていたのに、中学、高校と進むにつれて引っ込み思案になった、という人はいませんか。

人の目が気になり、「誰かに意見を否定されたらカッコ悪い」「人前に立つのだからミスをしてはいけない」「答えを間違えたら恥ずかしい」といった気持ちが強くなるのは、cシシュンキ特有の現象ともいえます。

でも、人前でミスをしたり意見を否定されたりすることは、ぜんぜん恥ずかしいことではありません。一歩日本の外に出れば、尻込みして何も発言しない方がよほど恥ずかしいことなのです。

意見を述べている時に頭がパニックになったり、意見を否定されてdドウヨウしたりすることは誰にでもあるのですから、気に病むことはありません。思っていることを言わないで後悔するより、後悔するくらいならその時に言っておく、というほうがはるかに精神的に健康です。

私は二〇代後半からヨーロッパを中心に仕事をするようになりま

英語解答

1 (1) ア…can　イ…well
(2) ア…to　イ…eat
(3) ア…No　イ…other
(4) ア…makes　イ…her
(5) ア…how　イ…to

2 (1) ウ　(2) ア　(3) ウ　(4) ア
(5) イ

3 (1) ア…afraid　イ…wrong
(2) ア…at　イ…all
(3) ア…out　イ…of
(4) ア…help　イ…yourself
(5) ア…in　イ…touch

4 (1) 誤…is knowing　正…knows
(2) 誤…besides　正…beside
(3) 誤…other　正…another(one)
(4) 誤…○　正…○
(5) 誤…will come　正…comes

5 (1) ３番目…ア　６番目…カ
(2) ３番目…キ　６番目…ア
(3) ３番目…キ　６番目…ウ
〔３番目…カ　６番目…エ〕
(4) ３番目…カ　６番目…オ
(5) ３番目…エ　６番目…イ

6 問１　グラスの中にはまだ半分もあると考える(ポジティブな)人
問２　② a person's temperament
③ their character
問３　in　問４　ウ
問５　運動をすることによって，人々の気持ちが改善され，不安が取り除かれること。
問６　D
問７　ア…×　イ…○　ウ…×　エ…○
オ…×　カ…×
問８　イ

7 問１　イ　問２　エ
問３　ア…refused　イ…to
問４　ア　問５　dentist
問６　ア　問７　painted
問８　イ　問９　in〔into〕
問10　so　問11　ウ

1〔書き換え―適語補充〕

(1)上は，be good at ～ing「～するのが得意だ」を使った，「トムはテニスをするのがとても得意だ」という意味。これを下では「トムはとても上手にテニスをすることができる」という文に書き換える。

(2)「医者は父に『食べすぎてはいけません』と言った」という文を，「医者は父に食べすぎないように言った」という文に書き換える。「〈人〉に…しないように言う」は‘tell＋人＋not to …’の形で表せる。to不定詞を否定する not は，to不定詞の前に置く。

(3)上は「富士山は日本で最も高い山だ」という意味。最上級の文と同じ内容は‘No other＋単数名詞＋動詞＋比較級＋than ～’「～ほど…な―はない」という形でも表せる。

(4)「彼女はこのニュースを知って悲しい」を「このニュースは彼女を悲しませる」と書き換える。「～を…(の状態)にする」は‘make＋目的語＋形容詞’で表せる。主語が This news(news は単数扱い)で上の文が現在形なので makes と３単現の s をつけるのを忘れないこと。

(5)「駅までの道を教えてください」を「駅への行き方を教えてください」と書き換える。「～の仕方」は how to ～で表せる。

2〔適語(句)選択〕

(1)「(今から)～後に」を表す前置詞 in が適切。　「(今から)１時間後に戻ってきます」

(2)「～から〈時間〉が過ぎた」は‘時間＋have passed since ～’で表せる。この pass は「(時間が)経過する」という意味。　「彼女がここに住むようになってから２年が過ぎた」

⑶money は‘数えられない名詞’なので，‘数えられる名詞’の代わりとなる one(s)は使えない。any は肯定文で使うと「何でも，どれでも」という意味なので不可。　「お金があるのなら(いくらか)貸してください」

⑷‘had better＋動詞の原形’「～した方がよい」の否定形は‘had better not＋動詞の原形’「～しない方がよい」となる。　「外出しない方がよい」

⑸finish は目的語に to不定詞ではなく動名詞(～ing)をとる。ウは受け身になっており意味が通らないので不可。　「あなたはレポートをいつ書き終えましたか」

3〔対話文完成―適語補充〕

⑴Ａ：もしもし，こちらはサチコです。ブラウンさんはいらっしゃいますか？／Ｂ：電話番号をお間違えのようですが。//I'm afraid you have the wrong number. は，間違い電話を受けたときの定型表現。I'm afraid (that) ～は，「残念ですが～，失礼ですが～」という意味を表し，相手の間違いを指摘したり，言いにくいことを述べたりする際に使われる。

⑵Ａ：淑徳高校まで車に乗せていただけませんか？／Ｂ：ええ，いいですよ。//Would〔Do〕 you mind ～ing? は「～していただけませんか」というていねいな‘依頼’を表す表現。これに対して「いいですよ」と言うときは，No, not at all., Of course not. など，否定形で答える。これは，mind が「～を嫌がる」という意味で，「～するのは嫌ですか」―「いいえ，嫌ではありません」というやりとりになるからである。

⑶Ａ：この機械は作動していません。／Ｂ：はい，それは長い間故障していますから。//out of order「故障している」

⑷Ａ：クッキーをもらえますか？／Ｂ：はい。どうぞご自由に取って召し上がってください。//‘help ～self to …’「…を自由に取って食べる〔飲む〕」

⑸Ａ：あなたがいなくなるとすごく寂しいわ。／Ｂ：心配しないで。ずっと連絡を取り合いましょう。//keep in touch with ～「～と連絡を取り合う」

4〔誤文訂正〕

⑴know「～を知っている」のように‘動作’ではなく‘状態’を表す動詞は普通進行形にはならない。「私の父は日本文化について多くのことを知っている」

⑵besides は「～のほかに(も)」という意味の前置詞，または「そのうえ」という意味の副詞。「～のそばに」という意味の前置詞 beside に正す。　「私のそばに座って，私に本を読んでください」

⑶other は単独では代名詞として使えない。「別のもの」という意味を表す another に正す。another one としてもよい。　「これは好きではありません。別のものを見せてください」

⑷「明日までにそれを終わらせることができますか」　by は「～までに」と‘期限’を表す前置詞。「～まで(ずっと)」と‘継続’を表す till〔until〕との違いに注意。

⑸‘時’や‘条件’を表す副詞節(if, when, before, as soon as などから始まる副詞のはたらきをする節)中は，未来の内容でも現在形で表す。　「姉〔妹〕は友達が来たらサンドイッチをつくるつもりだ」

5〔整序結合〕

⑴「～の世話をする」は take care of ～で表せるが，この受け身形は be taken care of by …「…に世話をしてもらう」となる(本問は「献身的な」があるので，take good care of ～→be taken good care of by …とする)。このように動詞句の受け身形は，過去分詞の後ろにその動詞句を構成する語(句)をそのままの順で置き，その後に「～によって」の by ～を置く。　The child was taken good care of by them.

(2)「〈人〉にとって～するのは…だ」は‘It is … for＋人＋to ～’の形式主語構文で表せる。本問は疑問文なのでbe動詞が文頭に出ている。　Was it easy for you to find his house?

(3)「向こうで私の猫と遊んでいる」が「少女」を修飾している。「～している」という意味の語句が名詞を修飾するとき，‘名詞＋～ing＋語句’で表せる(現在分詞の形容詞的用法)。「向こうで」は over there。　The girl playing with my cat over there is Akemi.　(別解) The girl playing over there with my cat is Akemi.

(4)「学ぶに遅すぎることなし」は「学べないほど歳を取りすぎている人はいない」と考える。語群から，is so old と may learn というまとまりができる。「歳を取りすぎている人はいない」が文の骨組みなので，No man is so old とし，この後を but he may learn とする。この but は否定文中の so または such と相関的に使われ，「～しないほど(…ない)」という意味。　No man is so old but he may learn.

(5)語群の last に着目。‘the last＋名詞＋to不定詞〔関係代名詞節〕’の形で「最も～(しそうに)ない…」という意味を表せる。「最も嘘をつきそうにない人」→「決して嘘をついたりしない」ということ。(類例) He’s the last man (that) I want to see.「彼は私の一番会いたくない人だ」　tell a lie「嘘をつく」　He is the last man to tell a lie.

6〔長文読解総合―説明文〕

≪全訳≫❶誰もが幸せな性格の人，つまり前向きな姿勢で陽気なタイプの人で，グラスが半分空だと言うのではなく半分満たされていると常に考えるような人を知っている。それは，物事がうまくいかなかったときにすぐに嫌気がさしたりせず，結果としてより幸せな生活を送っているような人だ。幸福と健康の間には関連があるように思われるので，そのような人々はより健康でもあるかもしれない。しかし，幸福の秘けつは何だろうか。そして，どうすればそれを達成できるのだろうか。❷心理学者は，このような幸福感を「自分の人生についての考えや感情が主として前向きであるとき」と定義している。重要なのは，あなたがすでに持っている物について，感情的，物質的，そして専門的に，幸福を感じるかどうかであるように思われる。例えば，他人に遅れずについていくように努めれば努めるほど，人は人生に不満を抱く可能性が高くなる。❸ミネソタ大学の心理学教授であるデヴィッド・リッケンは幸福研究の第一人者だ。300組の双子を研究した結果，彼は現在，幸福は50パーセント以上遺伝的に決定されていると考えている。彼はまた，私たち一人ひとりが，人生で何が起きても，常に私たちが立ち返るレベルである，独自の固定された「幸福ポイント」を持っていると考えている。❹しかし，私たちは生まれつき持っている幸せのレベルに必ずしも固定されているわけではない。これは，人の気質は簡単には変わらないが，性格は変わる可能性があるためだ。前者は，どのようなことが人を幸せにするかを決定するが，その人がそこからどれだけの喜びを得るかは決定しない。後者は，人が人生において得る経験に応じて発達する。❺こういうわけでアイザック博士は，私たちが幸せな人々を研究し，彼らのようになれる方法を学ぶ必要があると考えている。❻幸せな人々はまた，自分以外のものに興味を持つ傾向がある。これは，例えば，彼らの日々の仕事を通して，またはあまり幸せではない他人の世話をすることによって，あるいは彼らの生活に何らかの精神的な焦点を当てることによってそうなるのかもしれない。❼幸せな人はまた，他人と関係を持ち，愛情を与えたり受けたりできる傾向にある。そのため，家族，コミュニティ，クラブなどの社会集団の一員であることが，彼らの全体的な幸福感を高めるのだ。したがって，彼らはスポーツチーム，歌の会，政党などに所属する可能性が高い。ハーバード大学の研究者たちが発見したことによれば，そのような活動に打ち込む人々はそうでない人々よりも幸せであり，このことは人々が経済的にどれほど裕福であるかとは何の関係もなかったのである。❽幸福のもう１つの要素は身体的な活動であるように思われる。運動は，人々の気持ちを高め，不安を取り除く。しかし，活動と休息の間ではバランスが取れていなければならない。なぜならストレスは不幸をもたらすからだ。これを回避するには，自分がすべきだと思うときではなく，したいときにして楽しむスポーツや活動を選ぶことが重要だ。❾しかし，精神的な活動も同様に重要だ。心理学者は，幸福を認識し，それによって，幸福の利点をより頻繁に感じるように自分自身を訓練することが可能だと考えている。重要なのは，自分の気持ちを当たり前のものと考えるのではなく，それを祝うようになることであり，幸せである時間に気づくことである。自分の気持ちがどういうものであるかについて判断するときを認識するようになればなるほど，苦難よりも幸福を選ぶことがうまくなるといわれている。

問１＜文脈把握＞直後の with 以下が「陽気なタイプの人」の具体的な説明になっているので，この部分の内容をまとめる。グラスの中の同じ量に対し，後ろ向きな人は半分空だと考えるが，前向きな人は半分満たされていると考えるということ。　positive「前向きな」　attitude「姿勢，態度」　half full「半分満たされた」　rather than ～「～ではなくて」　half empty「半分空の」

問２＜語句解釈＞直前の文の although 以下で，a person's temperament と their character が対比されていることを読み取る。　temperament「気質，気性」

問３＜適語補充─共通語＞be interested in ～「～に興味がある」　(be) involved in ～「～に深く関与した，～に打ち込んだ」

問４＜語句解釈＞how 以下は「人々が経済的にどれほど well-off であったか」という意味。financially「経済的に」から well-off は「裕福な」という意味であると推測できる。　have nothing to do with ～「～と関係がない」

問５＜文脈把握＞「幸福のもう１つの要素」とはこの後に続く内容から「身体的な活動」のこと。その効果は，直後の文で説明されている。　exercise「運動」　improve「～を改善する」　mood「気持ち」　remove「～を取り除く」　tension「不安，緊張」

問６＜適所選択＞脱落文の意味は「そのため，家族，コミュニティ，クラブなどの社会集団の一員であることが，彼らの全体的な幸福感を高める」。これは，空所Dの直前の文の「幸せな人はまた，他人と関係を持ち，愛情を与えたり受けたりすることができる」という内容を，具体例を挙げて述べた文だと考えられる。　That's why ～「そういうわけで～，だから～」　add to ～「～を高める〔増す〕」　overall「全体的な」　sense of ～「～感」

問７＜内容真偽＞ア…×　「自分自身を改善しようと思っている人」に関する記述はない。　イ…○　第３段落第２文に一致する。　ウ…×　第４段落参照。何が自分を幸せにするかを決めるのは気質である。　エ…○　第５，６段落に一致する。　オ…×　第７段落最終文参照。幸福と経済的裕福さとの間には何の関係もない。　カ…×　第９段落第２，３文参照。

問８＜表題選択＞幸福の定義と幸福を感じるための方法について述べた文章なので，イ．「真の幸せの秘けつ」が適切。

7〔長文読解総合─物語〕

≪全訳≫❶昔々，大きなお母さんヤギはスーパーマーケットに行こうとしていた。❷「子どもたち」と彼女は子ヤギたちに言った。「誰が来てもドアを開けてはいけませんよ。そんなことをしたら，空腹のオオカミがきっと中に入ってきて，お前たち全員を食べてしまいますからね。私たちはそんなことを望んでいないでしょ？」❸「うん，そんなことは望まないよ」と子ヤギたちは言った。❹「僕がオオカミの足を蹴ってやる」と一番小さな子ヤギが叫んだ。❺さて，オオカミは窓の下に隠れ，このことの一部始終を聞いていた。大きなお母さんヤギが出かけると，彼はドアをノックした。❻「誰？」と子ヤギたちは一緒に叫んだ。❼「お前たちのお母さんだよ」とオオカミがうなった。「ドアを開けなさい，お前たちにお小遣いをあげるのを忘れていたわ」8「お前はお母さんじゃない」と一番小さな子ヤギが叫んだ。「お母さんは音楽のように聞こえる美しい小さな声をしているんだ」9「お前は空腹のオオカミだ」と子ヤギたちは叫び，彼らはドアを開けようとはしなかった。それでオオカミは音楽の先生の家まで走っていった。10「音楽のように美しい小さな声で話せるように教えてくれ」と彼はうなった。「もしそうしてくれなければ，お前のくちばしを食いちぎるぞ」11「わかったわ」と音楽の先生は言い，彼女は最善を尽くした。12それからオオカミは急いで子ヤギたちの家に戻り，ドアをたたいた。「私を中に入れて，私はお母さんよ，お前たちにお菓子を買ってきたわ」と彼は大声で呼びかけた。13「まず，ひづめを見せて」と一番小さな子ヤギが言うと，オオカミは足を郵便受けの中に差し込んだ。14「お母さんのひづめじゃない」と子ヤギたちは叫んだ。「お母さんのひづめは白いんだ。お前は空腹のオオカミだろ」一番小さな子ヤギは小さなハンマーでオオカミの足をたたいた。15「いてててて！」　オオカミは足を郵便受けから抜き出し，足の指をなめた。「白いのか」　彼はうなり声を上げ，画家を見つけに行った。16「俺の足を白くしてくれ，ヤギのひづめのように，先っぽは少し黒くするんだ」と彼は画家に言った。「うまくやってくれよ，そうすればお前の鼻を食いちぎらないから」17画家はその仕事をとてもうまくやり，オオカミは子ヤギたちが住んでいる家に急いで戻った。18彼はドアをたたき，音楽のような美しい小さな声で「私を中に入れて，かわいい子どもたち。お前たちのためにスーパーマーケットで漫画を買ってきたわ」と呼びかけた。オオカミは郵便受けの中で足を振った。「ほら，お母さんよ」19「確かにお母さんのひづめだ」と子ヤギたちの１匹が言った。20「それに音楽のようなお母さんの小さな美しい声だ」と別の子ヤギが言った。21「ドアを開けて」22「待って‼」と一番小さな子ヤギが言った。「尻尾を見てみよう」23オオカミは尻尾を郵便受けの中に入れた。24「お母さんの尻尾は小麦の穂のようにきれいなんだ」とある子ヤギが言った。「この尻尾は灰色でふさふさしている，まるで…」25「まるで空腹のオオカミの尻尾のように」と一番小さな子ヤギが叫んだ。26オオカミは遠吠えし，子ヤギたちはドアを開けることを拒否した。27「そうか，お母さんの尻尾は小麦の穂のようにきれいなのか」とオオカミはつぶやき，彼は歯科医にみてもらうために急いで立ち去った。28「私はたいてい，尻尾を抜くことなどしないのだが」と歯科医は言った。29「俺の尻尾を引き抜かないなら，お前の尻尾を食いちぎるぞ」とオオカミは言った。30「それなら，あなたの場合は例外としよう」と歯科医は言った。31オオカミは尻尾のあったところに小麦の穂を差し込み，もう一度子ヤギたちの家の正面玄関をたたいた。32「私を中に入れて」と彼は，音楽のような小さな美しい声で，ひづめのように色を塗られた足を振って，呼びかけた。「私はお母さんよ，アイスクリームを買ってきたわ」33彼は向こう向きになり，新しい尻尾を振った。34「音楽のようなお母さんの小さな美しい声だ」とある子ヤギが言った。35「先っぽが小さくて黒くなっているお母さんの白いひづめだ」と別の子ヤギが言った。36「それに小麦の穂のようなお母さんのかわいい尻尾だ」と３番目の子ヤギが言った。37「お母さんだ！」　彼らは皆，喜んで叫び，ドアを開けた。全てがそうしたが，確信が持てなかった一番小さな子ヤギは，隠れるために石炭のバケツの中に飛び込んだ。38オオカミは勢いよく家の中に入ってきて，６匹の小さな子ヤギたちを丸ごと飲み込んだ。39「７匹いるはずだ」とオオカミはつぶやいた。「７匹食べられたらさぞかしおいしかっただろう。でも，６匹でもいいか」40そう言って，彼はベルトを緩め，グラスに手を伸ばした。41オオカミはビールを裏庭に持っていき，椅子に腰を下ろした。それから，彼は大きな笑顔をつくり，太陽の下で昼寝をした。42大きなお母さんヤギは家に帰ってきたとき，７袋のお菓子，７冊の漫画，７個のアイスクリームを持っていた。43一番小さな子ヤギが石炭のバケツから飛び出して，何が起こったのかを母親に正確に話した。44「あいつはまだここにいるんだ，お母さん」と彼は叫んだ。「庭にいる。お母さんの椅子に座っている」「何ですって？」と大きなお母さんヤギは叫んで，持っていた袋を全て落とした。「私の椅子に？　おなかの中に私の子どもたちを入れたまま？　あいつを捕まえないと！」45大きなお母さんヤギはオオカミを殴り，椅子から転げ落とした。46彼女はとても激しく彼を殴ったので，子ヤギたちの１匹が彼の口から飛び出してきた。47彼女が再び彼を殴るともう１匹出てきた。48「もうやめてくれ！」とオオカミは懇願し，這《は》って逃げ出そうとした。「おしりはやめてくれ，尻尾のあった場所がまだ痛むんだ…ああっ！」49彼女が再び彼を殴ると，３匹目の子ヤギが飛び出してきた。50全部で，大きなお母さんヤギはオオカミを７回殴った。それぞれのパンチは６匹の飲み込まれた子ヤギたちを取り戻すために，そして最後の１回はオオカミを木の上に送り，永遠に遠ざけるために。51それから彼女は子ヤギたちを自分の周りに集め，彼らの涙を乾かし，そして１匹ずつ鼻に大きなキスをした…そしてオオカミにドアを開けてしまったことに対して耳をぴしゃりとたたいたのだった。

問１＜適文選択＞①直前で，お母さんヤギは「ドアを開けてはいけませんよ」と言っているので，If you do はIf you open the door，If you don't はIf you don't open the door という意味になるとわかる。空所直後に続く内容から，「そんなことをしたら」とする。　④前の内容からIf you do はIf you teach me to speak ...，If you don't はIf you don't teach me to speak ...という意味になるとわかる。空所直後に続く内容から，「もしそうしてくれなければ」とする。

問２＜適文選択＞相手が否定文で述べた言葉に対して「はい」と同意するとき，英語ではNo で答え，「いいえ」と同意しないときはYes で答える。ここではお母さんヤギのwe don't want that, do we?「私たちはそんなこと(＝オオカミに食べられてしまうこと)を望んでいないでしょ？」という質問に対し，子ヤギたちは「うん，そんなことは望まないよ」と答えたいので，No, we don't. と答える。Yes，No が日本語とは逆になることに注意する。

問３＜書き換え＞下線部③にあるwouldn't は「どうしても～しようとしなかった」という意味。この後も子ヤギたちとオオカミのドアの開閉をめぐる攻防が続く中で，第26段落に，... the kids refused to open the door とある。　refuse to ～「～することを拒む，～しようとしない」

問４＜適語選択＞前にあるMake a good job ...に続く部分。空所直後の内容から，'命令文, and＋主語＋動詞 ...'「～しなさい，そうすれば…だ」の形にする。'命令文, or＋主語＋動詞 ...'「～しなさい，さもないと…だ」との違いに注意。

問５＜単語の定義＞「人の歯を治療するのを仕事とする人」はdentist「歯科医」。

問６＜語句解釈＞第24段落で「お母さんの尻尾は小麦の穂のようにきれい」と子ヤギが言ったのを聞いたオオカミは，自分の尻尾を引き抜いてもらい尻尾のあったところに小麦の穂を差し込んだのだから，これは，ア.「彼の新しい尻尾」である。

問７＜語形変化＞オオカミは画家に自分の足をヤギのひづめのように白く塗ってもらっている(第16，17段落)。「～のように塗られた」という受け身の意味で前の名詞his paw「彼の足」を修飾する過去分詞painted にする(過去分詞の形容詞的用法)。

問８＜適語選択＞第39段落から，子ヤギは７匹いたことがわかる。そのうち一番小さい子ヤギはバケツの中に隠れている。

問９＜適語補充＞子ヤギたちがオオカミに食べられてしまったことを知ったお母さんヤギの言葉。'with＋名詞＋前置詞句'で「～を…した状態で」という意味を表せる。子ヤギたちが食べられた状態は，子ヤギたちがオオカミの中にいる状態である。

問10＜適語補充＞後ろにあるthat に着目。'so ～ that …'「とても～なので…だ」の構文である。

問11＜適語選択＞次の文参照。お母さんヤギは６匹の飲み込まれた子ヤギたちを取り戻すために，６回オオカミを殴り，最後にもう一度殴ってオオカミを木の上に送り飛ばしている。

数学解答

1 (1) -4002　(2) $-\frac{7}{12}y$
(3) $-57-40\sqrt{3}$
(4) $x=-13$, $y=-5$　(5) $x=3$, 14
(6) $1-4a^2+8ab-4b^2$
(7) $(2x+y-5)(2x+y+2)$

2 (1) $y=\frac{12}{x^2}$　(2) 6　(3) $\frac{232}{59}$
(4) -6, 8　(5) 60, 120, 180
(6) 7 : 11　(7) $\frac{13}{32}$

3 (1) (1, 5)
(2) ①…4　②…$-\frac{1}{2}$　③…2　④…8
(3) 24

4 (1) $18\sqrt{3}\,\mathrm{cm}^2$　(2) $6\sqrt{2}\,\mathrm{cm}^3$
(3) $\frac{8\sqrt{6}}{27}\pi\,\mathrm{cm}^3$

1〔独立小問集合題〕

(1)＜数の計算＞与式$=40\times7-40\times107+\left(-\frac{54}{9\times3}\right)=40\times(7-107)-2=-4000-2=-4002$

(2)＜式の計算＞与式$=x-\frac{1}{2}x+\frac{1}{4}y-\left(\frac{3x}{6}+\frac{5y}{6}\right)=\frac{1}{2}x+\frac{1}{4}y-\frac{1}{2}x-\frac{5}{6}y=\frac{3}{12}y-\frac{10}{12}y=-\frac{7}{12}y$

(3)＜平方根の計算＞与式$=-27\times\frac{4+4\sqrt{3}+3}{3}-\frac{3-6\sqrt{3}+9}{\sqrt{3}}=-27\times\frac{7+4\sqrt{3}}{3}-\frac{12-6\sqrt{3}}{\sqrt{3}}=-9(7+4\sqrt{3})-\left(\frac{12}{\sqrt{3}}-\frac{6\sqrt{3}}{\sqrt{3}}\right)=-63-36\sqrt{3}-\frac{12\times\sqrt{3}}{\sqrt{3}\times\sqrt{3}}+6=-57-36\sqrt{3}-\frac{12\sqrt{3}}{3}=-57-36\sqrt{3}-4\sqrt{3}=-57-40\sqrt{3}$

(4)＜連立方程式＞$\frac{1}{3}x-\frac{7}{6}y=0.5(x-y+11)$……①，$-0.3x+y-1.4=0.5y$……②とする。①×6より，$2x-7y=3(x-y+11)$，$2x-7y=3x-3y+33$，$-x-4y=33$……①′　②×10より，$-3x+10y-14=5y$，$-3x+5y=14$……②′　①′×3－②′より，$-12y-5y=99-14$，$-17y=85$　$\therefore y=-5$　これを①′に代入して，$-x-4\times(-5)=33$，$-x=13$　$\therefore x=-13$

(5)＜二次方程式＞両辺を5でわって，$(x-9)^2+(x-9)=30$，$x^2-18x+81+x-9=30$，$x^2-17x+42=0$，$(x-3)(x-14)=0$　$\therefore x=3$，14
≪別解≫$(x-9)^2+(x-9)=30$として，$x-9=A$とおくと，$A^2+A=30$，$A^2+A-30=0$，$(A+6)(A-5)=0$，$(x-9+6)(x-9-5)=0$，$(x-3)(x-14)=0$　$\therefore x=3$，14

(6)＜式の計算＞与式$=\{1+2(a-b)\}\{1-2(a-b)\}$として，$a-b=A$とおくと，与式$=(1+2A)(1-2A)=1-4A^2$となる。$A$をもとに戻して，与式$=1-4(a-b)^2=1-4(a^2-2ab+b^2)=1-4a^2+8ab-4b^2$である。

(7)＜因数分解＞与式$=\{(2x)^2+2\times2x\times y+y^2\}-3(2x+y)-10=(2x+y)^2-3(2x+y)-10$として，$2x+y=A$とおくと，与式$=A^2-3A-10=(A-5)(A+2)=(2x+y-5)(2x+y+2)$となる。

2〔独立小問集合題〕

(1)＜関数―関係式＞zはxの2乗に比例し，yに反比例するので，比例定数をa，bとすると，$z=ax^2$，$z=\frac{b}{y}$と表せる。$x=-2$のとき$z=7$だから，$7=a\times(-2)^2$より，$a=\frac{7}{4}$である。また，$y=3$のとき$z=7$だから，$7=\frac{b}{3}$より，$b=21$となる。よって，xとz，yとzの関係式は，それぞれ，$z=\frac{7}{4}x^2$，$z=\frac{21}{y}$となる。この2式より，$\frac{7}{4}x^2=\frac{21}{y}$となるので，これを$y$について解くと，$7x^2y=$

84，$y=\frac{12}{x^2}$である。

(2)＜関数—切片＞右図１で，直線$y=-2x+b$とy軸，直線$y=x$との交点をそれぞれA，Bとすると，２直線$y=x$，$y=-2x+b$とy軸で囲まれた部分は△OABとなる。直線$y=-2x+b$の切片より，A$(0,\ b)$だから，OA$=b$である。また，点Bのx座標は，$x=-2x+b$より，$x=\frac{1}{3}b$となる。これより，△OABは，底辺をOA$=b$とすると高さは$\frac{1}{3}b$となる。よって，△OAB$=6$より，$\frac{1}{2}\times b\times\frac{1}{3}b=6$が成り立ち，$b^2=36$，$b=\pm6$となる。$b>0$だから，$b=6$である。

図1

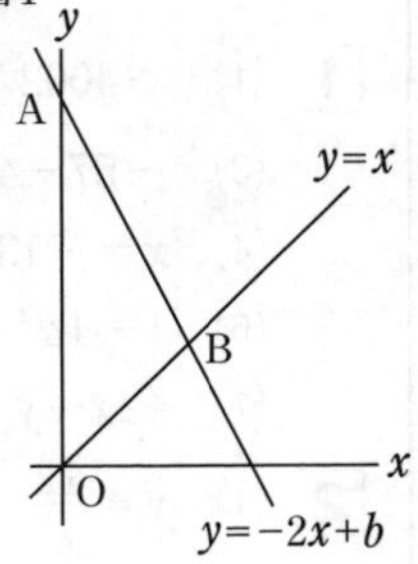

(3)＜式の値＞$\frac{a-3b}{a+2b}=3$より，$a-3b=3(a+2b)$，$a-3b=3a+6b$，$-2a=9b$，$a=-\frac{9}{2}b$となる。よって，$2a^2-3ab+4b^2=2\times\left(-\frac{9}{2}b\right)^2-3\times\left(-\frac{9}{2}b\right)\times b+4b^2=\frac{81}{2}b^2+\frac{27}{2}b^2+4b^2=58b^2$，$a^2+ab-b^2=\left(-\frac{9}{2}b\right)^2+\left(-\frac{9}{2}b\right)\times b-b^2=\frac{81}{4}b^2-\frac{9}{2}b^2-b^2=\frac{59}{4}b^2$となるので，$\frac{2a^2-3ab+4b^2}{a^2+ab-b^2}=(2a^2-3ab+4b^2)\div(a^2+ab-b^2)=58b^2\div\frac{59}{4}b^2=58b^2\times\frac{4}{59b^2}=\frac{232}{59}$である。

(4)＜二次方程式の応用＞xについての一次方程式$3x+a=2x+1$を解くと，$x=1-a$となる。xについての二次方程式$x^2+(a-3)x-a^2+50=0$の解の１つが$x=1-a$となるので，二次方程式に解である$1-a$を代入する。$(1-a)^2+(a-3)(1-a)-a^2+50=0$より，$1-2a+a^2+a-a^2-3+3a-a^2+50=0$，$-a^2+2a+48=0$，$a^2-2a-48=0$となる。これを解くと，$(a+6)(a-8)=0$より，$a=-6$，$8$となる。

(5)＜数の性質＞aの40倍と，bの72倍と，cの２乗が等しいので，$40a=72b=c^2$である。これより，$2^3\times5\times a=2^3\times3^2\times b=c^2$となる。$2^3\times5\times a$，$2^3\times3^2\times b$が，整数$c$を２乗した数と等しい値になるので，その最小の値は$2^4\times3^2\times5^2=(2^2\times3\times5)^2=60^2$となり，２番目，３番目の値は，$(60\times2)^2=120^2$，$(60\times3)^2=180^2$となる。よって，求める$c$の値は，$c=60$，$120$，$180$である。

(6)＜図形—面積比＞右図２で，△ABD，△BCDの底辺をそれぞれAD，DCと見ると，高さが等しいから，面積の比は底辺の比と等しくなり，△ABD：△BCD＝AD：DCとなる。円Oと辺AB，辺ACの接点をそれぞれF，G，円O′と辺CA，辺CBの接点をそれぞれH，Iとする。点Oと３点B，E，Fを結ぶと，∠OEB＝∠OFB＝90°，OB＝OB，OE＝OFより，△OBE≡△OBFとなるから，BE＝BFである。同様にして，BE＝BIだから，BF＝BIとなる。さらに，AG＝AF，CH＝CIであり，DE＝DG，DE＝DHだから，DG＝DHである。BF＝BI＝xとおくと，AG＝AF＝AB－BF＝$8-x$，CH＝CI＝BC－BI＝$10-x$となり，GH＝CA－AG－CH＝$9-(8-x)-(10-x)=2x-9$となる。これより，DG＝DH＝$\frac{1}{2}$GH＝$\frac{1}{2}\times(2x-9)=x-\frac{9}{2}$となるので，AD＝AG＋DG＝$(8-x)+\left(x-\frac{9}{2}\right)=\frac{7}{2}$となり，DC＝CA－AD＝$9-\frac{7}{2}=\frac{11}{2}$となる。よって，AD：DC＝$\frac{7}{2}:\frac{11}{2}=7:11$だから，△ABD：△BCD＝7：11である。

図2

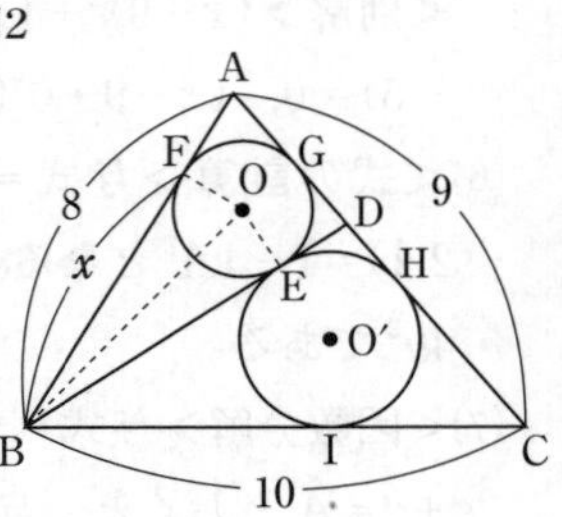

(7)＜確率—数字のカード＞Aは４枚のカードの中から１枚を引くので，カードの引き方は４通りあり，

引いたカードをもとに戻すので，B，Cのカードの引き方もそれぞれ4通りある。よって，3人のカードの引き方は全部で$4\times4\times4=64$(通り)ある。Aが1のカードを引くとき，Aが勝つことはない。Aが2のカードを引いて勝つとき，B，Cの2人が引いたカードはともに2以下で，(B，C)＝(2，2)の1通りを除いた場合である。B，Cがともに2以下のカードを引く場合は，それぞれ1，2の2通りより，$2\times2=4$(通り)だから，Aが2のカードを引いて勝つ場合は$4-1=3$(通り)ある。同様に考えて，Aが3のカードを引いて勝つとき，B，Cの2人が引いたカードはともに3以下で，(B，C)＝(3，3)の1通りを除いた場合だから，$3\times3-1=8$(通り)あり，Aが4のカードを引いて勝つとき，B，Cの2人が引いたカードはともに4以下で，(B，C)＝(4，4)の1通りを除いた場合だから，$4\times4-1=15$(通り)ある。以上より，Aが勝つ場合は$3+8+15=26$(通り)あるから，求める確率は$\frac{26}{64}=\frac{13}{32}$である。

3 〔関数―関数$y=ax^2$と直線〕

≪基本方針の決定≫(1)，(2)　平行四辺形の対角線はそれぞれの中点で交わる。

(1)＜座標＞右図で，▱AQBRの対角線AB，QRの交点をMとすると，平行四辺形の対角線はそれぞれの中点で交わるから，点Mは線分ABの中点である。2点A，Bは放物線$y=\frac{1}{2}x^2$上にあり，x座標はそれぞれ-2，4だから，$y=\frac{1}{2}\times(-2)^2=2$，$y=\frac{1}{2}\times4^2=8$より，A$(-2,\ 2)$，B$(4,\ 8)$である。よって，点Mの$x$座標は$\frac{-2+4}{2}=1$，$y$座標は$\frac{2+8}{2}=5$となるから，交点の座標は$(1,\ 5)$である。

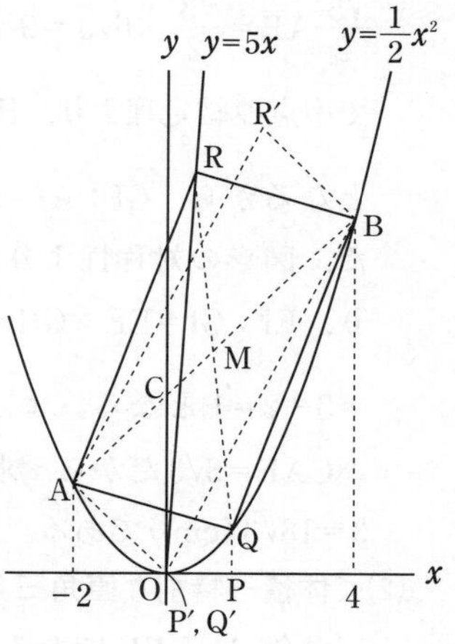

(2)＜座標＞右図で，点Pはx軸上を-2から4まで毎秒1の速さで動くから，t秒後の点Pのx座標は$-2+1\times t=t-2$となる。これより，点Qのx座標も$t-2$であり，点Qは放物線$y=\frac{1}{2}x^2$上にあるから，$y=\frac{1}{2}\times(t-2)^2=\frac{1}{2}t^2-2t+2$より，Q$\left(t-2,\ \frac{1}{2}t^2-2t+2\right)$となる。M$(1,\ 5)$は線分QRの中点だから，R$(m,\ n)$とおくと，点Mの$x$座標，$y$座標について，$\frac{(t-2)+m}{2}=1$，$\left\{\left(\frac{1}{2}t^2-2t+2\right)+n\right\}\div2=5$が成り立つ。それぞれを$m$，$n$について解くと，$(t-2)+m=2$より，$m=4-t$となり，$\left(\frac{1}{2}t^2-2t+2\right)+n=10$より，$n=-\frac{1}{2}t^2+2t+8$となるから，R$\left(4-t,\ -\frac{1}{2}t^2+2t+8\right)$と表せる。

(3)＜面積＞右上図で，R$\left(4-t,\ -\frac{1}{2}t^2+2t+8\right)$が直線$y=5x$上にあるとき，$-\frac{1}{2}t^2+2t+8=5(4-t)$が成り立つ。これを解くと，$-t^2+4t+16=10(4-t)$，$t^2-14t+24=0$，$(t-2)(t-12)=0$より，$t=2$，12となる。点Pの$x$座標が4になるとき，$t-2=4$より，$t=6$だから，$0\leqq t\leqq6$である。よって，$t=2$であり，点Pの$x$座標は$t-2=2-2=0$となるから，点Qの$x$座標も0であり，Q$(0,\ 0)$となる。つまり，点P，点Qはともに原点Oに一致する。このときの3点P，Q，RをそれぞれP′，Q′，R′とし，線分ABとy軸の交点をCとする。A$(-2,\ 2)$，B$(4,\ 8)$より，直線ABの傾きは$\frac{8-2}{4-(-2)}=1$だから，その式は$y=x+b$とおけ，点Aを通ることから，$2=-2+b$，$b=4$となる。切片が4なので，C$(0,\ 4)$となり，Q′C＝OC＝4である。これを底辺と見ると，2点A，Bのx座

標−2，4より，△AQ′Cの高さは2，△BQ′Cの高さは4となるので，△AQ′B＝△AQ′C＋△BQ′C＝$\frac{1}{2}\times4\times2+\frac{1}{2}\times4\times4=12$となり，▱AQ′BR′＝2△AQ′B＝2×12＝24である。

4〔空間図形―正三角錐〕

≪基本方針の決定≫(3)　(1)，(2)を利用する。

(1)＜面積―特別な直角三角形，相似＞右図1のように，6点A～Fを定める。正三角形ABCから，合同な3つの二等辺三角形ABD，BCE，CAFを切り取った残りの部分で立体をつくったので，この立体の表面積は，△ABCの面積から，△ABD，△BCE，△CAFの面積をひくことで求められる。図形の対称性から，2点A，Eを通る直線は辺BCの中点で交わり，2点B，Fを通る直線は辺CAの中点で交わる。この交点をそれぞれG，Hとし，線分AGと線分BHの交点をIとする。このとき，△ABGは3辺の比が$1:2:\sqrt{3}$の直角三角形となるから，AG＝$\frac{\sqrt{3}}{2}$AB＝$\frac{\sqrt{3}}{2}\times6\sqrt{3}=9$となり，△ABC＝$\frac{1}{2}$×BC×AG＝$\frac{1}{2}\times6\sqrt{3}\times9=27\sqrt{3}$である。次に，△ABCで中点連結定理より，HG∥AB，GH＝$\frac{1}{2}$AB＝$\frac{1}{2}\times6\sqrt{3}=3\sqrt{3}$となる。HG∥ABより，△GHI∽△ABIとなるから，GI：AI＝GH：AB＝$\frac{1}{2}$AB：AB＝1：2となり，GI＝$\frac{1}{1+2}$AG＝$\frac{1}{3}\times9=3$である。また，図形の対称性より，FE∥ABとなるから，FE∥HGとなり，△EFI∽△GHIである。これより，EI：GI＝EF：GH＝$2\sqrt{3}:3\sqrt{3}=2:3$となるので，EI＝$\frac{2}{3}$GI＝$\frac{2}{3}\times3=2$となり，EG＝GI−EI＝3−2＝1となる。よって，△BCE＝$\frac{1}{2}$×BC×EG＝$\frac{1}{2}\times6\sqrt{3}\times1=3\sqrt{3}$となる。同様に，△ABD＝△CAF＝$3\sqrt{3}$だから，求める立体の表面積は，△ABC−(△ABD＋△BCE＋△CAF)＝$27\sqrt{3}-3\sqrt{3}\times3=18\sqrt{3}$(cm^2)である。

図1

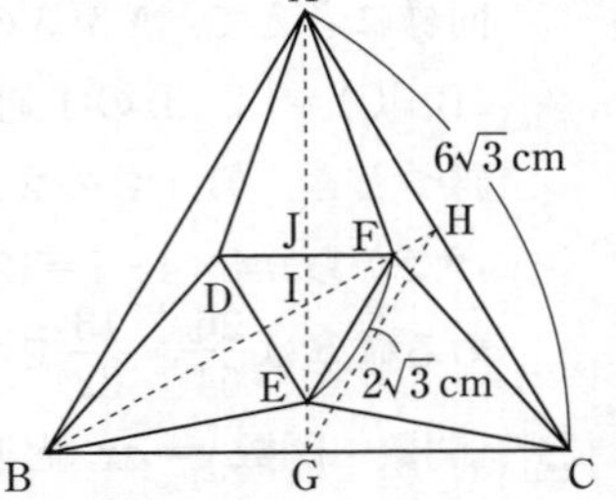

(2)＜体積―特別な直角三角形＞組み立ててできる立体は，右図2のような三角錐A−DEFである。右上図1で，△DEFは正三角形で，AD＝BD＝BE＝CE＝CF＝AFだから，図2の立体は，正三角錐となる。点Aから面DEFに垂線を引くと，その交点は，図形の対称性から，図1の点Iと一致する。図1で，線分AGと線分DFの交点をJとすると，図形の対称性から，点Jは線分DFの中点となり，DF⊥AGである。△DEJは3辺の比が$1:2:\sqrt{3}$の直角三角形となるから，JE＝$\frac{\sqrt{3}}{2}$DE＝$\frac{\sqrt{3}}{2}\times2\sqrt{3}=3$となり，△DEF＝$\frac{1}{2}$×DF×JE＝$\frac{1}{2}\times2\sqrt{3}\times3=3\sqrt{3}$である。また，JI＝JE−EI＝3−2＝1，AJ＝AG−JE−EG＝9−3−1＝5となる。図2の△AJIで三平方の定理より，AI＝$\sqrt{\mathrm{AJ}^2-\mathrm{JI}^2}=\sqrt{5^2-1^2}=\sqrt{24}=2\sqrt{6}$となるので，求める立体の体積は，$\frac{1}{3}$×△DEF×AI＝$\frac{1}{3}\times3\sqrt{3}\times2\sqrt{6}=6\sqrt{2}$(cm^3)である。

図2

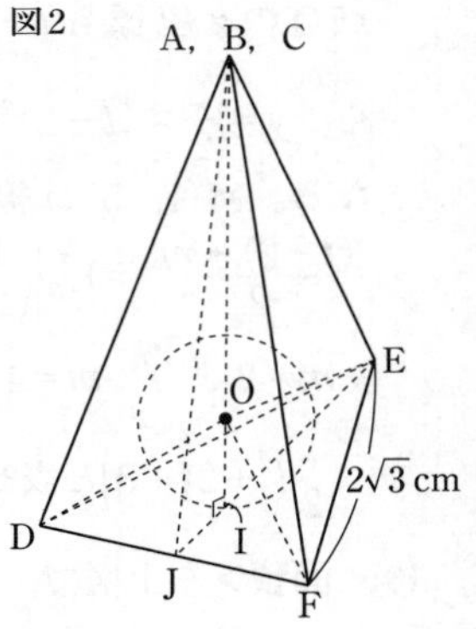

(3)＜体積＞右上図2で，正三角錐A−DEFに内接する球(全ての面に接する球)の中心をOとし，球Oの半径を$r$cmとする。正三角錐A−DEFは，三角錐O−ADF，三角錐O−AEF，三角錐O−ADE，三角錐O−DEFに分けられ，(2)より，正三角錐A−DEFの体積は$6\sqrt{2}$cm^{3}だから，〔三角錐O−ADF〕＋〔三角錐O−AEF〕＋〔三角錐O−ADE〕＋〔三角錐O−DEF〕＝$6\sqrt{2}$となる。三角錐O−ADF，三角

錐O−AEF，三角錐O−ADE，三角錐O−DEFの底面をそれぞれ△ADF，△AEF，△ADE，△DEFとすると，高さはいずれも球の半径の$r$cmだから，$\frac{1}{3}\times\triangle\mathrm{ADF}\times r+\frac{1}{3}\times\triangle\mathrm{AEF}\times r+\frac{1}{3}\times\triangle\mathrm{ADE}\times r+\frac{1}{3}\times\triangle\mathrm{DEF}\times r=6\sqrt{2}$となり，$\frac{1}{3}r(\triangle\mathrm{ADF}+\triangle\mathrm{AEF}+\triangle\mathrm{ADE}+\triangle\mathrm{DEF})=6\sqrt{2}$となる。(1)より，三角錐A−DEFの表面積は$18\sqrt{3}\mathrm{cm}^2$だから，$\triangle\mathrm{ADF}+\triangle\mathrm{AEF}+\triangle\mathrm{ADE}+\triangle\mathrm{DEF}=18\sqrt{3}$である。よって，$\frac{1}{3}r\times18\sqrt{3}=6\sqrt{2}$が成り立ち，$r=\frac{\sqrt{6}}{3}$となるので，球Oの体積は，$\frac{4}{3}\pi\times\left(\frac{\sqrt{6}}{3}\right)^3=\frac{8\sqrt{6}}{27}\pi$ (cm^3)である。

＝読者へのメッセージ＝

平方根の記号($\sqrt{\ }$)は，ドイツの数学者ルドルフによる1525年の著書で使われたのが最初といわれています。ルドルフは，上の横線のない記号(√)を使っていました。後に，フランスの数学者デカルトによって，今のような形になりました。

国語解答

一　問一　a　邪魔　b　念頭　c　思春期
d　動揺　e　おおやけ
f　でし　g　けんお

問二　エ　　問三　オ

問四　おしゃべりが度を超すと人間の価値を下げる［という考え方］

問五　④…ウ　⑧…ア

問六　［以］心［伝］心
Ⅰ　［五里］霧［中］
Ⅱ　［危機一］髪

問七　⑥　意　⑨　力　　問八　エ

問九　A…キ　B…エ　C…ウ　D…ア

問十　世間の目や他人の思惑を気にする必要なんかない

問十一　愚痴を言う～めてみる。

問十二　ところで，～使います。

二　問一　五［年生］

問二　僕はおずおずと手を握り返した。

問三　ウ　　問四　イ

問五　それ以上にすばらしかった。

問六　オ

問七　無邪気に聞～表現した。

問八　イ

問九　きっと帰っ～を，決意を

問十　・ちいちゃんと語り手とを切り離したまま
・ちいちゃんと同じ決意を語り手に持たせ
・ちいちゃんのけっして言葉にできない心境を，リアルタイムで表現していく

問十一　エ　　問十二　死ぬこと

問十三　語り手をちいちゃんから離脱させていた

問十四　イ

一〔論説文の読解―哲学的分野―人生〕出典；今北純一『自分力を高める』。

≪本文の概要≫欧米には「雄弁は銀，沈黙は金」という言葉があるが，あくまでも原則の世界のことであり，実際には，沈黙を奥ゆかしさととらえる日本と異なり，欧米社会では沈黙していたのでは理解されず，何も手に入れることができない。人前で失敗したり意見を否定されたりすることは，恥ずかしいことではない。私にも，質問しようと手を挙げたが何も言えなかった経験があるが，人はこちらが思っているほど他人のことは気にしていないのだから，他人の思惑など気にする必要がないと気づいてからは，失敗を恐れなくなった。質問をすれば必ず新しい感動や知的刺激が手に入るので，失敗を恐れず質問するトレーニングを続けよう。「人前で恥をかく経験」も，早いうちにしておくとよい。また，自分の思うような状況にならないときでも，愚痴を言うのはやめて自分で行動した方がよい。苦手な人が相手でも，逃げないでどうすればうまくつき合えるか考えて行動することが，大切である。

問一＜漢字＞a.「邪魔」は，妨げること，または妨げるもののこと。　b.「念頭」は，心の中にある思いのこと。　c.「思春期」は，十二歳から十七歳くらいの年頃で，青年期の前期のこと。　d.「動揺」は，心などが揺れ動くこと。　e. 音読みは「公園」などの「コウ」。　f.「弟子」は，学問や技術などの教えを受ける人。　g.「嫌悪」は，憎しみ嫌うこと。

問二＜ことわざ＞「雄弁は銀，沈黙は金」は，雄弁と比べると沈黙の方が「分別があり，すぐれている」という意味の西洋のことわざだが(ア・オ…×，エ…○)，雄弁には価値がないとはいっておらず(イ…×)，どのような場合に雄弁であるべきかともいっていない(ウ…×)。

問三＜ことわざ＞日本では「沈黙」は，話すことはあるが謙遜していてでしゃばらないことを表して

いる。意味が類似しているのは，実力のある者はそれを表面に出さない，という意味の「能ある鷹《たか》は爪を隠す」である。「雉も鳴かずば打たれまい」は，余計なことを言わなければ災いを招かずにすむ，という意味。「出る杭《くい》は打たれる」は，才能のある人はとかく人から憎まれる，という意味。「君子危うきに近寄らず」は，教養があり徳がある人は，行動を慎んで危険なことには近づかない，という意味。「石の上にも三年」は，我慢強く耐えることでいつか成功すること。

問四＜指示語＞日本では，雄弁すぎるのは品位のある振る舞いではなく，沈黙している方が品がよいと考えられているが，欧米では，沈黙は「何も考えていない愚か者の証拠」とされる。

問五＜語句＞④「横行」は，自由気ままに振る舞うという意味が転じて，悪事がはびこっていること。「蔓延」は，病気や悪習などが広がること。「波及」は，物事が伝わり広まること。「流行」は，あるものが人々の間に広がること。「浸透」は，水などが染みわたること，または特に思想などが広く行きわたること。「普及」は，物事が広く行きわたること。　⑧「パッション」は，情熱(passion)という意味の英語をカタカナ表記したもの。

問六＜四字熟語＞「以心伝心」は，文字や言葉を使わなくても互いの心が通じ合うこと。　Ⅰ．「五里霧中」は，方針や見込みが全く立たないこと。　Ⅱ．「危機一髪」は，髪の毛一本ほどのわずかな違いで，きわめて危険な状況に陥りそうな瀬戸際のこと。

問七．⑥＜慣用句＞「意を決する」は，思いきって決心する，という意味。　⑨＜ことわざ＞「継続は力なり」は，小さなことでも続けていれば，いつか大きなことが達成できる，という意味。

問八＜語句＞「私」は，手を挙げても何も質問できなかった自分を，周囲の人たちは馬鹿にして笑っているだろうと思っていたのである。「冷笑」は，見下した態度で笑うこと。「苦笑」は，苦々しく思いながらしかたなく笑うこと。「失笑」は，思わず笑い出してしまうこと。「微笑」は，ほほえむこと。「爆笑」は，大きな声で笑うこと。

問九＜接続語＞A．「聴衆は他人のことなど気にして」さえいないのだから，「こちらの失敗をあざ笑っている暇はない」のは言うまでもないのである。　B．事件があってから「人前で失敗することを恐れなく」なったが，それ以前は「人前で恥をかくことは，できれば避けたい」と思っていたことは論じるまでもなく明らかだった。　C．講演会などで中高生が質問しても何ら支障はなく，それどころか，「若い人からの質問を喜ぶ人はたくさんい」るのである。　D．「質問すれば，必ずきちんと答えてくれる」ということは，要するに，質問する前に比べて「新しい何かを手に入れている」ことになる。

問十＜文章内容＞聴衆はこちらが思うほど他人のことは気にしないので，「世間の目や他人の思惑を気にする必要」はないと気づき，「私」は，「人前で失敗することを恐れなく」なったのである。

問十一＜文章内容＞状況を人のせいにするのは「自分への言い訳」だから，言い訳はやめて，言い訳するくらいなら行動してみようと，「私」は「自分自身に言い聞かせて」いるのである。

問十二＜段落関係＞沈黙していないで，失敗を恐れず自分の考えを表出しようというのが，文章の大筋の流れだが，第六段落では「欧米」という言葉でまとめられていても欧州と米国は本質的に異なるという注釈が書かれており，本筋から離れた話題になっている。

二〔小説の読解〕出典；大橋崇行『遥かに届くきみの聲』。

問一＜状況＞小学生の部で戦った青山水希が，来年自分は「中学生の部」に出ることになるため「僕」と対戦できないので，「再来年」同じ中学生の部に出場したときに再戦しようと言っていることから，このとき青山水希は小学六年生，「僕」は小学五年生であったことがわかる。

問二＜文章内容＞青山水希との対戦は思いがけず苦しい戦いで，「僕」は，自分が「全国大会で名の知られた朗読者じゃなかったら」優勝できなかったかもしれないと思い，彼女に対しても苦い思いを感じていたため，握手を求められてもすぐには握手を返すことができなかったのである。

問三＜語句＞「逡巡」は，決断できないでぐずぐずすること。

問四＜文章内容＞青山水希は，「私の他にも，キミと朗読してみたいって子がいる」ことを「僕」に教えたかったため，「背中に隠れていたもう一人の女の子」を自分の前に出して「僕」に紹介しようとしたのである。

問五＜文章内容＞近藤さんの課題図書の朗読は「素晴らしかった」が，『ちいちゃんのかげおくり』の朗読は，課題図書の朗読が「すべて吹き飛ぶ」くらい，もっとすばらしかったのである。

問六＜文章内容＞家族で影送りをする場面は，四人の登場人物の声を次々と演じ分けなければならないだけでなく，ちいちゃんの台詞を言うときに，お父さんが明日出征することをちいちゃんが理解しているかどうか，朗読者の考えもはっきりさせて表現しなければならないため，難しいのである。

問七＜文章内容＞近藤さんは，ちいちゃんがお父さんがいなくなることを「理解している」と解釈し，「無邪気に聞こえる」ちいちゃんの声に，「ほんの少し，躊躇いと，震えと，息苦しさを込めることで」その解釈を表現したのである。

問八＜心情＞「僕」は，近藤さんがどんな解釈をしているかと緊張して見守っていた。近藤さんが声を発した瞬間に，「僕」には，近藤さんが，ちいちゃんはお父さんがいなくなることを「理解している」と解釈したことがわかり，その解釈が「たった一言に込め」て表現されていたので，張りつめていた緊張が解けたのである。

問九＜心情＞近藤さんの解釈によれば，ちいちゃんは，本当は「お母さんたちは帰ってこないかもしれない」ことを理解していたが，「きっと帰ってくる」と信じて生きていくことを決めたため，決意に基づいた行動として「嘘の振る舞い」をしたのである。

問十＜文章内容＞近藤さんは，五年前は語り手をちいちゃんから離し，ちいちゃんを「慈しむように，哀れむように」読んだが，今回は語り手にちいちゃんと感情を共有させることで，「ふかく　うなずきました」というナレーションを読むのと同時に，動作に秘められたちいちゃんの感情を表現できるようになったのである。

問十一＜文学史＞二葉亭四迷は，明治時代の小説家・翻訳家。代表作は『浮雲』『平凡』など。『舞姫』は森鷗外，『伊豆の踊子』は川端康成，『こころ』は夏目漱石，『羅生門』は芥川龍之介の作品。

問十二＜文章内容＞ちいちゃんは，壊れかかった防空壕の中で「わずかな干し飯を少しずつ齧りながら」お母さんとお兄ちゃんが帰ってくるのを待っていたが，二人は帰らず，ちいちゃんは衰弱して亡くなってしまった。近藤さんは，「トーンを抑えた，微かに震える声」と「しだいに細く」なっていく響きで語ることによって，語り手と共有していたちいちゃんの心の動きが消えていくことを，表現したのである。

問十三＜文章内容＞「近藤さんが作る語り手」は，ちいちゃんと「感情を共有」していたため，ナレーションを聞けばちいちゃんの感情がわかったのだが，ちいちゃんが亡くなった後，近藤さんは，徐々に語り手をちいちゃんから離していき，「ちいちゃんの物語を語り尽くす語り手」へと変化させていったので，ちいちゃんが笑っても，語り手は笑わなかったのである。

問十四＜文章内容＞聴衆から拍手を引き出すことで，場面に間ができて時間の経過が際立つという効果が生まれ，さらに，拍手の後「声のトーンを大きく変えて」，現代の平和な子どもたちの姿を明るく静かに語ることで，逆にちいちゃんの悲劇が強調されるという効果が生まれたのである。

2020年度　淑徳高等学校

【英　語】（50分）〈満点：100点〉

1　次の各組の下線部の発音が全て同じであればA，１つだけ異なる場合はB，全て異なる場合はCで答えなさい。

(1)　ア　cook　　イ　blood　　ウ　foot
(2)　ア　cancer　　イ　base　　ウ　smart
(3)　ア　suddenly　　イ　result　　ウ　number

2　次の各組の最も強く発音する部分が同じであれば○，異なっていれば×で答えなさい。

(1) ex-pe-ri-ence / pro-fes-sion-al　　(2) mag-a-zine / pi-an-o　　(3) con-ven-ience / im-por-tance

3　次の各組の英文の(　)内に共通して入る英単語を答えなさい。ただし，与えられたアルファベットから始めること。

(1)
My father (r　　) a bakery.
Mayuko always (r　　) to school.

(2)
I can't (s　　) his bad manners.
Could you (s　　) in line, please?

(3)
There is a (l　　) milk in my glass.
Please speak a (l　　) more slowly.

(4)
You (h　　) better not go to his house again.
My uncle has (h　　) much experience in climbing mountains.

(5)
His daughter was born and (b　　) up in New York.
Kuniko (b　　) us happy news.

4　次の各組の文がほぼ同じ内容になるように(　)内に１語ずつ答えなさい。

(1)
My grandmother died five years ago.
My grandmother has (ア)(イ) for five years.

(2)
Was your child so excited that he couldn't sleep well last night?
Was your child (ア) excited (イ)(ウ) well last night?

(3)
My cousin sent this dictionary to my younger brother.
This is the dictionary (ア) to my younger brother (イ) my cousin.

(4)
I have never seen such a wonderful castle.
This is the (ア) wonderful castle (イ) I have (ウ) seen.

(5)
I don't know his address.
I don't know (ア)(イ)(ウ).

(6)
Shall we swim in Lake Ontario?
How (ア)(イ) in Lake Ontario?

5 CとDの関係がAとBの関係と同じになるように( )内に入る最も適切な語を答えなさい。

	A	B	C	D
(1)	I	—mine	they	—( )
(2)	light	—dark	safe	—( )
(3)	woman	—women	tooth	—( )
(4)	can	—can't	will	—( )
(5)	37	—thirty-seven	$\frac{2}{3}$	—( )
(6)	one	—first	nine	—( )

6 次の日本文の意味に合うように( )内の語句を並べかえ，( )内で数えて3番目と6番目に来る語句を下のア～キから選び，記号で答えなさい。なお，文頭の語も小文字で表してある。

(1) あなたはどのような動物が一番好きですか。
(ア the best イ animals ウ do you エ of オ kind カ like キ what)?

(2) 何週間か私にパソコンを貸してくださいませんか。
Could you (ア weeks イ me ウ a エ your computer オ few カ lend キ for)?

(3) 私達の2人ともがフランス語を上手に話さなかった。
(ア well イ speak ウ French エ didn't オ both カ us キ of).

(4) 私は寝るときは必ずラジオの音を下げます。
I (ア go イ never ウ to エ turning オ without カ bed キ down) the radio.

(5) 雪で覆われた山をごらんなさい。
(ア covered イ snow ウ at エ mountain オ look カ with キ the).

7 次の英文を読んで設問に答えなさい。

Many people around the world can sit comfortably in their homes and enjoy a nice chocolate bar. But what about the people who work on cacao plantations in some countries? Do *they* always have a comfortable life? ①The answer is often 'no'.

Growing cacao trees and getting the beans usually needs a lot of work. And over the years poorer people or *slaves have often done ②these jobs. In the sixteenth century the Spanish *conquistadors began to use local men and women as slaves on their cacao plantations in Central America and some Caribbean islands. These slaves ③(have to) work very long hours and they did not get any money for their work.

But many of these local slaves became ill and died from the new diseases (ア)that arrived with the conquistadors or other Europeans. And other types of plantations were beginning in both South and North America, (④) the plantation farmers needed large numbers of new workers. Soon people began to go to Africa to get new slaves.

Slave traders came from many countries — Portugal, Brazil, England, Scotland, France, the Netherlands, and the country (イ)that is now called the United States. They sailed to Central and West Africa, *forced people onto their ships, and took them across the Atlantic. There they sold them to plantation farmers.

[A] From the sixteenth to the nineteenth century between nine and twelve million Africans went across the Atlantic to work as slaves, and the slave traders made millions of dollars.

[B] Some people think (ウ)that there are slaves on cacao plantations today too. There have been stories in newspapers and on television about slaves. These news stories speak about people who take twelve- to sixteen-year-old boys from poorer African countries like Mali or Burkina Faso and sell them to plantation farmers in the Ivory Coast or Ghana.

[C] Many children have to work long hours for little money. In poor families sometimes everybody needs to work, both adults and children, to get food. But the work is often hard and dangerous, and of course, these children (⑤) go to school.

[D] When farmers sell their cacao beans, they usually ⑥(sell) them to big chocolate factories or to brokers. The brokers then sell them again for a lot of money. The farmers often do not get much for their beans, (④) they cannot pay their workers a lot.

In 1988, a group of people started something called Fairtrade. Fairtrade helps smaller farmers to get fair money when they sell cacao beans or other things like coffee and sugar. The farmers can then give more money to their workers for food and better houses. Only farmers who pay people fair money can sell Fairtrade cacao beans.

Fairtrade helps in other ways too. It tries to keep child workers out of the plantations and in school. ⑦In some countries cacao farmers are cutting down the *rainforest to grow more cacao trees. Because of this, animals and local people that live in the rainforest are losing their homes. Fairtrade is working to try and stop this.

When you buy chocolate, you can look for the Fairtrade picture on it. A lot of smaller chocolate makers have bars ⑧(make) from Fairtrade cacao beans and now some bigger chocolate makers like Cadbury produce them too.

出典：CHOCOLATE Janet Hardy-Gould

［注］ slaves：奴隷　conquistadors：（特に16世紀にメキシコ・ペルーを征服したスペインの）征服者
forced：～に強制した　rainforest：熱帯雨林

問１ 下線部①の内容として最も適切なものを次のア～エから１つ選び，記号で答えなさい。

ア 世界中のたくさんの人々は家で快適に過ごせていないということ
イ 多くの人が美味しいチョコレートバーを食べていないということ
ウ ある国ではカカオ農園で働く人が少なく，人材不足だということ
エ カカオ農園で働く人が快適な暮らしをしていないということ

問２ 下線部②が指すものを本文中から抜き出しなさい。

問３ 下線部③，⑥，⑧を本文に合うように適切な形に直しなさい。ただし，直す必要のない場合はそのままの形で答えなさい。

問４ 下線部(ア)～(ウ)の thatのうち用法が異なるものを１つ選び，記号で答えなさい。

問５ 空欄（④）に共通して入る最も適切な語を次のア～エから１つ選び，記号で答えなさい。

ア so　イ but　ウ because　エ if

問６ 空欄（⑤）に入る最も適切な語を次のア～エから１つ選び，記号で答えなさい。

ア mustn't　イ will　ウ cannot　エ may

問７ フェアトレードの内容に**一致しないもの**を次のア～オから２つ選び，記号で答えなさい。

ア　農場経営者が公正にお金を得ることができる。
イ　コーヒーや砂糖もフェアトレードの対象である。
ウ　農場経営者はカカオ豆の値段を高くすることができる。
エ　フェアトレードのカカオ豆を売るには公正な支払いをしなくてはならない。
オ　子どもたちはさらに農場で働くことができる。

問８　下線部⑦の結果として起こっていることを本文の内容に即して，30字以内の日本語で答えなさい。

問９　以下の一文は本文中から抜き出したものである。その一文が当てはまる最も適切な箇所を［A］～［D］から１つ選び，記号で答えなさい。

There are also stories of child workers on cacao plantations in West Africa.

8　次の英文を読んで設問に答えなさい。

Farmer Eli had a lucky onion. ①He kept it in his pocket (A) and under his pillow (B). When he would think, he would rub his chin and toss his onion in the air saying, “Hmm. Hmm.”

He lived in a little white house on an onion farm. The house was (②) by rows and rows of onion fields that filled the air with their sweet, strong, oniony smell.

One day, a man came by with a wooden case full of *Vidalia onions. He was selling the onions and offered the case to Farmer Eli for half the regular price.

“Half off?” said Farmer Eli. “③Where do I sign?”

He set his lucky onion on the kitchen table and signed for the case of Vidalia onions.

While Farmer Eli was looking aside, the onion rolled off the table and out the kitchen door. Outside, the wind was warm, and the sun was shining. The onion sat in the middle of an empty onion field and enjoyed the sun.

When Farmer Eli noticed his onion was gone, he panicked! ④He searched (C) the table and (D) the cupboards. He looked (E) the couch cushions and (F) furniture. He turned his whole house upside-down to find his lucky onion.

“Oh dear! Oh my!” said Farmer Eli. “I’m sure to have the worst luck, now!”

In the days that followed, Farmer Eli really had ⑤terrible luck. The rain stopped falling and the sun continued to shine. The onion fields grew thirsty, but no rain fell. All the onions dried up and died.

“Oh dear! Oh my!” said Farmer Eli. “This is the worst luck! (⑥)”

Weeks passed and still, no rain fell. Farmer Eli grew thin with worry. The onions fields dried up. Every onion was lost.

Even the people in the town grew thin. Without rain, no *crops grew. And without crops, the townspeople had no food.

Meanwhile, the little, lucky onion sat in the middle of an empty onion field. He hadn’t dried up or died. In fact, seeing the farmer in sadness, he dug his roots down and began to grow.

That night, Farmer Eli opened his cupboards and looked at his last little onion.

“I shall make some onion soup tonight and eat. Tomorrow, I will have no more food,” said Farmer Eli, sadly.

He ate his soup and went to bed, certain that he had the worst luck.

Farmer Eli awoke ⑦with his stomach grumbling. He walked to the window and looked out at his empty onion fields. And *yelled in happiness.

There in the middle of an empty onion field sat the (⑧) onion he had ever seen!

Farmer Eli ran out of the house and looked at the giant onion. It stood nearly twice as high as Farmer Eli and so big around that it nearly took up the whole field.

"I'm saved!" cried Farmer Eli. "It's a miracle!" He looked closer. "It's . . . lucky. Why, it's my lucky onion!"

Farmer Eli called all the townspeople to his farm to help cut down the giant onion. They cut it down and made a huge pot of onion soup.

The next day, the rain (⑨). It was very lucky.

出典：www.shortkidstories.com/story/the-lucky-onion/より引用，改変

［注］ Vidalia onion：たまねぎの一種　crop：農作物　yelled：大声をあげた

問１　下線部①の（A）と（B）に入る語句の組み合わせとして，最も適切なものを次のア～エから１つ選び，記号で答えなさい。

ア　A：yesterday —B：the day after tomorrow
イ　A：in the morning —B：at noon
ウ　A：every other day—B：tonight
エ　A：during the day —B：at night

問２　空欄（②）に入る最も適切な語を次のア～エから１つ選び，記号で答えなさい。

ア　surrounded　イ　made　ウ　stood　エ　placed

問３　下線部③の発言の意図を表現している文として，最も適切なものを次のア～エから１つ選び，記号で答えなさい。

ア　I'm going to buy the case of Vidalia onions.
イ　I'm going to carry the case of Vidalia onions.
ウ　I'm going to give you my real name.
エ　I'm going to give you my onions.

問４　下線部④の（C）～（F）に入る語の組み合わせとして，最も適切なものを次のア～エから１つ選び，記号で答えなさい。

ア　C：behind—D：between—E：under —F：in
イ　C：under —D：in —E：between—F：behind
ウ　C：in —D：under —E：between—F：behind
エ　C：under —D：between—E：behind —F：in

問５　下線部⑤に相当するできごとを40～45字の日本語で説明しなさい。

問６　空欄（⑥）に入る最も適切な表現を次のア～エから１つ選び，記号で答えなさい。

ア　I am sure to lose all of my crop.
イ　I am sure to have a heavy rain.
ウ　I have to find a new lucky onion.
エ　I have to sell all of my onions.

問７　下線部⑦と置き換えるのに最も適切な表現を次のア～エから１つ選び，記号で答えなさい。

ア　because he was hungry
イ　because he was full
ウ　because he felt sleepy
エ　because he had a small stomach

問８　空欄(⑧)に入るｌ(エル)で始まる適切な語を答えなさい。

問９　空欄(⑨)に入る最も適切な語を答えなさい。

問10　本文中には次の文が入る。入れるべき箇所の直後の３語を本文中から抜き出しなさい。

Everyone ate their fill and was satisfied.

問11　次の英文が本文の内容に合うように，(　)内に入る語句を本文中から抜き出しなさい。指定の語数で答えること。

(1)　The townspeople (　　) (　　) (　　) because they had no rain and no crops.　(３語)

(2)　Eli used his last little onion to (　　) (　　) (　　) (　　).　(４語)

(3)　Eli (　　) (　　) (　　) (　　) (　　) with the help of the townspeople.　(５語)

【数　学】（50分）〈満点：100点〉

1　次の問いに答えなさい。

(1)　$-2^5\times0.375+1.25-(-2)^3$ を計算しなさい。

(2)　$\dfrac{x-2y}{3}-\dfrac{2x+y}{2}+2y$ を計算しなさい。

(3)　$\{(1+\sqrt{2}+\sqrt{3})(1-\sqrt{2}+\sqrt{3})\}^2$ を計算しなさい。

(4)　連立方程式 $\begin{cases}\dfrac{1}{2}x-1+0.3y=0.3x\\ x-y=3y+2x\end{cases}$ を解きなさい。

(5)　$(x-12)(x-2)=-3x$ を解きなさい。

(6)　$(2x-1)^2(2x+1)^2$ を展開しなさい。

(7)　$x^2-4x+4-y^2$ を因数分解しなさい。

2　次の問いに答えなさい。

(1)　直線 $y=2x+5$ と $y=3x+4$ の交点を通り，直線 $y=6x-3$ と平行である直線の式を求めなさい。

(2)　５％の食塩水300 g と８％の食塩水 x g を混ぜて６％の食塩水を作る。x の値を求めなさい。

(3)　$\dfrac{1}{2x}-\dfrac{1}{y}=2$ のとき，$\dfrac{-3xy}{2x-y}$ の値を求めなさい。

(4)　$x^2-y^2=13$ を満たす自然数 x，y を求めなさい。

(5)　x についての２次方程式 $ax^2+4x+a-3b=0$ の解が $-\dfrac{1}{2}$ だけであるとき，a，b の値を求めなさい。

(6)　右の図において，２つの円O，O′は１点Pを共有しています。また，直線 l は，２点A，Bでそれぞれ円O，O′に接しています。円O，O′の半径がそれぞれ９，１であるとき，線分ABの長さを求めなさい。

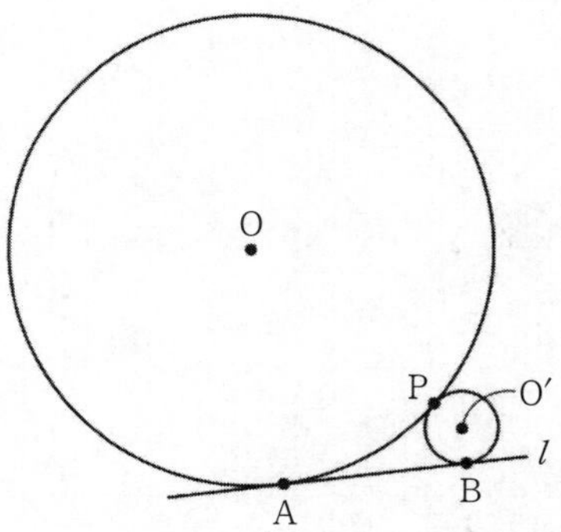

(7)　大小２個のさいころを投げるとき，目の積が３の倍数となる確率を求めなさい。

3　右の図のように２つの放物線 $y=x^2$ と $y=\dfrac{1}{3}x^2$ と直線 l がある。２つの放物線と直線 l との交点を x 座標の小さい方から順にA，B，C，Dとするとき，２点A，Bの x 座標はそれぞれ-6，-4であった。次の問いに答えなさい。

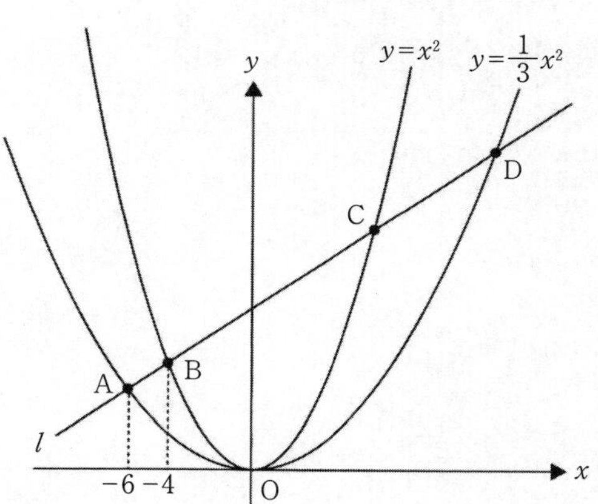

(1)　直線 l の式を求めなさい。

(2)　△OABと△OCDの面積比を最も簡単な整数の比で表しなさい。

(3)　△EABの面積と△OCDの面積が等しくなるように y 軸上に点E$(0,\ e)$をとるとき，e の値をすべて求めなさい。

4 　右の図のように，2つの球O，Pがそれぞれぴったりと円錐にはまっている。また，2つの球どうしは，1点Qを共有しており，球Pは円錐の底面と接している。球Oの半径が1，円錐の高さが8のとき，次の問いに答えなさい。ただし，円周率をπとする。

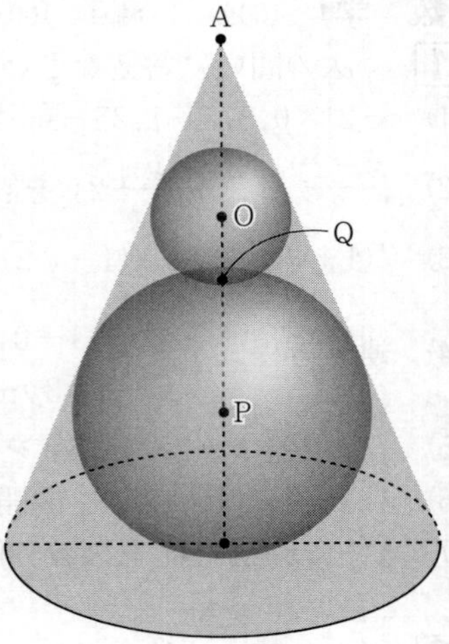

(1) 球Pの半径をrとするとき，球Pの体積をrを用いて表しなさい。

(2) 球Pの半径を求めなさい。

(3) 円錐の体積を求めなさい。

自分にも考えられるのではないかと模索している。

問十一　――線⑨「すごい仮説」を説明した次の文の［　］A・Bに入る適当な語句を指示された字数で文中から抜き出して説明文を完成させなさい。

ウチダ君とアオヤマ君のいるA［二字］は異なるため、他人の死はB［二字］するのは不可能だということ。

問十二　――線⑩「ウチダ君はまるで重い荷物をおろしたみたいに、うれしそうに笑った」ときのウチダ君の気持ちの説明として適当なものを一つ選び、記号で答えなさい。

ア　不安に感じていたアオヤマ君への説明を終え、安心し解放感を覚えている。

イ　自信をなくしていた研究を立派だと褒めてもらい、大役を果たしたという達成感を覚えている。

ウ　アオヤマ君に説明するという高い壁を乗り越えることができたことで優越感にヒタっている。

エ　アオヤマ君に褒めてもらえたことに喜びを感じたことで有頂天になっている。

オ　一人で研究した結果が報われたことを嬉しく思い、アオヤマ君に感謝の気持ちを抱いている。

問十三　本文の内容として適当でないものを次の中から一つ選び、記号で答えなさい。

ア　二人の会話やお互いに対する接し方から、心から信頼し合う唯一無二の仲間であることがわかる。

イ　会話文の末尾に読点をつけないことで、二人の会話がスムーズに途切れることなく続いていることを表している。

ウ　哲学的な死というテーマが登場人物からはなれた第三者の視点で描かれている。

エ　本文中にひらがなを多用することで、子ども同士の会話であることを強調している。

オ　マツの木から、人間の死の話へと展開していく二人の会話によって、賢く大人びた子どもとして描かれている。

問十四　ウチダ君がアオヤマ君に言いたいことはどのようなことでしたか。文章全体を通じて六十字以内でまとめなさい。

ア　むしろ　イ　かなり　ウ　意外と
エ　ちっとも　オ　決して

問五　――線③「ぼくはすごくふしぎなことを発見した」とありますが、ウチダ君の研究していることはどんなことですか。それを示す適当な語句を十九字と十四字で文中から抜き出しなさい。

問六　――線④「ぼくはだまって聞いていた」とありますが、このときのアオヤマ君の説明として適当なものを次の中から一つ選び、記号で答えなさい。
ア　アオヤマ君は、ウチダ君の大きな発見に驚き、言葉を失っている。
イ　アオヤマ君は、早く質問がしたくてウズウズしている。
ウ　アオヤマ君は、ウチダ君の話の内容が理解できず困惑している。
エ　アオヤマ君は、不安そうな目線を感じ、しっかりと聞く気になっている。
オ　アオヤマ君は、ウチダ君の話を注意深く聞き、理解しようと努めている。

問七　――線⑤「よけいなこと」の意味として適当なものを次の中から一つ選び、記号で答えなさい。
ア　物が余っていること　イ　度を超えてむだなこと
ウ　ばかばかしいこと　エ　大げさなこと
オ　邪魔なこと

問八　――線⑥「彼はしばらく考えてから、ノートの新しいページに線を引き、Yの字に枝分かれさせた」とありますが、この行動はどんな意図があって行われたものですか。適当なものを次の中から一つ選び、記号で答えなさい。
ア　自分が言いたいことを一度整理するために、Yの字の図を描くことでもう一度理解を深めようという意図。
イ　生と死の世界を表すのにYが最もわかりやすく、図を描くことでアオヤマ君を納得させようという意図。
ウ　アオヤマ君に上手に説明できず焦っていたため、他の説明の仕方を用いてもう一度説明しようという意図。
エ　Yの図を用いて、より具体的にアオヤマ君に説明を加え、アオヤマ君の理解を深めて味方につけようという意図。
オ　アオヤマ君からの質問に上手く答えられず、この後の反論を防ぐためにYの字を書こうという意図。

問九　――線⑦「でも……」とありますが、このときのアオヤマ君の説明として適当なものを次の中から一つ選び、記号で答えなさい。
ア　アオヤマ君は、完全に納得できてはいないが、反論する言葉が思いつかずもどかしく思っている。
イ　アオヤマ君は、ウチダ君の説明を疑問に感じ、補足説明を必要としている。
ウ　アオヤマ君は、ウチダ君の意見に感心するのが悔しく、何か反論ができないか考えている。
エ　アオヤマ君は、より理解を深めるためにウチダ君に質問を投げかけようとするタイミングをうかがっている。
オ　アオヤマ君は、ウチダ君が自信を持って説明していることに不満を持ち、質問を考えている。

問十　――線⑧「ぼくは腕組みをして考えこんだ」ときのぼくの気持ちの説明として適当なものを一つ選び、記号で答えなさい。
ア　ぼくが今まで考えたことのないことをウチダ君が考えたため、少々の対抗意識を抱いている。
イ　ぼくが今まで考えたことのないことをウチダ君が考えたため、理解が追いつかず悩み考えている。
ウ　ぼくが今まで考えたことのないことをウチダ君が考えたため、心から感心し自分でも深く考えようとしている。
エ　ぼくが今まで考えたことのないことをウチダ君が考えたため、自分にはそう考えることはできないと諦めている。
オ　ぼくが今まで考えたことのないことをウチダ君が考えたため、

見ているわけじゃない。ぼくはこっちの世界にいる。……分かる？」

ウチダ君は不安そうにぼくの目をのぞきこんだ。

ぼくはなんとなく彼の言いたいことがわかってきたような気がした。

「つまり、たとえぼくがウチダ君が死ぬのを見たとしても、それが本当にウチダ君本人にとって死ぬということなのか、ぼくにはわからないということだね？　それは証明できない」

「そうなんだ！　そうなんだ！」

⑧ぼくは腕組みをして考えこんだ。たいへんふしぎな気がした。ぼくは本当に、これまでにそんなことを考えてみたこともなかったのだ。

「それはウチダ君だけではなくて、ぼくにもあてはまることだね」

「ぼくらはだれも死なないんじゃないかって、ぼくが言ったのはそういう意味だよ」

「これはたいへん⑨すごい仮説だ」

「ぼくも思いついたときにはびっくりした。でもアオヤマ君に上手に説明できる自信がなかったから、ずうっと一人で研究してたんだね。でも、これは仮説だけどね」

「立派な研究だなあ」

⑩ウチダ君はまるで重い荷物をおろしたみたいに、うれしそうに笑った。

森見登美彦『ペンギン・ハイウェイ』（角川書店）一部改変

問一　冒頭〔　〕内の「神社の石段～生きているはずだ」の記述は、文章上どんな効果がありますか。その説明として適当なものを次の中から一つ選び、記号で答えなさい。

ア　「大きな古いマツの木」という表現から、存在の大きさを感じさせる点から物語の雄大さを表す効果。

イ　「マツ」と「ぼくら」を比較することで、自然に比べて人間の弱さやちっぽけな部分を強調させる効果。

ウ　「神社」という場所を設定することで、死を考える重要な場面であることを暗示させる効果。

エ　「マツ」と「ぼくら」を登場させることによって、「マツ」には強い生命力があることを示す効果。

オ　「マツ」と「ぼくら」を比較することで、自然に比べて人間の命の短さ、儚《はかな》さを示す効果。

問二　――線①「妹が泣いた」とありますが、アオヤマ君の妹が泣いた理由をウチダ君はどう考えていますか。その理由として適当なものを次の中から一つ選び、記号で答えなさい。

ア　人間が死ぬとはどういうことなのか考え始めてしまったから。

イ　暗いリビングルームに一人取り残されたことが悲しくなったから。

ウ　人間の命について考えると収拾がつかず、自暴自棄になってしまったから。

エ　台風によって天候が悪化したことに不安を覚えたから。

オ　生き物はみんな必ず死ぬことを初めて知り、悲しみを感じ始めたから。

問三　――線②「慎重にゆっくりしゃべった」ときのウチダ君のようすの説明として適当なものを次の中から一つ選び、記号で答えなさい。

ア　人が死ぬという話題を話していることから、軽々しく明るく話すことができないでいるようす。

イ　人が死ぬということを想像すると暗い気持ちになってしまい、気分が沈んでしまっているようす。

ウ　アオヤマ君の妹が自分と同じことを考えていたことに感動し、丁寧に話そうとしているようす。

エ　自分の言いたいことがアオヤマ君に伝わるように、時間をかけて丁寧に伝えているようす。

オ　今までアオヤマ君に内緒にしていたことを伝えるため、わざともったいぶって話しているようす。

問四　□に入る語を次の中から一つ選び、記号で答えなさい。

「それでもいいよ。ぼくは聞きたい」
「アオヤマ君だから話すんだ。ハマモトさんたちには言わないでね」
「わかったよ」
　ウチダ君は発見をしたはずなのに、□得意そうではなかった。まるでその発見について口にすることが、おそろしいことであるかのようだった。
「ぼくが研究してたのは、死ぬっていうのはどんなことかということなんだ」
　ウチダ君は話し始めた。
「ぼくが死んだあとの世界のこと。ぼくが死んで、そのあともみんなは生きていて、でも生きているみんなについてぼくはもう考えることもできないってこと。それはどういうことなんだろうって考えていた。ずっと考えてきて、ぼくは気づいたんだ。もしかすると、ぼくらはだれも死なないんじゃないかなって」
　ウチダ君は不安そうな目でぼくを見る。
　④ぼくはだまって聞いていた。
「ほかの人が死ぬということと、ぼくが死ぬということは、ぜんぜんちがう。それはもうぜったいにちがうんだ。ほかの人が死ぬとき、ぼくはまだ生きていて、死ぬということを外から見ている。でもぼくが死ぬときはそうじゃない。ぼくが死んだあとの世界はもう世界じゃない。世界はそこで終わる」
「でもほかの人にとっては世界はまだあるよね？」
「それはほかの人はぼくが死んだことを外から見てるから。ぼくとして見てないから」
「たとえばウチダ君がここで急に死んだとしたら、ウチダ君にとっては世界は終わるよ。でもぼくはまだここにいて、ぼくにとっての世界はまだ終わってないね」
「そうなんだけど……そうなんだけど……」
　ウチダ君はたいへんもどかしそうだ。ぼくは⑤よけいなことを言うべきではなかったかもしれない。ぼくは彼の言いたいことを理解しようと努力した。
　ウチダ君は真っ赤な顔に汗をいっぱいかいている。⑥彼はしばらく考えてから、ノートの新しいページに線を引き、Ｙの字に枝分かれさせた。一方の先には「いきてる」と書き、もう一方の先には「しんでる」と書いた。
「たとえばぼくがここで交通事故にあうとする」
「それは大事故？」
「大事故なんだ。ぼくは死ぬかもしれないし、死なないかもしれない。それで、こっちの線はぼくが死んだ世界、こっちの線はぼくが生きている世界」
「じゃあ、ぼくらは今こっちの世界にいることになるね」
「ぼくは生きているうちにいろんな事件に出会って、死ぬかもしれないし、死なないかもしれない。どんなときでも、どちらかだよね？　そのたびに世界はこうやって枝分かれする。それで、ぼくは、自分というものは、必ず、こっちのぼくが生きてる世界にいると思うんだよ」
「でも、もう一方の世界にいる君は死んでるんだろう？　こっちの世界にぼくがいたとすると、ウチダ君は死んじゃったと思っているはずだよ」
「アオヤマ君の世界では、そうなんだ。でもこっちの世界では、ぼくは必ず生きている。枝分かれがくるたびに、ぼくはこっちの生きるほうへ、生きるほうへすすんでいくんだ」
「なぜ断言できるの？」
「このことを考えるぼく自身は、必ず生きているから。ぼくが死んでしまったほうの世界では、こういうことを考えられない。もう世界は終わっているんだから」
「⑦でも……」
「アオヤマ君の世界では、ぼくは死ぬかもしれない。でもそれはアオヤマ君がぼくが死んだのを外から見るからなんだ。ぼくがぼくを

ア 上手にひもがたゆまず絡まってしまった。
イ 僕の兄はたゆまず不真面目な性格だ。
ウ クラスの皆はたゆまず笑いが止まらない。
エ うまずたゆまず掃除に取り組む。
オ 彼はたゆまず練習を欠席することになった。

ⓑ 「序の口」
ア 難しい試験に合格するのは、序の口だ。
イ 序の口を開けて大声で歌う。
ウ 試合に負けたとしてもその先が序の口だ。
エ 序の口を突破し、一人前になった。
オ 一月の寒さは序の口で、これからが本番だ。

問十一 「習(あ)得」、「(い)暗誦」の＝線部の漢字と意味が同じものを後の中からそれぞれ一つずつ選び、記号で答えなさい。

(あ) 「習得」
ア 得点　イ 会得　ウ 所得
エ 買得　オ 取得

(い) 「暗誦」
ア 暗号　イ 暗示　ウ 暗証
エ 明暗　オ 暗記

二

次の文章を読んで、後の問いに答えなさい。

〈ウチダ君とアオヤマ君（ぼく）は同級生であり、日々共に探検する仲間である。ウチダ君がアオヤマ君にある仮説について告白する場面である。〉

〔神社の石段のとなりには大きな古いマツの木が生えていた。この神社はぼくらが生まれるよりもずっと前からあったのだろうし、そのマツもぼくらの生まれるより前から生きているはずだ。〕

「木は人間よりも長生きだろうね」とぼくは言った。
「そうだね」
「地球の歴史に比べたら、人間はすぐに死んじゃうね」
「本当にそうだね」
そうしてぼくは、台風の日に暗いリビングルームで①妹が泣いた日のことを考えた。あの日はたいへん不安な気持ちになったけれども、こうしてウチダ君といっしょに冷たい石段に座って、暑い太陽の光を浴びていると、あまり不安にならない。
ぼくが妹が泣いた日の話をすると、ウチダ君は「ぼくはわかるな」とつぶやいた。
「ウチダ君もそんなことを考える？」
「ぼくはいつも考えるよ。とくに夜になると」
「毎日？」
「毎日ね。ぼくは父さんや母さんがいつか死んでしまうということもこわいし、自分が死んでしまうということもこわい。どうしてぼくらは死んでしまうんだろう、だれがそんなふうに決めたんだろうって思う」
「でも生き物はみんな必ず死ぬよね。ウチダ君はそれはわかってるんだろ？」
「ぼくはわかっている。でもわかっていることと、安心することは、ぜんぜんちがうことなんだよ」
ウチダ君は②慎重にゆっくりしゃべった。「ぜんぜんちがうんだ」
「そうだろうね。ぼくもそんなふうに感じた」
「だからぼく、アオヤマ君の妹の気持ちがわかるな」
しばらくしてから、ウチダ君はリュックの中からノートを取りだした。彼がいつも草原の観測ステーションでメモを書いていたノートだ。ウチダ君は哲学者みたいな顔をして、ノートをめくった。そして「③ぼくはすごくふしぎなことを発見したんだよ」と言った。
「ぼくはそれを聞くことができる？」
「上手に説明できるかな。ぼくはへんなことを言うかもしれないよ」

して、もうひとつは、「名人達人にならなくてもいいから、いざというときに備えて、護身術として空手を身につけておきたい」というグループです。前者を目指すなら、週数回の道場での稽古だけではとても足りず、[E]、ⓐたゆまず鍛錬に励まなければならないことは、どなたでもおわかりになることでしょう。

英語も同じです。[F]を目指す一割の人にとってみれば、中学高校の英語の授業は、いわば「ⓑ序の口」、そこからが[G]です(他人が見れば苦行そのものでも、本人は好きで好きで仕方なく、その道を楽しんで歩んでいる点でも、[H]を目指す空手家と同じです)。そして、残りの九割が英語を学ぶのは、いわば「④知的護身術」として、です。

横山雅彦『「超」入門！ 論理トレーニング』(筑摩書房) 一部改変

問一 ═線ア～キのカタカナを漢字に直しなさい。

問二 ──線①「むしろおかしな話」とありますが、なぜですか。次の[　]A～Dに入る適当な語句を指示された字数で文中から抜き出して説明文を完成させなさい。

日本人は、中学高校の六年間の勉強では英語を[A 二字]できないと言われています。なぜならそれは英語を普段から[B 二字]的に使う機会がないからです。英語には二つの[C 六字]がありますが、[D 四字]があり続ける限りは日常生活に英語は必要ありません。

問三 [A]・[B]に入る語を下の中からそれぞれ一つずつ選び、記号で答えなさい。

A　ア 越　イ 察　ウ 罰　エ 要　オ 絶

B　ア もちろん　イ さすがに　ウ たしかに　エ そもそも　オ はたして

問四 ──線②「刻苦勉励」の意味として適当なものを次の中から一つ選び、記号で答えなさい。

ア 心身を犠牲にしてまで勉強して成し遂げたいこと。

イ 苦しみながら勉強に励んだ結果、体調を壊してしまうこと。

ウ 心身を苦しめて仕事や勉学に励むこと。

エ 何一つ変わっていないことに対し、変えようと努力すること。

オ 苦行に耐え抜き、自分の力で未来を切り開くこと。

問五 ──線③「真の意味での英語習得」とありますが、筆者は英語習得をどのように考えていますか。次の[　]A・Bに入る適当な語句を指示された字数で文中から抜き出して説明文を完成させなさい。

日本人にとっての英語習得は、[A 二字]であり、以前流行した[B 七字]といった学習法では、日常的に英語を使わない日本では習得が不可能である。

問六 [E]に入る適当な四字熟語を次の中から一つ選び、記号で答えなさい。

ア 一朝一夕　イ 本末転倒　ウ 一期一会

エ 行住坐《ざ》臥《が》　オ 因果応報

問七 [G]に入る適当な語句を次の中から一つ選び、記号で答えなさい。

ア 永遠に続く新しい希望の道なの

イ 楽しく、自然に英語を学べるスタート

ウ 護身術として海外でも通用するようになるの

エ 九割と一割の分かれ道

オ つらく苦しい修行の始まり

問八 ──線④「知的護身術」とありますが、これはどのような場合に利用できますか。「場合」に続くように文中から八字で抜き出しなさい。

問九 [C][D][F][H]に共通して入る漢字四字を本文中から抜き出しなさい。

問十 ──線ⓐ「たゆまず」、──線ⓑ「序の口」の使い方として適当なものを後の中からそれぞれ一つずつ選び、記号で答えなさい。

ⓐ「たゆまず」

二〇二〇年度 淑徳高等学校

【国 語】 〈五〇分〉 〈満点：一〇〇点〉

（注意） 設問においては、特に注記のないかぎり句読点や記号等も字数に数えるものとします。

一　次の文章を読んで、後の問いに答えなさい。

よく「日本人は、中学高校の六年間、必死で英語を勉強しても、ろくに英語が話せるようにならない」と言われます。しかし、本当は、中学高校の六年間、必死で英語を勉強しても、それを実用する場面などなく、九割の日本人は、英語をまったく使わないまま、人生を終える、ということなのです。話せるようになるほうが、①むしろおかしな話です。

英語の習(あ)得の仕方には、「社会的イマージョン」と「知的イマージョン」の二つがあります。「イマージョン」とは「ア ヒタること」です。社会的イマージョンは「自然に英語環境にヒタること」、知的イマージョンは「知的行為として意図的にヒタること」です。現代国語が存在する限り、日本では、社会的イマージョンとしての英語学習は不可能です。日本人が英語が苦手なのも、その九割の人々の日常生活に英語が必要ないのも、当然と言えば当然のことなのです。

他方、知的イマージョンとして日本人が英語と向き合い、高度な運用能力を身につけるためには、想像を [A] する努力が必要です。「楽しく、自然に」などとは、まったくイ ムエンの世界です。僕自身、中学高校を通じて、さまざまな英語(い)暗誦《あんしょう》大会や英語弁論大会に出場し、文字通り、その練習に明け暮れました。大学では、下《げ》宿《しゅく》の迷惑にならないようにと、深夜大通りを自転車に乗って練習し、がなりすぎて、何度も声を潰しました。通学の途中は [B] 、キャンパス内でも常にウォークマンで英語を聞き、ついには鼻血を出したこともあります。

一九七〇年代から八〇年代にかけて、NHKラジオ英語会話で人気をウ ハクした東後勝明《とうごかつあき》先生は、一九九〇年代以降、「コミュニカティブ・アプローチ」の伝道者として活躍された方です。コミュニカティブ・アプローチとは、現在四技能化をエ スイシンする日本の英語教育の主流ですが、もともとは、一九七〇年代の初頭、旧植民地からの大量移民に対応するために、ヨーロッパで考案されました。英語での生活を仮想体験することで、楽しみながら英語を身につけようとするものです。しかし、東後先生ご自身は、決してそんな方法で英語を学んではおられません。『新版英語ひとすじの道』に綴られた先生の英語修行はオ ソウゼツの一語、はばかりながら、僕の半生を読んでいるようでした（僕がコミュニカティブ・アプローチの提唱者たちに批判的な理由は、まさにここにあります。彼らは、自分自身が学んできたものとはまったく違う方法で、「楽しく、自然に」などと気楽なことを口にしているのです。これは、一種の詐欺ではないのでしょうか）。

斎藤兆史《さいとうよしふみ》先生の『英語達人列伝――あっぱれ、日本人の英語』を読むと、明治以降、英語の [C] と呼ばれる人たちの英語学習は、何ひとつ変わっていないことがわかります。それは、文字通りの②刻苦勉励《こっくべんれい》です。日本人にとって、③真の意味での英語習得は、まさに苦行なのです。逆に言えば、日本は、そこまでしなければ英語習得が不可能な国だということです。

考えてみると、日本人にとっての英語は、空手にとてもよく似ています。まず、日常生活において、道場（英語の場合は学校や教室）で習った技術を実用する機会がありません。あったとしても、自分自身や大切な人にカ キケンが及んだ（英語の場合は外国人に遭遇した）とき――すなわち、きわめて非日常的なキ ジョウキョウにすぎません。

空手の道場に通う人は、大きく二つのグループにわけられます。そのひとつは、「生涯をかけて [D] を目指す」というグループ。そ

英語解答

1 (1) B (2) C (3) A

2 (1) ○ (2) × (3) ○

3 (1) runs (2) stand (3) little

(4) had (5) brought

4 (1) ア been イ dead

(2) ア too イ to ウ sleep

(3) ア sent イ by〔from〕

(4) ア most イ that ウ ever

(5) ア where イ he ウ lives

(6) ア about イ swimming

5 (1) theirs (2) dangerous

(3) teeth (4) won't

(5) two-thirds (6) ninth

6 (1) ３番目…エ ６番目…カ

(2) ３番目…エ ６番目…オ

(3) ３番目…カ ６番目…ウ

(4) ３番目…ウ ６番目…エ

(5) ３番目…キ ６番目…カ

7 問１ エ

問２ Growing cacao trees and getting the beans

問３ ③ had to ⑥ sell ⑧ made

問４ (ウ) 問５ ア 問６ ウ

問７ ウ，オ

問８ 熱帯雨林で暮らす動物や地元の人々が生息地を失っている。(27字)

問９ C

8 問１ エ 問２ ア 問３ ア

問４ イ

問５ 雨が降らずに日が照り続け，たまねぎ畑が干上がって，全てのたまねぎが枯れてしまった。(41字)

問６ ア 問７ ア

問８ largest 問９ fell〔came〕

問10 The next day

問11 (1) had no food

(2) make some onion soup

(3) cut down the giant onion

1〔単語の発音〕

(1) ア．cook[u] イ．blood[ʌ] ウ．foot[u]

(2) ア．cancer[æ] イ．base[ei] ウ．smart[ɑː]

(3) ア．suddenly[ʌ] イ．result[ʌ] ウ．number[ʌ]

2〔単語のアクセント〕

(1) ex-pé-ri-ence pro-fés-sion-al

(2) mág-a-zine pi-án-o

(3) con-vén-ience im-pór-tance

3〔適語補充─共通語〕

(1)上：「～を経営する」 「私の父はパン屋を経営している」 下：run to ～「走って～に行く」「マユコはいつも走って学校に行く」

(2)上：can't stand ～「～に我慢できない」 「私は彼の悪いマナーに耐えられない」 下：「立つ」in line「並んで，一列になって」 「並んでいただけますか」

(3)上：形容詞句の a little「少量の，少しの」 「私のグラスには少量の牛乳がある」 下：副詞句のa little「少し」　「もう少しゆっくり話してください」

(4)上：had better ～で「～した方がよい」。否定形はhad better not ～「～しない方がいい」。「彼の家には二度と行かない方がよい」　下：動詞haveの過去分詞had。‘have/has＋過去分詞’の現在完了形。　「私のおじは登山の経験が豊富だ」

(5)上：動詞bringの過去分詞brought。bring up「～を育てる」の受け身形。　「彼の娘はニューヨークで生まれ育った(育てられた)」　下：動詞bringの過去形brought。　bring－brought－brought　「クニコは私たちにうれしいニュースを持ってきた」

4〔書き換え―適語補充〕

(1)「私の祖母は5年前に死んだ」→「私の祖母が死んで5年になる」　「5年間ずっと死んだ状態である」と考え，現在完了の‘継続’用法で書き換える。deadは「死んでいる」という意味を表す形容詞。

(2)「昨日の夜，お子さんは興奮してよく眠れなかったですか」　‘so ～ that …’「とても～なので…」の構文を，‘too ～ to …’「…するには～すぎる，～すぎて…できない」の構文に書き換える。

(3)「いとこが弟にこの辞書を送ってくれた」→「これはいとこによって弟に送られた辞書だ」　辞書は「送られた」ものであるので，過去分詞sentを用いてdictionaryを後ろから修飾する形にする(過去分詞の形容詞的用法)。送り手はbyまたはfromで表せる。　send－sent－sent

(4)「私はこんなにすばらしい城を見たことがない」→「これは私が今までに見た中で一番すばらしい城だ」　現在完了(‘経験’用法)の否定文‘have＋never＋過去分詞’「今まで～したことがない」を，‘the＋最上級＋名詞(＋that)＋主語＋have/has ever＋過去分詞’「これまで～した中で最も…な―」の形に書き換える。

(5)「私は彼の住所を知らない」→「私は彼がどこに住んでいるのか知らない」　間接疑問は‘疑問詞＋主語＋動詞...’の語順になることに注意。

(6)「オンタリオ湖で泳ぎませんか」　Shall we ～?「～しませんか」はHow about ～ing?「～するのはどうですか」で書き換えられる。

5〔単語の関連知識〕

(1)mineはIの所有代名詞。theyの所有代名詞はtheirs。　I－my－me－mine　they－their－them－theirs

(2)light「明るい」とdark「暗い」は反意語の関係。safe「安全な」の反意語はdangerous「危険な」。

(3)womenはwomanの複数形。toothの複数形はteeth。

(4)can'tはcanの否定短縮形。willの否定短縮形はwon't。

(5)分数は，分子→分母の順で，分子は基数，分母は序数で表す。分子が2以上の場合，分母の序数は複数形になる。なお，2分の1，4分の1ではそれぞれhalf, quarterを使うこともある。（例）three-fifths「3/5」　a〔one〕half「1/2」　a〔one〕quarter/one-fourth「1/4」

(6)firstはoneの序数。nineの序数はninth。つづりに注意。

6〔整序結合〕

(1)「どのような種類の動物」と考え，What kind of animalsとまとめる。「一番好きか」はdo you

like the best。 What kind of animals do you like the best?

(2)「〈人〉に〈物〉を貸す」は 'lend＋人＋物' で表せる。「何週間」は for a few weeks。 Could you lend me your computer for a few weeks?

(3)「〜の両方とも」は both of 〜 で表せる。well「上手に」は最後に置く。 Both of us didn't speak French well.

(4)語群に never と without があるので「ラジオの音を下げずに寝ることはない」と読み換える。「〜しないで…することはない，…するときは必ず〜する」は 'never … without 〜ing' の形で表せる。「〜の音を下げる」は turn down。 I never go to bed without turning down the radio.

(5) Look at the mountain の後，「雪で覆われた」を covered with snow とまとめ，the mountain を後ろから修飾する(過去分詞の形容詞的用法)。 Look at the mountain covered with snow.

7 〔長文読解総合―説明文〕

≪全訳≫❶世界中の多くの人々は自宅で快適に座り，おいしいチョコレートバーを楽しむことができる。しかし，ある国々のカカオ農園で働く人々はどうだろうか。彼らはいつも快適な生活を送っているだろうか。多くの場合，答えは「ノー」だ。❷カカオの木を育てたり，その豆を収穫したりすることには，多くの労力が必要だ。長年にわたり，貧しい人々や奴隷がこうした仕事をしてきた。16世紀，スペインの征服者たちは中央アメリカとカリブ諸島にあるカカオ農園で，現地の男や女を奴隷として使い始めた。これらの奴隷たちは非常に長い時間働かなければならず，彼らはその仕事でお金を得ることはなかった。❸しかし，これらの現地の奴隷の多くは病気になったり，征服者や他のヨーロッパ人によってもたらされた新しい病気で亡くなったりした。そして南米と北米の両方で別の種類の農園が始まっていたので，農園経営者たちは新しい労働者が大量に必要になった。すぐに人々は新しい奴隷を得るためにアフリカに行き始めた。❹奴隷商人は，ポルトガル，ブラジル，イングランド，スコットランド，フランス，オランダ，そして今ではアメリカと呼ばれる国など，多くの国からやってきた。彼らは中央アフリカや西アフリカまで船で行き，人々を強制的に自分たちの船に乗せ，大西洋を横断して彼らを運んだ。そこで奴隷商人は奴隷を農園経営者に売った。❺16世紀から19世紀にかけて，900万から1200万人のアフリカ人が大西洋を渡って奴隷として働き，奴隷商人は何百万ドルも稼いだ。❻今日でも，カカオ農園には奴隷がいると考える人がいる。新聞やテレビには奴隷についての記事がある。これらのニュース記事は，12歳から16歳の少年たちをマリやブルキナファソなど貧しいアフリカ諸国から連れてきて，コートジボワールやガーナの農園経営者に売る人たちについて伝えている。❼西アフリカのカカオ農園で働く子ども労働者の記事もある。多くの子どもはわずかなお金で長時間働かなければならない。貧しい家庭では食料を得るために，ときには大人も子どもも全員が働く必要がある。しかし，その仕事は大変で危険なことが多く，もちろんこれらの子どもたちは学校に行けない。❽農園経営者がカカオ豆を売るとき，彼らは通常，大きなチョコレート工場やブローカーにカカオ豆を売る。その後，ブローカーは豆を高額で転売する。往々にして，農園経営者はその豆でたくさんのお金を稼ぐことはないため，労働者にも多くを支払うことができない。❾1988年，あるグループがフェアトレードと呼ばれるものを始めた。フェアトレードは，小規模農家がカカオ豆や，コーヒー・砂糖といった他の物を販売する際に，公正なお金が手に入るよう手助けする。すると農場経営者は，食料やより良い家のためにより多くのお金を労働者に与えることができる。人々に公正なお金を支払う農場経営者だけがフェアトレードのカカオ豆を売ることができる。❿フェアトレードは他の面でも役立つ。それは子どもの労働者を農園から出し，学校に行かせようとしている。ある国々では，カカオ農家がカカオの木をもっと育てようと熱帯雨林を伐採している。このため，熱帯雨林で暮らす動物や地元の人々が生息地を失いつつある。フェアトレードはこれを阻止しようとしている。⓫チョコレートを買うとき，その上にフェアトレードの絵を探すことができる。多くの小規模チョコレートメーカーは，フェアトレードのカカオ豆からつくられたチョコレートバーを扱っており，今ではキャドバリーのような大手チョコレートメーカーもそれらを製造している。

問１＜英文解釈＞下線部は，直前の文のDo *they* always have a comfortable life？に対する答えである。この*they*「彼ら」は，その前の文にあるthe people who work on cacao plantations「カカオ農園で働く人々」を受けている。　comfortable「快適な」

問２＜指示語＞these jobs「これらの仕事」なので，前に書かれている具体的な複数の仕事内容を探す。前の文に，「カカオの木を育てたり，その豆を収穫したりすること」とある。

問３＜語形変化＞③過去の内容なので過去形にする。　⑥この文は現在の状況を事実として述べているので‘現在の習慣的動作’を表す現在形のままでよい。　⑧「チョコレートバー」は「つくられる」ものなので，makeを過去分詞にして「フェアトレードのカカオ豆でつくられた(チョコレート)バー」とする(過去分詞の形容詞的用法)。

問４＜用法選択＞(ア)と(イ)は，それぞれ後ろに動詞が続いていることから，主格の関係代名詞であるとわかる。(ウ)のthatは動詞thinkの目的語となる節を導く接続詞。

問５＜適語選択＞どちらも空所をはさんで，前半が原因・理由，後半が前半を受けての結果(順接の関係)になっているので，‘結果’を表すso「だから，その結果」が適切。

問６＜適語選択＞第７段落には，子どもの長時間労働や，子どもも働かなければならない状況が述べられている。そういう状況では，当然「子どもは学校に行くことができない」と考えられる。

問７＜内容真偽＞ア・イ…○　第９段落第２文に一致する。　ウ…×　公正なお金を得ることができるのであって，値段を高くできるということではない。　エ…○　第９段落最終文に一致する。　オ…×　第10段落第２文参照。keep child workers out of the plantations and in schoolは‘keep＋*A*＋*B*’で「*A*を*B*(の状態)にしておく」の形。out of ～は「～の外に」，inは「～の中に」。

問８＜文脈把握＞直後のBecause of thisで始まる文に注目。このthisは下線部⑦の内容を受けており，because of ～は「～によって，～が原因で」という意味なので，これに続くanimals以下がその結果になっているとわかる。that live in the rainforestは，先行詞であるanimalsとlocal peopleを修飾している関係代名詞節。

問９＜適所選択＞脱落文にalsoとあるので，child workers「子どもの労働者」に関する別のstoriesがこの前に紹介されていると考えられる。子どもの労働者について最初に述べられているのは第６段落で，続く第７段落には，子どもの労働者に関する別の話について書かれている。

8〔長文読解総合―物語〕

≪全訳≫❶農夫のイーライは幸運のたまねぎを持っていた。彼はそれを昼間はポケットに入れて，夜は枕の下に置いていた。考えるとき彼は，「うーん。うーん」と言ってあごをさすり，そのたまねぎを空中に投げたものだった。❷彼はたまねぎ農場にある小さな白い家に住んでいた。家は，甘くて強いたまねぎ臭で空気を満たす何列ものたまねぎ畑に囲まれていた。❸ある日，１人の男がヴィダリアオニオンのいっぱい入った木製のケースを持ってやってきた。彼はその玉ねぎを売っていて，農夫のイーライに通常の半額でそのケースを売ると申し出た。❹「半額？」と農夫のイーライは言った。「どこにサインすればいいかね？」❺彼は台所のテーブルに幸運のたまねぎを置き，ヴィダリアオニオンのケースのためにサインした。❻農夫のイーライがよそ見をしている間に，幸運のたまねぎはテーブルから転がり落ちて台所のドアから出ていった。外は風が暖かく，太陽が輝いていた。幸運のたまねぎは何もないたまねぎ畑の真ん中でたっぷりと太陽を浴びた。❼農夫のイーライは，自分のたまねぎがなくなっているのに気がついてパニックになった。彼はテーブルの下や戸棚の中を捜した。ソファーのクッションの間や家具の後ろを見た。彼は家全体をひっくり返して幸運のたまねぎを捜した。❽「ああ！ なんてことだ！」と農夫のイーライは言った。「今は最悪の運であるにちがいない！」❾それから続く日々は，本当にひどい運だった。雨はやみ，太陽は輝き続けた。たまねぎ畑は干上がったが，雨は降らなかった。たまねぎはみんな乾ききって枯れてしまった。❿「ああ！ なんてことだ！」と農夫のイーライは言った。「これは最悪の運だ！ ⑥私は農作物を全て失うに違いない」⓫何週間たっても，まだ雨は降らなかった。農夫のイーライは心配でやせてしまった。たまねぎ畑は干上がった。全てのタマネギが失われた。⓬町の人たちでさえやせてしまった。雨が降らず，農作物が何も育たなかったのだ。そして農作物がなければ，町の人々は食料がなかった。⓭その間，小さな幸運のたまねぎは，何もないたまねぎ畑の真ん中にじっとしていた。彼(＝幸運のたまねぎ)は干上がったり枯れたりしていなかった。それどころか，悲しみに沈んでいる農夫を見て，彼は自分の根をはり，成長し始めた。⓮その夜，農夫のイーライは戸棚を開け，最後の小さなたまねぎを見た。⓯「今夜はオニオンスープをつくって食べよう。明日はもう何も食べ物がない」と農夫のイーライは悲しそうに言った。⓰彼はスープを飲んで，最悪の運だと確信しながら床についた。⓱農夫のイーライは腹がごろごろ鳴って目を覚ました。彼は窓の所に歩いて行き，何もないたまねぎ畑を眺めた。するとうれしさで大声をあげた。⓲何もないたまねぎ畑の真ん中に，彼がこれまで見た中で一番大きいたまねぎがあったのだ。⓳農夫のイーライは家を飛び出てその巨大なたまねぎを見た。それは農夫のイーライの２倍近くの高さがあり，畑全体をほぼ占領するほど大きかった。⓴「助かった！」と農夫のイーライは叫んだ。「奇跡だ！」 彼はさらに近づいて見た。「これは…幸運の。なぜだ，これは私の幸運のたまねぎだ！」㉑農夫のイーライは，巨大なたまねぎを切る手伝いをしてもらうため町の人たち全員を農場に呼んだ。彼らはそれを切り分け，巨大なオニオンスープの鍋をつくった。みんなは思う存分食べて満足だった。㉒次の日，雨が降った。とても幸運だった。

問１＜適語句選択＞幸運のたまねぎは，農夫のイーライに幸運をもたらすものなので，イーライはそれを片時も離さず持っていたと考えられる。under his pillow「枕の下」からＢにはat night「夜に」が入り，Ａには夜以外の時間のduring the day「昼の間」が入る。 the day after tomorrow「あさって」 every other day「一日おきに」

問２＜適語選択＞be surrounded by ～で「～によって囲まれる」。他の選択肢では文の意味が通らない。

問３＜英文解釈＞イーライはサインする場所をきいているのだから，たまねぎを買おうとしているのだとわかる。よって，ア.「私はヴィダリアオニオンのケースを買うつもりだ」が適切。

問４＜適語選択＞searchは「捜す」の意味なので，各空所にはたまねぎを捜した場所を示す前置詞が入る。たまねぎを捜した場所として適切な組み合わせは，テーブルの「下」，戸棚の「中」，クッションの「間」，家具の「後ろ」である。Ｆは，furnitureにはテレビや椅子などの家具も含まれることから，in furnitureという表現は不自然であるため，ここからイかウの２つに絞ることができ，そうすると，ウではＣがin table「テーブルの中」というのが不適切となってイに決まる。

問５＜文脈把握＞「本当にひどい運だった」内容とは，直後の３文に書かれているので，その内容を字数以内でまとめればよい。　continue to 〜「〜し続ける」　dry up「乾ききる」

問６＜適文選択＞この前の第９段落で説明された状態を見て言った言葉。第９段落では雨が降らずに日照りが続き，畑は干上がってたまねぎは枯れてしまったことが書かれているので，その内容に合致するアが適切。

問７＜語句解釈＞‘with＋名詞＋現在分詞’は「〜が…している状態で」という‘付帯状況’を表す表現。イーライが前の日に口にしたのは，最後の小さなたまねぎでつくったスープだけだったのだから，ア．「彼は空腹だったから」が適切。grumbleは「(おなかが)グーと鳴る」という意味。

問８＜適語補充＞直後の第19段落第１文のgiantや，第２文のso bigから，たまねぎがとても「大きかった」ことがわかる。空所の直後にhe had ever seen「今まで見た」とあるので「今まで見た中で一番大きい」という意味になるよう最上級にする。

問９＜適語補充＞空所の直後に「とても幸運だった」とあるので，待ち望んでいた雨が降ったのである。「(雨が)降る」はfallのほか，comeでも表せる。過去形にするのを忘れないこと。　fall－fell－fallen

問10＜適所選択＞脱落文は「みんながたくさん食べて満足した」というような意味だと考えられる。第21段落第２文に，「巨大なオニオンスープの鍋をつくった」とあるのでこの後に入れる。　〜's fill「十分」

問11＜内容一致＞(1)「雨も降らず農作物もなかったので，町の人々には食べ物がなかった」　第12段落最終文参照。　(2)「イーライは最後の小さなたまねぎを使ってオニオンスープをつくった」　第15段落第１文参照。　(3)「イーライは町の人々の助けを借りて巨大なたまねぎを切った」　第21段落第１文参照。　with the help of 〜「〜の助けを得て」

数学解答

1 (1) $-\dfrac{11}{4}$　(2) $\dfrac{-4x+5y}{6}$
(3) $16+8\sqrt{3}$　(4) $x=8,\ y=-2$
(5) $x=3,\ 8$　(6) $16x^4-8x^2+1$
(7) $(x+y-2)(x-y-2)$

2 (1) $y=6x+1$　(2) 150　(3) $\dfrac{3}{4}$
(4) $x=7,\ y=6$　(5) $a=4,\ b=1$
(6) 6　(7) $\dfrac{5}{9}$

3 (1) $y=2x+24$　(2) 1：3
(3) 96,　−48

4 (1) $\dfrac{4}{3}\pi r^3$　(2) 2　(3) $\dfrac{64}{3}\pi$

1〔独立小問集合題〕

(1)＜数の計算＞与式 $=-32\times\dfrac{3}{8}+\dfrac{5}{4}-(-8)=-12+\dfrac{5}{4}+8=-\dfrac{48}{4}+\dfrac{5}{4}+\dfrac{32}{4}=-\dfrac{11}{4}$

(2)＜式の計算＞与式 $=\dfrac{2(x-2y)-3(2x+y)+12y}{6}=\dfrac{2x-4y-6x-3y+12y}{6}=\dfrac{-4x+5y}{6}$

(3)＜平方根の計算＞与式 $=\{(1+\sqrt{3}+\sqrt{2})(1+\sqrt{3}-\sqrt{2})\}^2$ とし，$1+\sqrt{3}=A$ とおくと，与式 $=\{(A+\sqrt{2})(A-\sqrt{2})\}^2=(A^2-2)^2=\{(1+\sqrt{3})^2-2\}^2=(1+2\sqrt{3}+3-2)^2=(2+2\sqrt{3})^2=4+8\sqrt{3}+12=16+8\sqrt{3}$ となる。

(4)＜連立方程式＞$\dfrac{1}{2}x-1+0.3y=0.3x$……①，$x-y=3y+2x$……②とする。①×10より，$5x-10+3y=3x$，$2x+3y=10$……①′ ②より，$-x=4y$，$x=-4y$……②′ ②′を①′に代入して，$2\times(-4y)+3y=10$，$-5y=10$　∴ $y=-2$　これを②′に代入して，$x=-4\times(-2)$　∴ $x=8$

(5)＜二次方程式＞$x^2-14x+24=-3x$，$x^2-11x+24=0$，$(x-3)(x-8)=0$　∴ $x=3,\ 8$

(6)＜式の計算＞与式 $=\{(2x-1)(2x+1)\}^2=(4x^2-1)^2=16x^4-8x^2+1$

(7)＜因数分解＞与式 $=(x-2)^2-y^2$ とし，$x-2=X$ とおくと，与式 $=X^2-y^2=(X+y)(X-y)$ となる。X をもとに戻して，与式 $=(x-2+y)(x-2-y)=(x+y-2)(x-y-2)$ である。

2〔独立小問集合題〕

(1)＜関数—直線の式＞$y=2x+5$……①，$y=3x+4$……②とする。①を②に代入して，$2x+5=3x+4$ より，$-x=-1$　∴ $x=1$　これを①に代入して，$y=2+5$　∴ $y=7$　よって，直線 $y=2x+5$ と直線 $y=3x+4$ の交点の座標は(1，7)である。また，直線 $y=6x-3$ と平行な直線の傾きは6だから，求める直線の式は $y=6x+b$ とおける。点(1，7)を通るから，$x=1$，$y=7$ を代入して，$7=6+b$，$b=1$ となり，求める直線の式は $y=6x+1$ である。

(2)＜一次方程式の応用＞5％の食塩水300gに含まれる食塩の量は $300\times\dfrac{5}{100}=15$(g)，8％の食塩水 xg に含まれる食塩の量は $x\times\dfrac{8}{100}=\dfrac{2}{25}x$(g)である。混ぜてできる6％の食塩水の量は $300+x$g になるから，含まれる食塩の量は $(300+x)\times\dfrac{6}{100}=\dfrac{3}{50}(300+x)$g となる。よって，食塩の量について，$15+\dfrac{2}{25}x=\dfrac{3}{50}(300+x)$ が成り立つ。両辺を50倍して解くと，$750+4x=3(300+x)$，$750+4x=900+3x$ より，$x=150$(g)となる。

(3)＜式の値＞$\dfrac{1}{2x}-\dfrac{1}{y}=2$ より，$\left(\dfrac{1}{2x}-\dfrac{1}{y}\right)\times2xy=2\times2xy$，$y-2x=4xy$，$-2x+y=4xy$，$2x-y=-4xy$ となる。よって，$\dfrac{-3xy}{2x-y}=\dfrac{-3xy}{-4xy}=\dfrac{3}{4}$ である。

(4)＜整数の性質＞$x^2-y^2=13$ より，$(x+y)(x-y)=13$ である。また，x，y は自然数だから，$x+y$ は自

然数，$x-y$は整数であり，$x+y>x-y$だから，$x+y=13$……①，$x-y=1$……②となる。①，②を連立方程式として解くと，$x=7$，$y=6$となる。

(5)＜二次方程式の応用＞解の公式より，$x=\frac{-4\pm\sqrt{4^2-4\times a\times(a-3b)}}{2\times a}=\frac{-4\pm\sqrt{16-4a(a-3b)}}{2a}$となる。解が1つだけしかないとき，$\sqrt{16-4a(a-3b)}$の値は0となるから，$16-4a(a-3b)=0$……①である。このとき，解は$x=\frac{-4}{2a}=-\frac{2}{a}$となるから，$-\frac{2}{a}=-\frac{1}{2}$……②が成り立つ。②より，$a=4$であり，これを①に代入すると，$16-16(4-3b)=0$，$16-64+48b=0$，$48b=48$より，$b=1$となる。

(6)＜図形—長さ＞右図で，$\mathrm{OO'}=\mathrm{OP}+\mathrm{O'P}=9+1=10$である。点A，点Bはそれぞれ直線$l$と円O，円O′との接点なので，$\mathrm{OA}\perp l$，$\mathrm{O'B}\perp l$となる。よって，点O′から半径OAに垂線O′Hを引くと，四角形O′HABは長方形となるから，$\mathrm{HA}=\mathrm{O'B}=1$より，$\mathrm{OH}=\mathrm{OA}-\mathrm{HA}=9-1=8$となる。したがって，△OO′Hで三平方の定理より，$\mathrm{HO'}=\sqrt{\mathrm{OO'}^2-\mathrm{OH}^2}=\sqrt{10^2-8^2}=\sqrt{36}=6$となるから，$\mathrm{AB}=\mathrm{HO'}=6$である。

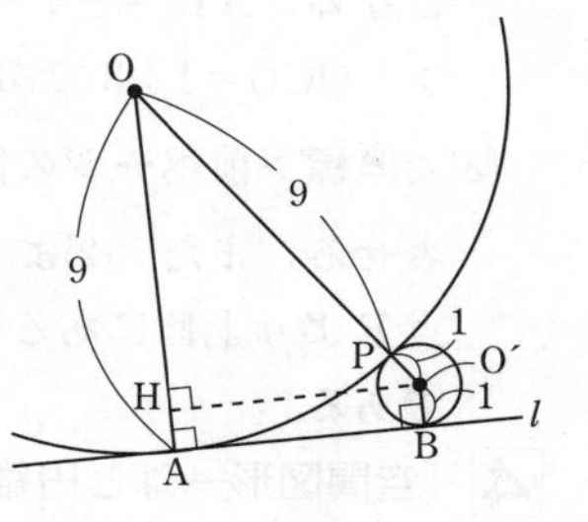

(7)＜確率—さいころ＞大小2個のさいころの目の出方は全部で$6\times6=36$(通り)ある。このうち，目の積が3の倍数となるのは，大きいさいころの目が1のとき，小さいさいころの目は3，6の2通りあり，大きいさいころの目が2，4，5のときも同様にそれぞれ2通りある。大きいさいころの目が3のとき，小さいさいころの目は1，2，3，4，5，6の6通りあり，大きいさいころの目が6のときも同様に6通りある。よって，目の積が3の倍数となる目の出方は，$2\times4+6\times2=20$(通り)あるから，求める確率は$\frac{20}{36}=\frac{5}{9}$となる。

≪別解≫目の積が3の倍数となるとき，大小2個のさいころのうち少なくともどちらか1個が3の倍数の目となる。これは，2個とも3の倍数以外の目が出る場合を除いた場合である。2個とも3の倍数以外の目が出る場合は，大小2個のさいころの目の出方がそれぞれ1，2，4，5の4通りだから，$4\times4=16$(通り)ある。よって，目の積が3の倍数となる目の出方は$36-16=20$(通り)あるから，求める確率は$\frac{20}{36}=\frac{5}{9}$となる。

3 〔関数—関数 $y=ax^2$ と直線〕

(1)＜直線の式＞右図で，点Aは放物線$y=\frac{1}{3}x^2$上にあり，x座標は-6だから，$y=\frac{1}{3}\times(-6)^2=12$より，A$(-6,\ 12)$である。点Bは放物線$y=x^2$上にあり，$x$座標は$-4$だから，$y=(-4)^2=16$より，B$(-4,\ 16)$である。よって，直線$l$の傾きは$\frac{16-12}{-4-(-6)}=2$であり，その式は$y=2x+b$とおける。点Aを通るので，$12=2\times(-6)+b$，$b=24$となり，直線$l$の式は$y=2x+24$である。

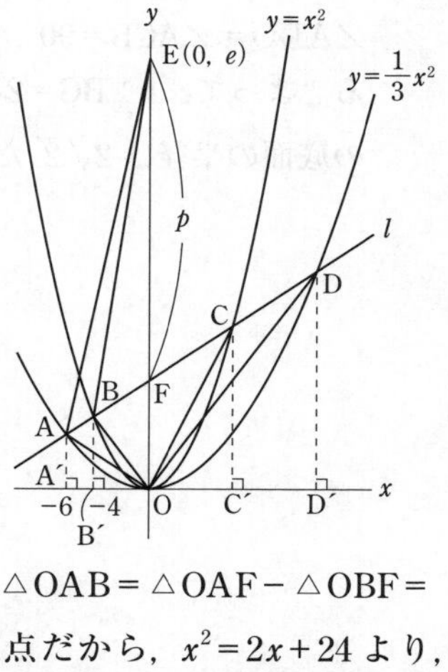

(2)＜面積比＞右図で，直線lとy軸との交点をFとすると，(1)より，直線lの切片が24だから，$\mathrm{OF}=24$である。辺OFを底辺と見ると，2点A，Bのx座標-6，-4より，△OAF，△OBFの高さはそれぞれ6，4だから，$\triangle\mathrm{OAF}=\frac{1}{2}\times24\times6=72$，$\triangle\mathrm{OBF}=\frac{1}{2}\times24\times4=48$となり，$\triangle\mathrm{OAB}=\triangle\mathrm{OAF}-\triangle\mathrm{OBF}=72-48=24$となる。次に，点Cは放物線$y=x^2$と直線$y=2x+24$の交点だから，$x^2=2x+24$より，$x^2-2x-24=0$，$(x+4)(x-6)=0$　$\therefore x=-4,\ 6$　よって，点Cのx座標は6である。点Dは放物線$y=\frac{1}{3}x^2$と直線$y=2x+24$の交点だから，$\frac{1}{3}x^2=2x+24$より，$x^2-6x-72=0$，$(x+6)(x-12)=0$

∴ $x=-6$，12　よって，点Dのx座標は12である。辺OFを底辺と見ると，△OCF，△ODFの高さはそれぞれ6，12だから，△OCF$=\frac{1}{2}\times24\times6=72$，△ODF$=\frac{1}{2}\times24\times12=144$となり，△OCD$=$△ODF$-$△OCF$=144-72=72$となる。したがって，△OAB：△OCD$=24:72=1:3$である。

≪別解≫前ページの図で，△OAB，△OCDの底辺をそれぞれ辺AB，辺CDと見ると，この2つの三角形は高さが等しいので，△OAB：△OCD$=$AB：CDである。4点A，B，C，Dからx軸にそれぞれ垂線AA′，BB′，CC′，DD′を引くと，AA′∥BB′∥CC′∥DD′だから，AB：CD$=$A′B′：C′D′となる。A′B′$=-4-(-6)=2$，C′D′$=12-6=6$だから，A′B′：C′D′$=2:6=1:3$となり，△OAB：△OCD$=1:3$である。

(3)＜座標＞前ページの図で，EF$=p$とおくと，△EAB$=$△EAF$-$△EBF$=\frac{1}{2}\times p\times6-\frac{1}{2}\times p\times4=p$と表せる。また，(2)より△OCD$=72$だから，△EAB$=$△OCDより，$p=72$となる。よって，点Eが点Fより上側にあるとき$e=24+72=96$であり，点Eが点Fより下側にあるとき$e=24-72=-48$である。

4〔空間図形―球と円錐〕

≪基本方針の決定≫(2)　2つの球の中心を含む底面に垂直な断面で考える。

(1)＜体積＞球Pは，半径がrなので，体積は$\frac{4}{3}\pi r^3$である。

(2)＜長さ―相似＞円錐の底面の円周上に点Bをとり，点A，B，O，Q，Pを通る平面で円錐と球を切断すると，断面は右図のようになる。球Pと円錐の底面との接点をC，線分ABと球O，球Pとの接点をそれぞれD，Eとすると，∠ADO$=$∠AEP$=90^\circ$，∠OAD$=$∠PAEより，△AOD∽△APEなので，OD：PE$=$AO：APとなる。OD$=1$，PE$=r$，AO$=$AC$-$OQ$-$PQ$-$PC$=8-1-r-r=7-2r$，AP$=$AC$-$PC$=8-r$だから，$1:r=(7-2r):(8-r)$が成り立つ。これを解くと，$1\times(8-r)=r(7-2r)$，$8-r=7r-2r^2$，$2r^2-8r+8=0$，$r^2-4r+4=0$，$(r-2)^2=0$より，$r=2$となる。

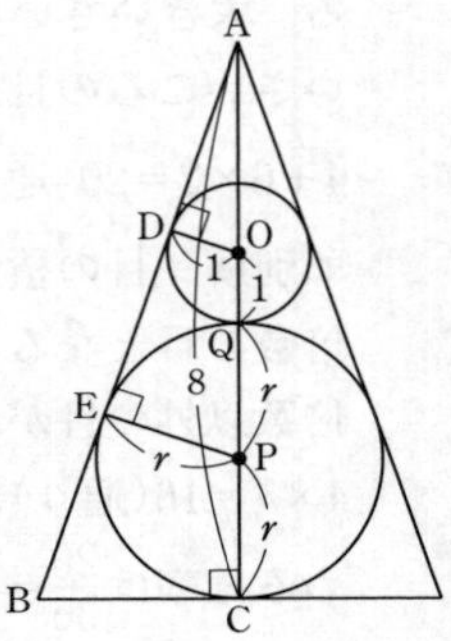

(3)＜体積―三平方の定理，相似＞右図で，(2)より，AO$=7-2r=7-2\times2=3$だから，△AODで三平方の定理より，AD$=\sqrt{\mathrm{AO}^2-\mathrm{OD}^2}=\sqrt{3^2-1^2}=\sqrt{8}=2\sqrt{2}$となる。また，∠ADO$=$∠ACB$=90^\circ$，∠OAD$=$∠BACより，△AOD∽△ABCだから，OD：BC$=$AD：ACである。よって，1：BC$=2\sqrt{2}:8$が成り立ち，$2\sqrt{2}$BC$=1\times8$，BC$=2\sqrt{2}$となる。したがって，円錐の底面の半径は$2\sqrt{2}$だから，円錐の体積は$\frac{1}{3}\times\pi\times(2\sqrt{2})^2\times8=\frac{64}{3}\pi$である。

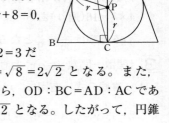

2020年度／淑徳高等学校

国語解答

一 問一 ア 浸 イ 無縁 ウ 博 エ 推進 オ 壮絶 カ 危険 キ 状況

問二 A 習得 B 日常 C イマージョン D 現代国語

問三 A…オ B…ア 問四 ウ

問五 A 苦行 B 楽しく，自然に

問六 エ 問七 オ

問八 外国人に遭遇した［場合］

問九 名人達人

問十 ⓐ…エ ⓑ…オ

問十一 Ⓐ…イ Ⓘ…オ

二 問一 オ 問二 ア 問三 エ

問四 エ

問五 ・死ぬっていうのはどんなことかということ

・ぼくが死んだあとの世界のこと

問六 オ 問七 イ 問八 イ

問九 ア 問十 ウ

問十一 A 世界 B 証明

問十二 ア 問十三 ウ

問十四 （省略）

一〔論説文の読解―芸術・文学・言語学的分野―言語〕出典；横山雅彦『「超」入門！論理トレーニング』。

≪本文の概要≫英語の習得には，自然に英語環境に身を置く「社会的イマージョン」と，知的行為として意図的に英語を使う「知的イマージョン」の二つの方法がある。しかし，日本人の場合は，日常生活において現代国語があるかぎり，英語を話す必要がないので，社会的イマージョンとしての英語学習は不可能である。また，知的イマージョンとして日本人が英語と向き合い，高度な運用能力を身につけるためには，相当の努力が求められる。考えてみると，日本人にとっての英語は，空手によく似ている。日常生活において，学んだ技術を活用する機会はほとんどなく，あったとしても，きわめて非日常的な状況でしかないからである。空手道場に通う人の中には，名人達人のレベルを目指すために，たゆまず鍛錬に励む一割の人もいるが，九割の人は，いざというときのための護身術として身につける程度に通っているにすぎない。英語も，空手の一割の人と同じような鍛錬をしなければ身につかず，決して「楽しく，自然に」話せるようになるわけではない。

問一<漢字>ア．音読みは「浸透」などの「シン」。　イ．「無縁」は，関係がないこと。　ウ．音読みは「博学」などの「ハク」。　エ．「推進」は，ある目標を達成できるようにおしすすめること。　オ．「壮絶」は，非常に勇ましいこと。　カ．「危険」は，身体や生命に危害が生じる可能性があること。　キ．「状況」は，移り変わる物事の，そのときどきの様子のこと。

問二<文章内容>英語の習得には，「自然に英語環境に浸ること」か「知的行為として意図的に浸ること」という二つの「イマージョン」のどちらかが不可欠だが，日本では，日常的に現代国語が使われているかぎり，英語を日常生活で使う機会がない。そのため，「僕」は，日本人が中学高校の六年間で英語を話せるようになるわけがないと考えている。

問三<表現>A．日本人が英語の高度な運用能力を身につけるためには，想像を超えた努力が求められる。　B．「僕」は，英語を身につけるために，大学への通学の途中は言うまでもなく，キャンパス内でも常にウォークマンで英語を聞き続けた。

問四＜四字熟語＞日本人が真の意味で英語を身につけることは「まさに苦行」であり，心身を苦しめるほどの多大な努力が求められる。「刻苦」は，非常な苦労をすること。「勉励」は，つとめはげむこと。

問五＜主題＞日本人にとって英語は「楽しく，自然に」身につけられるものではなく，「僕」や英語教育の分野で著名な先生のように，「苦行」と思えるほど意識的に日常生活で英語にふれなければ，習得できないものである。

問六＜四字熟語＞「行住坐臥」は，「ぎょうじゅうざが」と読み，日常の立ち居振る舞いのこと。空手の名人達人を目指すならば，日常生活のあらゆる場面で鍛錬していかねばならないのである。「一朝一夕」は，ひと朝とひと晩のことで，きわめてわずかな時間のこと。「本末転倒」は，物事の根本的なことや大事なことと，そうでないことを取り違えること。「一期一会」は，一生に一度だけの機会のこと。「因果応報」は，よい行いにはよい結果が，悪い行いには悪い結果がもたらされるということ。

問七＜文章内容＞英語の名人達人を目指す人にとっては，中学高校の英語の授業は「他人が見れば苦行そのもの」のつらい道のりの始まりにすぎないのである。

問八＜文章内容＞空手の道場に通う人の九割が，いざというときに備えて空手を習うように，英語を学ぶ日本人の九割は，外国人と話さなければならないという「非日常的な状況」に備えて英語を学んでいる。

問九＜文章内容＞空手でも英語でも，常に苦行と思えるほどに鍛錬し，生涯をかけて，ようやく名人達人のレベルに達することができるが，それを目指すのは，全体の一割の人にすぎない。

問十＜語句＞ⓐ「たゆむ」は，気持ちがゆるみ，なまける，という意味。　ⓑ「序の口」は，物事が始まったばかりのところのこと。

問十一＜語句＞ⓐ「習得」「会得」の「得」は，理解する，という意味。「得点」「買得」「取得」の「得」は，手に入れる，という意味。「所得」の「得」は，もうけ，利益，という意味。　ⓘ「暗誦」「暗記」の「暗」は，見ないですむようにすっかり覚える，という意味。「暗号」「暗証」の「暗」は，隠れていて見えない，という意味。「暗示」の「暗」は，ひそかに，という意味。「明暗」の「暗」は，くらい，という意味。

二 〔小説の読解〕出典；森見登美彦『ペンギン・ハイウェイ』。

問一＜表現＞「大きな古いマツ」を話のきっかけとして，「ぼくら」は，人間の命の短さや死ぬことについて話し始めた。

問二＜文章内容＞ウチダ君がアオヤマ君の妹の話を聞いて，「わかるな」と共感できたのは，二人とも「死」について考えていたからである。

問三＜文章内容＞ウチダ君は，「生き物はみんな必ず死ぬ」ことはもちろんわかっているが，「わかっていることと，安心することは，ぜんぜんちがうこと」だという自分の考えを，アオヤマ君にも理解してほしいと思っていたので，「ぜんぜんちがうんだ」と繰り返した。

問四＜文章内容＞ウチダ君は，自分の発見について「口にすることが，おそろしいことであるかのよう」な態度を取り，その態度には，自分の発見を自慢しようという気持ちが全くないように，アオヤマ君には思えた。

問五＜文章内容＞ウチダ君は，いつも「死」というテーマについて，「どうしてぼくらは死んでしまうんだろう，だれがそんなふうに決めたんだろう」と考えていた。

問六＜文章内容＞アオヤマ君は，ウチダ君の話を聞いては彼に質問し，「彼の言いたいことを理解しようと努力し」ていた。

問七＜表現＞「ぼくが死んだあと」は「世界はそこで終わる」というウチダ君の考えに対して疑問を口にしたアオヤマ君は，自分の発言がウチダ君を困らせたことから，不用意なことを言うべきではなかったと後悔した。「余計」は，必要の度をこえてかえって無駄なこと。

問八＜文章内容＞ウチダ君は，Ｙの字の図で表現する方が，生と死の世界が「枝分かれ」していくという考えをアオヤマ君にわかりやすく説明できると考えた。

問九＜文章内容＞「なぜ断言できるの？」という質問にも確信を持って答えたウチダ君の説明に対して，アオヤマ君は，反論できないが，納得できたわけではなく，「でも……」とだけ口にした。

問十＜心情＞世界が「枝分かれ」するというウチダ君の考えに対して，アオヤマ君は，「ぼくは本当に，これまでにそんなことを考えてみたこともなかったのだ」と素直に感心し，さらに「ぼくにもあてはまることだ」と考えた。

問十一＜文章内容＞ウチダ君はＹの字の枝分かれの図を通して，アオヤマ君とウチダ君は違う世界にいるので，アオヤマ君がウチダ君が死ぬところを見たとしても，それが「本当にウチダ君本人にとって死ぬということなのか」は確かめられないのだと説明した。

問十二＜心情＞最初ウチダ君は，「アオヤマ君に上手に説明できる自信がなかった」ので，アオヤマ君から「立派な研究だなあ」と認められたことで，ほっとした気持ちになった。

問十三＜表現＞アオヤマ君の視点から，ウチダ君との会話を通して，死というテーマを身近なものとしてとらえている様子が描かれている。

問十四＜文章内容＞ウチダ君は，人が死ぬことは誰もが知っていても死はこわいものなので，人はなぜ死ぬのか，自分が死んだ後に世界はどうなるのかを考えることで安心できるようになると思った。

＝読者へのメッセージ＝

『ペンギン・ハイウェイ』は，2018年にアニメーション映画になったことでも知られています。また，この作品は，2011年に日本ＳＦ大賞を受賞した作品です。その授賞式の際，作者の森見登美彦氏は，「これまでの自分の書いてきた小説の中でも一番思い入れのある小説」と述べています。

Memo

2019年度 淑徳高等学校

【英　語】（50分）〈満点：100点〉

1　次の各問いに答えなさい。

問1　次の各組の下線部の発音が同じであれば○，異なっていれば×，1つだけ異なる場合はその記号を答えなさい。

(1)　ア　great　　イ　break　　ウ　reach
(2)　ア　women　　イ　written　　ウ　kind
(3)　ア　say　　イ　says　　ウ　said

問2　次の各組の最も強く発音する部分が同じであれば○，異なっていれば×，1つだけ異なる場合はその記号を答えなさい。

(1)　ア　ho-tel　　イ　gui-tar　　ウ　pre-pare
(2)　ア　to-mor-row　　イ　in-tro-duce　　ウ　cer-tain-ly

2　次の各組の英文の(　)内に共通して入る語を答えなさい。ただし，与えられたアルファベットから始めること。

(1)
What (k　　) of books do you like?
Be (k　　) to old people.

(2)
Many (l　　) fell from the tree.
Brian (l　　) for his hometown today.

(3)
A man came (u　　) to me.
We gave (u　　) smoking.

(4)
Is this the (r　　) way to the Green Hotel?
He turned (r　　) at the corner.

(5)
They (l　　) happy.
Tom, (l　　) at the blackboard and listen to me.

3　次の各組の文がほぼ同じ内容を表す文になるように，(　)内に入る適語を答えなさい。

(1)
We came here two days ago, and we are still here.
We (　　) (　　) here (　　) two days.

(2)
Do you know the girl in the white dress?
Do you know the girl (　　) (　　) the white dress?

(3)
I didn't study as hard as Yumi.
Yumi studied (　　) (　　) I.

(4)
Does your town have a tall building?
(　　) (　　) a tall building (　　) your town?

(5)
They didn't have any food.
They had (　　) (　　) eat.

4 次の各文の下線部と同じ意味の語句を選び，記号で答えなさい。

(1) When you come to the town, please visit me.

(2) Is she going to fly to Paris tomorrow?

(3) They are in the baseball club.

(4) He will recover soon.

(5) You can relax.

ア get well	イ call on	ウ work hard
エ go up	オ go by plane	カ make yourself at home
キ call at	ク come in	ケ belong to

5 次の各語を，日本語の意味を表す英文になるように並べかえ，その3番目と5番目に来る語句を選び，記号で答えなさい。ただし，文の最初に来る語も小文字で表している。

(1) 日本製の車は，世界中で売られている。
(ア Japan イ all over ウ made エ the world オ are カ the cars キ in ク sold).

(2) 父が作った椅子は，私のより良い。
(ア made イ the chair ウ better エ my father オ than カ which キ is ク mine).

(3) ここから学校まで，どのくらいかかりますか。
(ア it イ the school ウ long エ take オ from here カ does キ how ク to)?

(4) 私たちはいつも教室をきれいにしなければなりません。
(ア always イ our ウ we エ make オ clean カ to キ classroom ク have).

(5) 英語を話すときは，間違えることを恐れてはいけません。
Don't (ア you イ making ウ afraid エ mistakes オ speak English カ of キ when ク be).

6 次の文章を読んで設問に答えなさい。

The next time you buy a soda in a to-go cup, you might be surprised to find your straw is made of paper. That's because more and more restaurants are trying to stop using plastic straws, and some cities are banning them. What kind of problems do plastic straws cause? The fact is that the small size of straws has bad effects on the environment.

[①] First, it takes energy and resources to make any plastic object. At the same time, we must create pollution and waste resources like water and fossil fuels. The problem is that many items which are made out of thin plastic, such (②) straws and grocery bags, are single-use. Generally, it's better for the environment to make and buy products that can be used for a long time.

Another reason is that most plastics don't break down when we throw them away. Plastics can stay in landfills for hundreds of years. Plastics in the ocean become small pieces called microplastics, poison animals, and finally hurt the environment.

Straws are only one small part of the problem. Humans have created about 9.1 billion tons of plastic and we don't recycle most of it. Straws probably make up a very small percentage of our trash worldwide. [③]

Recycling is very important : [④] However, your straws always go to a landfill (⑤) the end unfortunately.

"Plastic straws and other small plastic items fall through the machine and go straight to landfills," says Jonathan Kuhl of the D.C. Department of Public Works. "Because of ⑥this, we ask District residents not to put these small items in their recycling bins." The same is true in most recycling factories around the country.

"The best way to keep plastic straws out of landfills is not to use them — whether you're at home or in a restaurant," Kuhl says. "If you'd like to use a straw, there are paper and other non-plastic alternatives."

[⑦] It means that until we find an alternative that works for everyone, we can't get rid (⑧) them all. But if you drink with a plastic straw just for fun or convenience, ⑨to / using / should / stop / them / try / you.

Paper straws will appear at many stores and restaurants, but you can also try reusable straws made of bamboo, metal and glass. Some companies make straws out of pasta. You can try it out at home. Just don't try to use it for a hot soup, or you're going to end up cooking a very strange soup !

出典：*The Washington Post—KidsPost (September 9, 2018)* 一部改変

https://www.washingtonpost.com/lifestyle/kidspost/plastic-straws-are-little-but-they-are-part-of-a-huge-problem/2018/09/07/63bfe44e-ac9f-11e8-b1da-ff7faa680710_story.html?utm_term=.5a61bf03183c

問１　空欄 [①] [③] [④] [⑦] に入る文を選び，記号で答えなさい。

ア　But they've recently got a lot of attention because of how difficult they should be recycled.
イ　Some people need plastic straws to drink because of physical limitations.
ウ　It's important to limit your use of plastic for a few reasons.
エ　It keeps many of our plastic objects from spending hundreds of years causing trouble.

問２　空欄(②)(⑤)(⑧)に入る前置詞を選び，記号で答えなさい。同じ語を２度以上使ってはいけない。

ア　in
イ　as
ウ　for
エ　of

問３　下線部⑥が示す内容を具体的に日本語で説明しなさい。

問４　下線部⑨を意味が通るように並べかえ，２番目と５番目に来る語を答えなさい。

問５　以下の文が本文の内容と一致するものにはＴを，一致しないものにはＦで答えなさい。

(1)　When you get a takeout soda for the next time, you will be surprised that it doesn't have a straw with.
(2)　There is a problem that we use some plastic items like straws and grocery bags just for one time.
(3)　Plastics can change into microplastics in the water.
(4)　You can enjoy eating a soup with a paper straw.

問6　文章につけるタイトルとして最も適切なものを選び，記号で答えなさい。

ア　Paper straws will make the world worse
イ　Why should Japanese people stop using plastic straws?
ウ　The importance of recycling
エ　Small plastic straws cause a big problem

7　文章［A］，［B］を読んで設問に答えなさい。

［A］

In the 1950s, American engineer Alfred Fielding and Swiss inventor Marc Chavannes thought they had a great idea. They would melt two plastic shower curtains together in a way that trapped air bubbles between the two sheets. The result: soft, thick wallpaper.

Unfortunately, nobody else thought it was a good idea. People didn't want thick plastic wallpaper. So Fielding and Chavannes started marketing it in other ways. Their company, Sealed Air, began selling it as a covering for greenhouses. This had a little bit of success, but nothing like Fielding and Chavannes had hoped.

While this was going on, (1)several different events came together to create a burst of (2)insight that changed everything. One of these events was that computer company IBM developed a new computer, called the 1401. Then in 1959, a market expert at Sealed Air named Frederick Bowers took an airplane ride. Looking out the window, he saw clouds below. They looked like soft pillows, gently supporting the airplane. At that moment, he came up with the idea that made history. Instead of using Sealed Air material to cover walls, why not use it to protect things? It could keep delicate products like . . . [(3)]!

Bowers went to IBM and showed them what his product could do. They liked the idea and decided to use it to protect the 1401, which became one of the most widely used computers in the world. Soft wrapping for delicate products had always been a problem. When more businesses began to see what a great packaging (4)solution this product was, its use spread more and more widely.

It is now known as Bubble Wrap, and everyone loves it. Large businesses use it to protect valuable products. Friends use it to make sure birthday presents don't break in the mail. And children love to snap the little bubbles and hear that pop. (5)There probably isn't anyone who uses Bubble Wrap for wallpaper.

［B］

If anyone should be called "Mr. Tofu" in the United States, it's Yasuo Kumoda, the man who made tofu popular there. Although he succeeded in the end, Kumoda's career was filled with bad luck that would have crushed the sprits of most people. Time and again, his great ideas came close to success only to be ruined by expected events.

At age 40, in the early 1980s, Kumoda was sent United States to try to sell tofu there. Surely Japanese expats and health-conscious Americans would eat tofu. Some Americans did like it, but not many. Some didn't like the feel and taste of it. The word "tofu" reminded others of toes on their feet. Many also thought soy was only for pet food. In 1988, a newspaper survey found that (6)tofu was the one food Americans disliked most.

Year after year, Mr. Tofu kept trying. He visited Aoki, the owner of the Benihana restaurant chain. But Aoki refused to let Kumoda use the Benihana name as a tofu brand, or to offer tofu in his restaurants. [(7)]

Then one day, when he was close to giving up, he saw a woman buying tofu. Kumoda spoke to her and found that she mixed it with fruit to make a healthy shake. He began developing new tofu products based on this fresh new idea. Later, he heard first lady Hillary Clinton talk about tofu as a healthy food for President Bill Clinton. Kumoda sent some of his new product to the White House and received a kind reply.

This renewed Kumoda's (8)enthusiasm. But just then, His boss's (9)patience ran out. His company told Kumoda he could build a factory for his new products, but he would have to pay for it himself. This was a big personal risk, and many people would have given up. But not Mr. Tofu. He borrowed money to build a factory in Oregon. After 10 more years of (10)struggle, this bold move finally paid off — Mr. Tofu's reward for never giving up. Today, his tofu is selling well in the United States.

出典：*Motivational Business Stories in English* 一部改変

問１ 文章［A］と文章［B］の内容に共通して言える言葉を以下のア～オから選び，記号で答えなさい。

ア Custom makes all things easy.
イ You can't learn if you don't make mistakes.
ウ Good fortune and happiness will come to the home of those who smile.
エ If you chase two rabbits, you will not catch either.
オ What happens twice will happen three times.

問２ 文章［A］と文章［B］の下線部(2)(4)(8)(9)(10)の単語に適する定義を以下のア～オからそれぞれ選び，記号で答えなさい。

ア a means of dealing with a difficult situation
イ a hard fight in which people try to obtain or achieve something
ウ a strong feeling of interest and enjoyment about something and an eagerness to be involved in it
エ a sudden clear understanding of something or part of something
オ the ability to continue waiting or doing something for a long time without becoming angry

問３ 文章［A］下線部(1)several different eventsとあるが，具体的にはどのようなことか日本語で２つ挙げなさい。

問４ 文章［A］空欄 [(3)] に入る文脈に沿った適切な語を文章［A］の中から抜き出しなさい。

問５ 文章［A］下線部(5)の理由を日本語で答えなさい。

問６ 文章［B］下線部(6)の理由を日本語で答えなさい。

問７ 文章［B］空欄 [(7)] に適する順番になるようにア～エの文を並べかえなさい。

ア Instead, he used "TOFU-A."
イ Kumoda's next idea was to put "TOFU NO1" on his car license plate.
ウ Still, other drivers on the road sometimes gave him the "thumbs down" sign.
エ But the consultant told him that Americans might take it to mean "TOFU NO!"

【数　学】 (50分)〈満点：100点〉

1　次の問いに答えなさい。

(1)　$(-3)^2\times(-2)-3^2\times(8-9)$ を計算しなさい。

(2)　$\dfrac{2x-y}{4}-\dfrac{x-2y}{6}$ を計算しなさい。

(3)　$16-8(\sqrt{6}+3)+(\sqrt{6}+3)^2$ を計算しなさい。

(4)　連立方程式 $7x+y=x-2y=-x+y+8$ を解きなさい。

(5)　2次方程式 $(x-2)(x+1)=4$ を解きなさい。

(6)　$(x-y+2)(x-y-1)$ を展開しなさい。

(7)　$(2x)^2+4x-3$ を因数分解しなさい。

2　次の問いに答えなさい。

(1)　aは3より小さい数で，bは負の数とする。xの1次関数 $y=ax+3$ の x の変域が $a\leqq x\leqq 3$ のとき，y の変域が $b\leqq y\leqq 5$ となるような a，b について，負の数 b の値を求めなさい。

(2)　x，y についての式 $(x+2y)(x+y)$ を展開すると $x^2+3xy+2y^2$ であるから，各項の係数は1，3，2となる。これらの和を求めると $1+3+2=6$ である。x，y についての式 $(4x+3y)(7x-8y+1)$ を展開して得られる各項の係数の和を求めなさい。

(3)　端点を除く線分AB上に2点をとり，Aに近い方から順にC，Dとする。AD：DB＝13：3であり，AC：CB＝7：5であるとき，CD：DBを求めなさい。ただし，答えは最も簡単な整数の比で答えること。

(4)　下の図において，$\angle x$ の大きさを求めなさい。ただし，点Oは円の中心であり，BD＝EDとする。

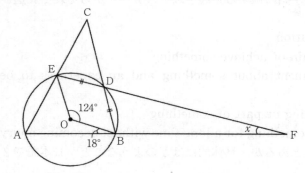

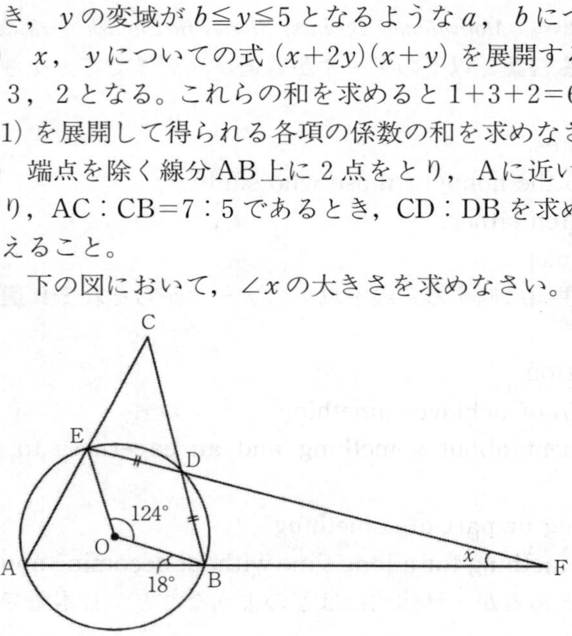

(5)　aは正の数とする。xの2次方程式 $x^2-2ax+12a+28=0$ が $x=a$ を解にもつとき，aの値を求めなさい。

(6)　正しくできたさいころを3回投げるとき，1回目と2回目に出た目の数の和より，3回目に出た目の数が大きくなる確率を求めなさい。

(7)　半径が2，中心角が90°のおうぎ形OABがあり，弧ABを3等分する点をAに近い方からP，Qとする。辺OA上に点L，辺OB上に点Mを PL＋LM＋MQ が最小になるようにとるとき，その最小値をaとして，a^2の値を求めなさい。

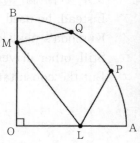

3　正の数 a に対し，座標平面上の放物線 $y=ax^2$ を①，直線 $y=ax+3$ を②とする。②と y 軸との交点をP，①と②の2つの交点を x 座標の小さい順にQ，Rとし，それぞれの x 座標を q，r とする。次の問いに答えなさい。

(1)　$a=2$ のとき，点Qの x 座標 q を求めなさい。

(2)　△OPQ，△OPRの面積をそれぞれ S，T とする。$S：T=1：2$ となるとき，

(i)　r を q を用いて表しなさい。

(ii)　a の値を求めなさい。

4　底面が正方形で，$\mathrm{OA}=\mathrm{OB}=\mathrm{OC}=\mathrm{OD}=\sqrt{34}$ の正四角錐O-ABCDがある。底面の対角線の交点をHとすると，OH＝4である。点Pを中心とする球Sは，正四角錐の底面と4つの側面に接している。さらに，点Qを中心とする球Tは球Sと正四角錐の底面と2つの側面に接している。このとき，次の問いに答えなさい。

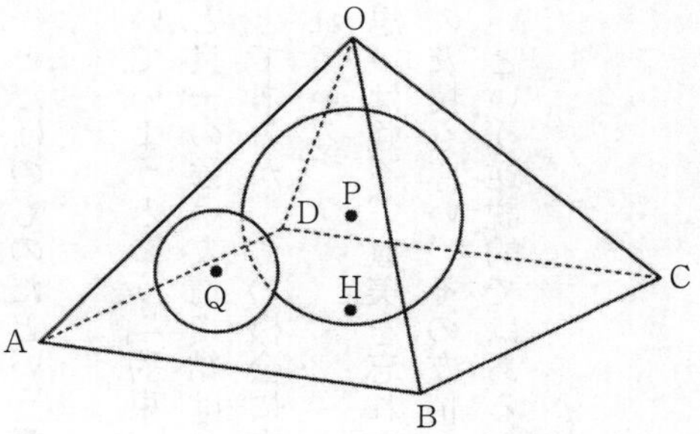

(1)　正四角錐O-ABCDの体積を求めなさい。

(2)　球Sの半径を求めなさい。

(3)　球Tの半径は球Sの半径の何倍か求めなさい。

る機能が一つ失われ、確実に死に近づいていると感じていた。

エ　入院して外に出られない不自由さに加え、直美が話すこともできない不自由さが増えてしまったと感じていた。

オ　直美の明るい姿は声とともにあったのに、その声をもう聞くことができないと感じていた。

問十三　――線⑫「お前だけが頼りだ」と言った徹也の気持ちの説明として適当なものを次の中から一つ選び、記号で答えなさい。

ア　自分が父親と似た人生を歩み始めていることに不安を感じている。やがては直美を軽んじ、良一と交わしたかつての「約束」をも破ってしまう自分の将来を危惧し、前もって謝罪したいという思いが表れている。

イ　部の中で自分の立場を変えられない徹也にとって、直美は大きな負担を強いる存在である。直美を失いたくない思いと失わざるを得ない状況を突きつめていった結果、良一の友情に頼るしかないというせっぱつまった事情が表れている。

ウ　今でこそ自分の生活は直美と良一との友情で支えられているが、これからの三人の生き方は人それぞれ異なる。直美をかわいそうだと思いつつも、忘れないでいるという「約束」は直美とは無縁のもので、良一とだけのものだという覚悟が表れている。

エ　直美のことを忘れないでいようという「約束」は直美に対する愛情というより徹也と良一の強い友情で結ばれている。直美の入院は悲しいできごとであるが、この機会に友情をさらに深めたいという願いが表れている。

オ　自分の直美に対する思いは強く、直美を忘れないという「約束」を交わした良一との友情も尊い。その友情を通して直美への思いを永遠に残したいという逆説的ではあるが純粋な直美への愛情が表れている。

の「約束」の中では確かに固い友情があり、たとえ自分は直美が好きであっても、三人の関係で言えば、友だちには違いないと自ら了解した。

エ　徹也と良一は「同盟」を結んだのだから友だちではあるが、直美については自分と徹也は友情以上の思いでそれぞれつながっているだけで、そのために二人の関係がぎくしゃくしてきている現在、友だちと主張するにはためらうものがあった。

オ　父の旧友に比べたら三人の友情は愛情までからんでいる女々しい関係で成り立っているが、直美が手術したことを考えれば、生死に関わりながら結びついている点では父の友人関係とある意味で同じであると思い直し、改めて三人の友情を深めたいと決意した。

問九　――線⑧「父は腕に力をこめ、ぼくの肩をぎゅうっと抱きしめた」とありますが、その時の父の気持ちの説明として適当なものを次の中から一つ選び、記号で答えなさい。

ア　父は良一の「ともだち」という言葉から、自分の亡くなった友人と入院している良一の友人とを結びつけ、自分の悲しみを共有できる人間として良一に接しようとしていた。

イ　父は旧友と酒を飲んで帰ってきたこともあり、いつもは話も交わさない良一から真剣に相談されたのをうれしく感じ、自らの経験を話す機会を逃してはならないと意気込んでいた。

ウ　多くの友人を亡くした悲しみは自分一人しか理解できないと考えていた父だったが、良一の友人が生死を分かつ病気であることを知り、自分の悲しみが分かる大人になった良一を頼もしく思っていた。

エ　若い頃、多くの友人を失い、つらい思いをしながらも家庭を築き、子を懸命に育てたことを振り返った父は、友人の入院くらいでしおれている良一を情けなく感じていた。

オ　良一が友人の手術のことを言った瞬間、女友達であることを察した父は、ことの重大さを知り、良一に人生を力強く歩んでほしいと勇気づけようとしていた。

問十　――線⑨「わかるか、と叫んでいる父は、少なくとも、美しくはなかった」とありますが、その時の良一の気持ちの説明として適当なものを次の中から一つ選び、記号で答えなさい。

ア　苦労の多い人生を送った父の話は心に響く内容を持っていたかもしれなかったが、泥酔しきっている父の姿はいかにも醜い現実を呈《てい》していた。

イ　「わかるか」と言われても返事にこまるぐらい知っているだろうに、返事を強要する父の姿に戦時中の軍国主義のにおいがして見苦しかった。

ウ　多くの経験を積んだ父の話は興味深く尊敬すべきものだったが、そうはいっても今は中年の酒浸りの一人の男が時と相手を間違えて話している戯言《たわごと》と考えていた。

エ　友人がいろいろな難題を抱え人生を送ったという話は、裏返せば父がそういう苦境に立たず逃げ回っていたのではないかと疑わざるを得なかった。

オ　強く男らしい人生を送っていても、父の話はいつも最後に自己嫌悪し、今の自分の生活を否定するので、その話の流れが容易に想像され苦々しく思っていた。

問十一　――線⑩「ようやくぼくは、異変に気づいた」とありますが、「異変に気づいた」のはどういう状況があったからですか。「回診」「昨日」「一言」の三語を使って簡単に説明しなさい。

問十二　――線⑪「声が出せなくなった」状況を徹也はどう受け止めていましたか。その説明として適当なものを次の中から一つ選び、記号で答えなさい。

ア　酸素吸入している緊急事態が飲み込めず、声が出せなくなった症状のつらさだけを強く感じていた。

イ　声を出せなくなった病状の次に起こる変化を考え、自分達のできることがますます無くなっていくと感じていた。

ウ　気管を切開しているから声が出せないのであるが、生きてい

ウ　一気にカツ丼を食べきるような元気なそぶりを見せたかと思うと、自分の行動を否定し、さらにまだ手術も終えていない直美をダメだと決めつけてしまうような、行動の変化と気持ちの変化が不規則に現れるようす。
エ　良一の前では一人でしゃべり続けるようなはつらつさを見せ、一方、心の中ではそんな自分が許せないというプライドもあり、自分がどういう行動をしたらよいか迷っているようす。
オ　人のいないところでは泣いてしまう自分であっても、人前では笑顔を見せ、相撲を取ろうという元気いっぱいの提案をし、本心を隠す行動を繰り返しているようす。

問四　□に入る語を次の中から選び、記号で答えなさい。
ア　いからせ　イ　落とし　ウ　張っ
エ　すくめ　オ　ゆらし

問五　――線④「喫茶室は中庭に面していた」とありますが、この文に続く中庭の記述は文章上どんな効果がありますか。その説明として適当なものを次の中から一つ選び、記号で答えなさい。
ア　夕陽を浴びて光り出した「通風口」や「配管」を描き、手術が始まってから長い時間が過ぎたことを示す効果。
イ　庭のようすをたんたんと描写することで二人が視線を合わさないまま庭をじっと見ていたことを暗示させる効果。
ウ　「動くものは何もなかった」「無機物」などの表現をたたみかけ、二人の行き所のない心の空しさを助長させる効果。
エ　「殺風景」の「殺」を使うことによって死を暗示させ、手術がいかに難しいものであったかを表す効果。
オ　花壇がないとあえて書くことによって、時間をつぶす場所としてはふさわしくなかったと匂わせる効果。

問六　――線⑤「床に手をついて身構えた」時の良一の気持ちの説明として適当なものを次の中から一つ選び、記号で答えなさい。
ア　こんな狭い場所で相撲を取ったら危ないと感じたが、身体の大きい徹也を相手にしてケガをしないように真剣に受けて立とうと心を引き締めていた。
イ　急に思いついたことなのだから直ぐさめると高をくくっていたが、相撲をすることで徹也の気持ちが晴れる気配を感じたので、言うとおりにしようとあきらめていた。
ウ　慣れていないスポーツでうまくいくとは思えないが、まねごとで経験したことがあるので徹也の期待を裏切らないように、何とか相撲らしく対戦しようと決意していた。
エ　何の前触れもなく相撲の挑戦を受け、一瞬ためらったものの、徹也の真剣な思いは崩せそうになかったので、徹也の要求をそのまま受け入れようとしていた。
オ　手術をしている最中に相撲をしようと訳の分からないことをいう徹也に憤慨《ふんがい》し、体力でかなわないと知りつつも絶対に勝とうと意気込んでいた。

問七　――線⑥「徹也の身体のふるえと、熱気と、重みとが、ぼくの身体にのしかかってきた」とありますが、「のしかかってきた」「重み」によって良一は何を感じましたか。簡単に説明しなさい。

問八　――線⑦「少し考えてから、ぼくは答えた」とありますが、この時の良一の説明として適当なものを次の中から一つ選び、記号で答えなさい。
ア　手術した直美には友情以外の思いもあり、父の考えている友だちと三人の関係は明らかに友情とは違うと思ったが、酔っ払っている父に反発するのも大人げがないので、父の言うとおり「友だち」にしておこうとウソをついた。
イ　「友だちか」と聞かれたものの、改めて父の意味する友だちについて考えた時、父の友だちが生死をともにする戦友とするなら、自分の友だちは学校を通して生まれたふつうの交友関係であるので、父の返事を文字通り肯定するのには恥ずかしい思いがあった。
ウ　徹也と直美と良一とはある意味で三角関係であり、これを友情かと考えると厳密には違うので返答に躊躇《ちゅうちょ》したが、徹也といまにも泣きだしそうな表情で、徹也はささやいた。

「おれの体内には、おやじの血が流れている。軽薄で多情な血だ。いまは、直美のことしか考えていない。だが何年かたてば、直美のことなど忘れて、別の女を追いかけているかもしれない。おれはそういう自分が怖い……」

徹也は目を伏せた。

「いまおれは、哭いている。明日も哭く。明後日も哭くだろう。だが、半月後はどうだろうか。おれは、自信がもてない。そして半年たてば、高校に入って、野球のトレーニングが始まる。ファンの女の子がおれを囲む。甲子園に出られたら、おれはスターだ。誘惑も多いだろう。おれはいつか、誘惑に負ける。そんな予感がする」

徹也は顔を上げ、真剣な目つきでぼくを見つめた。

「北沢。約束を忘れるなよ。⑫お前だけが頼りだ。お前が直美のことを忘れたら、この地上から、直美の想い出が消えてしまう。憶《おぼ》えていろよ。そして、百まで生きろ」

ぼくは黙って、深くうなずいた。

三田誠広『いちご同盟』一部改変

※内ゲバ…一九六〇年代、学生運動の時に発生した組織内部での暴力的な主導権争い。

※下馬…友人の名前。少し前にバイクで事故を起こした。

※船橋…友人の名前。下馬をいじめていたことがある。

問一 ――線①「少し歩こう」と言った徹也の説明として適当なものを次の中から一つ選び、記号で答えなさい。

ア 手術中、自分にはすることが何もなく、かといって直美の両親と顔を合わせていても何の発展もない。つらいこの状況を回避するために、良一と食事でもしながら、手術とは無関係な話をして心をいやしたいと望んでいた。

イ 自分がいても手術中は直美に声をかけられるわけでもなく結局はじっとしているだけである。直美のお父さんやお母さんといっしょにいるのでなおさらばつが悪く、その息苦しい現状から抜けだすための口実を思案していた。

ウ 良一が来たら手術に至るまでのことのいきさつを話したいと考えていたが、直美のお母さんとお父さんには不要な内容である。後からやって来る良一を喫茶室に連れていけば、要点を確実に伝えられると冷静に判断していた。

エ 手術が終わるまでただ待つしかないと分かっていても、何もしない状態が続くのには耐えられない。事態が好転するわけではないが、何かをして少しでも自分の心を紛らわしたいと考えていた。

オ どんなに心配しても手術中は自分からは何もできないとあきらめていた。気分転換もかね、空いたお腹を満たせば気も晴れると考えたが、一人で行くのはさすがにできず、良一と行くこの機会を待っていた。

問二 ――線②「鼓舞《こぶ》する」の意味として適当なものを次の中から一つ選び、記号で答えなさい。

ア 自画自賛すること。

イ 強い意志を持って気の迷いを捨てること。

ウ すべきことが見つからない自分をたしなめること。

エ 元気づけて気持ちを奮い立たせること。

オ はやる気持ちをさらにあおること。

問三 ――線③「カラ元気と、気弱な様子とが、交互に現れ、くるくると表情が変わっていく」徹也のようすの説明として適当なものを次の中から一つ選び、記号で答えなさい。

ア 生きていくには食べていくしかないと声高に言いながらも、思い悩んでいる時でも平然と食べてしまう自分を蔑み、その相対した自分の考えがそのまま行動に出てしまうのを放置しているようす。

イ カツ丼を食べたいからすぐ食べるような強い自分と、食べるべきではないと自らの行動を抑制するような弱い自分を持っていて、状況に応じて異った自分を使い分けているようす。

「友だちか」

ぼくの身体に寄りかかりながら、父は尋ねた。友だち……。⑦少し考えてから、ぼくは答えた。

「そう。大切な友だちだよ」

⑧父は腕に力をこめ、ぼくの肩をぎゅうっと抱きしめた。

「良一。お前にもいつか、わかるだろうがな。長く生きていると、大切な人間が、次々に死んでいく。それは、仕方のないことなんだ。そしてな、良一。大人になり、中年になるにつれて、夢が、一つ一つ、消えていく。人間は、そのことにも耐えなければならないんだ」

父はぼくの耳もとに口を寄せてささやいた。

「今夜は、学生時代の友だちと飲んでたんだ」

突然、父は涙声になった。

「かつての仲間のうち、一人は※内ゲバで殺され、もう一人は自殺した。生き残ったつまらんやつらが、過去を懐かしんで、センチメンタルになって酒を飲む。中年というのは、醜いものだ。良一、わかるか」

⑨わかるか、と叫んでいる父は、少なくとも、美しくはなかった。ぼくは、返事をしなかった。玄関への階段にさしかかっていたので、歯をくいしばって、父の身体を支えていなければならなかった。

「おれがつまらん仕事に手をそめるようになったのも、お前たちを食わせるためだ。この家を建てるために、おれがどれほど心を痛め、自己嫌悪にさいなまれたか……。くそっ、こんな家なんか」

目の前の玄関のドアが開いて、母の顔が見えた。

(面会謝絶が解け、直美の病状も次第に良くなっていったある日、良一は病院に見舞いに行った)

廊下に、徹也がいた。

「いま、医者が診ている」

低い声で徹也は言った。回診の時間ではなかった。不吉な予感がした。だが、昨日、直美と話をしたばかりだ。それほど深刻な事態とは思わなかった。

「喫茶室へ行こう」

徹也はぼくの返事も聞かずに、先に立って歩き始めた。歩きながら、※下馬の事故と、※船橋のことを話した。徹也は、黙って話を聞いていた。喫茶室に着いた時には、話すことがなくなっていた。徹也は一言も口をきかなかった。ぼくといっしょにコーヒーを飲んだ。⑩ようやくぼくは、異変に気づいた。

「どうしたんだ。何かあったのか」

とぼくは尋ねた。徹也は目をそらせたまま、すぐには答えなかった。

「直美は、肺炎を起こしている」

直美は手術で片方の肺を切除していた。一つしかない肺が炎症を起こした。恐れていた事態だ。

「タンが喉《のど》につまって、呼吸困難になった。ついさっきだ。気管を切開して、酸素を吸入させている。直美は、⑪声が出せなくなった」

徹也の声がふるえていた。話しているうちに、こらえていた思いがこみあげてきたのだろう。目が真っ赤になっている。声が……。息をのんだまま、言葉が返せなかった。

徹也は毎日病院に来ていた。野球で鍛えた、陽灼《ひや》けした顔にも、疲労がにじみ出ていた。沈黙が続いた。

「おれは、身体だけは丈夫だから、疲れなんて感じたことはなかった。いつだったか、お前と船橋が走っているのを見て、からかったことがあったな。自分の身体が丈夫なので、他人の気持ちがわからなかった。いまは、ちょっとしたことでも、胸がずきんとする。まるで自分の身体の一部が切り取られて、傷口が開いているような感じだ」

そこまで話してから、徹也は急にテーブルの上に肘《ひじ》をつき、ぼくの方に顔を寄せた。

「北沢。おれは、自分が怖い」

だがおれは、カツ丼を食いたいと思い、食ってしまった。そういう自分が、おれは許せない」
徹也は沈痛な表情になった。自分を②鼓舞《こぶ》するような③カラ元気と、気弱な様子とが、交互に現れ、くるくると表情が変わっていく。
「直美は、もうダメかもしれない」
肩を［　　］て徹也はつぶやいた。試合でサヨナラ負けした時にも、こんな表情は見せなかった。たぶんぼくも、同じような顔つきをしていたはずだ。ここ数日、ぼくは直美を避けて、見舞いに行かなかった。そのことが、悔やまれてならなかった。
④喫茶室は中庭に面していた。庭といっても花壇《だん》などがあるわけではなく、砂利《じゃり》を敷いた地面のあちこちに、地下の通風口や配管が露出した、殺風景な空間だった。動くものは何もなかった。夕方の灰色の光線の下で、石や、壁や、鉄の配管が、無機物の鈍《にぶ》い光沢《こうたく》を放っていた。
時間が流れていく。こうしているうちにも、事態は悪化しているのかもしれない。だとしても、ぼくたちには、どうすることもできないのだ。喫茶室で時間をつぶしてから、手術室前の廊下に戻った。手術はまだ続いていた。しばらく廊下で、じっとしていた。神さまというものが、いるのかいないのか、ぼくは知らない。とにかく、何かに祈らずにはいられなかった。
たまりかねたように、徹也が歩き始めた。ぼくもあとに従った。ぼくは黙っていた。何をいえばいいかわからなかった。不意に、徹也がぼくの腕をつかんだ。
「相撲を取ろうぜ」
「相撲？」
「そうだ。相撲だ。身体を動かしてないと、気分がじりじりする」
「でも……」
ぼくは相撲なんか取ったことがない。子供の頃から、乱暴な遊びには加わらなかった。それに、徹也とぼくとでは、体力が違いすぎる。どうやら徹也は本気らしい。
「この椅子と、あっちの壁が土俵だ。触ると負けだぞ」
そう言って徹也は、床の上に手をついて、仕切りの格好になった。こうなれば、仕方がない。テレビで見たことがあるから、やり方くらいは知っている。ぼくも⑤床に手をついて身構えた。

（中　略）

徹也の息づかいがいっそう荒くなった。身体と身体が密着し、互いのベルトや腕をつかんでもみあっているうちに、重心がぐらりと揺れ、身体が大きく傾いた。ぼくは徹也の身体にしがみついた。徹也が突き放そうとする。足が絡《から》んだ。倒れ込みながら、徹也は捨て身の投げを打った。身体が宙に投げ出された。それでもベルトは放さなかった。もつれあったまま、ぼくたちは床に倒れた。勝ち負けはわからなかった。気がつくと、ぼくは仰向けに倒れ、徹也の身体がぼくの上にかぶさっていた。身動きがとれなかった。
身体がほてっていた。背中の下の床がやけに冷たく、反対に徹也の身体は熱気を帯びていた。その熱い身体が、小刻みにふるえている。のしかかっている徹也の身体の重みで、息が苦しい。身体をずらして、やっと左手だけ自由になったぼくは、手を伸ばして徹也の身体をはねのけようとした。
ぼくは手を止めた。徹也の身体がふるえているわけがわかった。徹也はぼくの胸に顔をうずめ、声をころして哭《な》いていた。⑥徹也の身体のふるえと、熱気と、重みとが、ぼくの身体にのしかかってきた。
ぼくは伸ばしかけた手を、徹也の背中に回した。
（直美は肺を半分失ったものの手術は無事終わった。その日、帰宅する途中に足腰が立たないほど泥酔した父と偶然会い、良一は手術のことを父に伝えた。）
「父さん……、今日、ぼくの大切な人が、手術を受けたんだ。たぶん、その人は死んでしまう」

2　1の作品の冒頭部分が次にあります。[A]・[B]に適当な語句を補いなさい。

ゆく川の流れは絶えずして、しかも[A]。淀みに浮かぶうたかたは、かつ消えかつ結びて久しく[B]なし。

問十一　――線⑨「密度が高まっている分子の緩い『淀《よど》み』でしかない」とありますが、「淀み」という言葉を使用したのは、どういう特徴を表すためですか。その特徴を文中から十字で抜き出しなさい。

問十二　[D]に入る語句を次の中から一つ選び、記号で答えなさい。

ア　生命とはもともと自己複製可能なシステムである
イ　生命とは特異的なありようを見せる分子で成立しているシステムである
ウ　生命とは食べ続けなければならない『流れ』そのものにあるシステムである
エ　生命とは環境が常に私たちの身体の中を通り抜けるシステムである
オ　生命とは動的平衡にあるシステムである

二

次の文章を読んで、後の問いに答えなさい。

（徹也《てつや》は幼なじみの直美が入院している病院に親友の北沢良一「ぼく」を連れて行った。良一は見舞いを繰り返すうちに直美を好きになり、直美も良一のことを好きになっていた。そんな折、徹也と良一は直美を一生忘れないでいようという約束をし、十五歳にちなんでそれを一五《いちご》同盟と名付けた。）

「明日、手術だ。来てくれ」

電話口で、徹也は短く用件だけを告げた。

「わかった」

ぼくも短く返事をして、電話を切った。

学校が終わると、そのまま病院に向かった。徹也は学校を休んでいた。ナースステーションで場所を訊《き》いて、手術室に向かった。廊下に、直美の両親と、徹也の姿が見えた。

「手術が長びいている」

徹也が低い声でささやいた。

「病巣《びょうそう》が肺にまで広がっているらしい。大変な手術になる」

徹也は昂奮《こうふん》していた。ぼくは両親の方に歩み寄った。お母さんは心労のためか、見るからにやつれていて、ぼくが近づいても、こちらを見ようとしなかった。お父さんはいつものように微笑を浮かべ、会釈をした。ぼくも黙って頭を下げた。徹也の方に戻ると、待ちかねていたように、徹也は早口に言った。

「ここで待っていても、何の役にも立たない。①少し歩こう」

肩を並べて、廊下を歩き始めた。

「喫茶室《きっさしつ》へ行こうか」

外来患者の待合室の手前に、喫茶室があった。ソファーではなく、樹脂製のテーブルとスチールパイプの椅子《いす》が並んだ、高速道路の休憩室みたいな場所で、喫茶室というよりは食堂といった感じだ。実際に、軽い食事もできるようになっていた。

「腹が減ったな。昼メシを食ってない」

入口のわきの見本の前で、徹也はつぶやいた。

「おれはカツ丼にしよう」

ぼくはコーヒーを頼んだ。喫茶室の中はがらんとしていた。ここが混むのは昼食時くらいのものだ。徹也は無言で、一気に丼をかきこんだ。

「こんな時に、よく食欲があるなと思っているだろう」

食べ終わって、ふうっと息をついてから、徹也は言った。ぼくは黙っていた。

「仕方がない。人間はメシを食って生きていくしかないんだ。自分でも、哀《かな》しいと思うよ。カツ丼なんか食ってる場合じゃないだろう。

伝えること。

ウ　再生医療の改革を円滑に促す発見として広く社会からもてはやされること。

エ　再生医療を革新的に向上させる起爆剤として誰からも期待されること。

オ　再生医療を世間に認知させる象徴として多くの人から認められること。

問三　――線②「生命現象はすべて機械論的に説明可能だ」とありますが、

1　「生命現象はすべて機械論的に説明可能だ」とはどういうことですか。次の□A～Eに適当な語句を指示された字数で文中から抜き出して説明文を完成させなさい。

生命を A［四字］な B［七字］と捉え、その C［二字］が D［二字］によって E［三字］に説明できるということ。

2　この考え方は時代の反作用として生まれたものです。デカルトは旧来のどういう考え方を否定したのですか。文中の言葉を使って簡単に説明しなさい。

問四　［A］～［C］に入る語を下の中からそれぞれ一つ選び、記号で答えなさい。

A　ア　一般　イ　具体　ウ　先鋭　エ　明文　オ　細分

B　ア　博　イ　画　ウ　決　エ　託　オ　成

C　ア　さらに　イ　そもそも　ウ　たしかに　エ　とはいえ　オ　はたして

問五　――線③「古くて新しい視点である」とありますが、なぜ「古くて新しい」のか簡単に説明しなさい。

問六　――線④「コペルニクス的転回」の意味として適当なものを次の中から一つ選び、記号で答えなさい。

ア　従来の意見や通説が正反対にがらりと変わること。

イ　今まで研究しても解けなかった理論があっという間に解決してしまうこと。

ウ　もともと同じ理論であったものが視点を変えることで違って見えるようになること。

エ　学者だけの研究成果だったものが突然社会でも認められること。

オ　かつて見捨てられた理論が再び脚光を浴びること。

問七　――線⑤「アイソトープ（同位体）を使って、アミノ酸に標識をつけた」とありますが、

1　これは何をどうするための手段ですか。簡単に答えなさい。

2　彼の予想に対して結果はどうだったのですか。次の□A～Cに適当な語句を指示された字数で文中から抜き出して説明文を完成させなさい。

A［六字］はマウスの体内から B［五字］と予想していたが、C［十八字］になっていた。

問八　――線⑥「三日の間、マウスの体重は増えていなかった」とありますが、

1　体重が増えていた場合、どういうことが想定されるのですか。簡単に説明しなさい。

2　また、体重が増えると何が証明できないのですか。簡単に説明しなさい。

問九　――線⑦「生命を構成している分子は、プラモデルのような静的なパーツ」とありますが、それに対する「動的なパーツ」を簡単に説明しなさい。

問十　――線⑧「まったく比喩ではなく、生命は行く川のごとく流れの中にあり」とありますが、

1　これは誰の何の作品を考慮に入れたものですか。適当なものを次の中から一つ選び、記号で答えなさい。

ア　松尾芭蕉の『奥の細道』　イ　紫式部の『源氏物語』

ウ　吉田兼好の『徒然草』　エ　鴨長明の『方丈記』

オ　清少納言の『枕草子』

スは呼気や尿《にょう》となって速やかに排泄《はいせつ》されるだろうと彼は予想した。結果は予想を鮮《あざ》やかに裏切っていた。標識アミノ酸は瞬く間にマウスの全身に散らばり、その半分以上が、脳、筋肉、消化管、肝臓、膀胱《ぼうこう》、脾臓《ひぞう》、血液などありとあらゆる臓器や組織を構成するタンパク質の一部となっていたのである。そして、⑥三日の間、マウスの体重は増えていなかった。

これはいったい何を意味しているのか。マウスの身体を構成していたタンパク質は、三日間のうちに、食事由来のアミノ酸に置き換えられ、その分、身体を構成していたタンパク質は捨てられたということである。

標識アミノ酸は、ちょうどインクを川に垂らしたように「流れ」の存在とその速さを目に見えるものにしてくれたのである。つまり、私たちの⑦生命を構成している分子は、プラモデルのような静的なパーツではなく、例外なく絶え間ない分解と再構成のダイナミズムの中にあるという オ カッキ的な大発見がこの時なされたのだった。

⑧まったく比喩ではなく、生命は行く川のごとく流れの中にあり、私たちが食べ続けなければならない理由は、この流れを止めないためだったのだ。そして、さらに重要なのはこの分子の流れが、流れながらも全体として秩序を維持するため、相互に関係性を保っているということだった。

個体は、感覚としては外界と隔てられた実体として存在するように思える。しかし、ミクロのレベルでは、たまたまそこに⑨密度が高まっている分子の緩い「淀《よど》み」でしかないのである。

生体を構成している分子は、すべて高速で分解され、食物として カ セッシュした分子と置き換えられている。身体のあらゆる組織や細胞の中身はこうして常に作り変えられ、 キ コウシンされ続けているのである。

だから、私たちの身体は分子的な実体としては、数ヵ月前の自分とはまったく別物になっている。分子は環境からやってきて、いっとき、淀みとしての私たちを作り出し、次の瞬間にはまた環境へと解き放たれていく。

つまり、環境は常に私たちの身体の中を通り抜けている。いや「通り抜ける」という表現も正確ではない。なぜなら、そこには分子が「通り過ぎる」べき容《い》れ物があったわけではなく、ここで容れ物と呼んでいる私たちの身体自体も「通り過ぎつつある」分子が、一時的に形作っているにすぎないからである。

つまり、そこにあるのは、流れそのものでしかない。その流れの中で、私たちの身体は変わりつつ、かろうじて一定の状態を保っている。その流れ自体が「生きている」ということなのである。シェーンハイマーは、この生命の特異的なありようをダイナミック・ステイト（動的な状態）と呼んだ。私はこの概念《がいねん》をさらに拡張し、生命の均衡の重要性をより強調するため「動的平衡」と訳したい。英語で訳せば、「等しい、天秤《てんびん》」となる。

ここで私たちは改めて「生命とは何か」という問いに答えることができる。「 D 」という回答である。

福岡伸一『動的平衡　生命はなぜそこに宿るのか』一部改変

※ES細胞…無限に増殖できる人工的な細胞。
※ルネ・デカルト…フランスの哲学者。近代哲学の祖。
※アナロジー…類推すること。
※カウンター・フォース…反対の力。
※イクイリブリアム…科学でいう平衡状態。
※ルドルフ・シェーンハイマー…ドイツ生まれの生化学者。同位体を用いた測定法を開発した。
※トレース…後を追うこと。

問一　══線ア〜キのカタカナを漢字に直しなさい。

問二　――線①「再生医療の切り札だと喧伝《けんでん》される」の説明として適当なものを次の中から一つ選び、記号で答えなさい。

ア　再生医療の再建を担う最後の方策として社会から切望されること。

イ　再生医療の取って置きの有力な手段として盛んに社会に言い

二〇一九年度 淑徳高等学校

【国　語】（五〇分）〈満点：一〇〇点〉

（注意）設問においては、特に注記のないかぎり句読点や記号等も字数に数えるものとします。

一 次の文章を読んで、後の問いに答えなさい。

現在、私たちは遺伝子が特許化され※ES細胞が①再生医療の切り札だと喧伝《けんでん》されるバイオテクノロジー全盛期の真っ只《ただ》中にある。私たちが、ここまで生命をパーツの集合体として捉《とら》え、パーツが交換可能な一種のコモディティ（所有が可能な物品）であると考えるに至った背景には明確な出発点がある。それが※ルネ・デカルトだった。

彼は、②生命現象はすべて機械論的に説明可能だと考えた。心臓はポンプ、血管はチューブ、筋肉と関節はベルトと滑車、肺はふいご、すべてのボディ・パーツの仕組みは機械の※アナロジーとして理解できる。そして、その運動は力学によって数学的に説明できる。自然は創造主を措定することなく解釈することができる——。

この考え方は瞬く間に当時のヨーロッパ中にア カンセンした。そして、デカルトをイ シンポウする者、すなわちカルティジアン（デカルト主義者）たちはこの考え方を A 化させていった。

デカルト主義者は言う。たとえば、イヌは時計と同じだ。打ちすえると声を発するのは身体の中のバネが軋《きし》む音にすぎない。イヌ自身は何も感じてはいないのだ。イヌには魂も意識もない。あるのは機械論的なメカニズムだけだ——。

デカルト主義者たちは進んで動物の生体ウ カイボウを行い、身体の仕組みを記述することに邁《まい》進した。デカルト本人は人間と動物のあいだに一線を B したが、カルティジアンの中には、やがてそれを乗り越える者たちが現れた。

カルティジアンに対する新しい※カウンター・フォースとして、私は今、一つの可能性を考えている。生命が本来持っている動的な平衡、つまり※イクイリブリアムの考え方を、生命と自然を捉える基本とすることである。

生命とは何か。

この永遠の問いに対して過去さまざまな回答が試みられてきた。DNAの世紀だった二十世紀的な見方を採用すれば「生命とは自己複製可能なシステムである」との答えが得られる。 C 、これはとてもシンプルで機能的な定義であった。しかし、この定義には、生命が持つもう一つの極めて重要な特性がうまくエ ハンエイされていない。それは、生命が「可変的でありながらサスティナブル（永続的）なシステムである」という③古くて新しい視点である。

二十一世紀、環境の世紀を迎えた今、生命と環境をめぐる思考の中にあって、この視点に再び光を当てることは、私たちにさまざまなヒントをもたらしてくれる。

生命が分子レベルにおいても（というよりもミクロなレベルではなおさら）循環的でサスティナブルなシステムであることを、最初に「見た」のは※ルドルフ・シェーンハイマーだった。DNAの発見に先だつこと一〇年以上前（一九三〇年代後半から一九四〇年にかけて）のことだった。この生命観の④コペルニクス的転回は、今ではすっかり忘れ去られた研究成果である。

日本が太平洋戦争にまさに突入せんとしていた頃、ユダヤ人科学者シェーンハイマーはナチス・ドイツから逃れて米国に亡命した。英語はあまり得意ではなかったが、どうにかニューヨークのコロンビア大学に研究者としての職を得た。彼は、当時ちょうど手に入れることができた⑤アイソトープ（同位体）を使って、アミノ酸に標識をつけた。そして、これをマウスに三日間、食べさせてみた。アイソトープ標識は分子の行方を※トレースするのに好都合な目印となるのである。

アミノ酸はマウスの体内で燃やされてエネルギーとなり、燃えカ

英語解答

1 問1 (1)…ウ (2)…ウ (3)…ア

問2 (1)…○ (2)…×

2 (1) kind (2) leaves (3) up

(4) right (5) look

3 (1) have been, for

(2) who〔that〕wears

(3) harder than (4) Is there, in

(5) nothing to

4 (1) イ (2) オ (3) ケ (4) ア

(5) カ

5 (1) ３番目…キ ５番目…オ

(2) ３番目…エ ５番目…キ

(3) ３番目…カ ５番目…エ

(4) ３番目…ク〔カ，ア〕 ５番目…エ

(5) ３番目…カ ５番目…エ

6 問1 ①…ウ ③…ア ④…エ ⑦…イ

問2 ②…イ ⑤…ア ⑧…エ

問3 プラスチックストローやその他のプラスチック製品は機械をすり抜け直接埋め立て地に埋められる。

問4 ２番目…should ５番目…stop

問5 (1)…F (2)…T (3)…F (4)…F

問6 エ

7 問1 イ

問2 (2)…エ (4)…ア (8)…ウ (9)…オ (10)…イ

問3 ・コンピュータ会社のIBMが1401と呼ばれる新しいコンピュータを開発したこと。

・Sealed Airの社員が飛行機の窓から柔らかい枕のような雲を見たこと。

問4 computer(s)

問5 厚みのあるビニール製の壁紙は欲しがらない。壁としてより高価なものを保護するのに適しているから。

問6 食感と味を好まないため。／tofuという言葉からつま先を連想するから。／大豆はペット用食品として扱われているから。

問7 イ→エ→ア→ウ

1〔音声総合〕

問1＜単語の発音＞

(1) ア．great[ei] イ．break[ei] ウ．reach[iː]

(2) ア．women[i] イ．written[i] ウ．kind[ai]

(3) ア．say[ei] イ．says[e] ウ．said[e]

問2＜単語のアクセント＞

(1) ア．ho-tél イ．gui-tár ウ．pre-páre

(2) ア．to-mór-row イ．in-tro-dúce ウ．cér-tain-ly

2〔適語補充―共通語〕

(1)上：What kind of ～？「どんな種類の～」 「どんな種類の本が好きですか」 下：be動詞の原形Beで始まる命令文。 kind to ～「～に親切な」 「お年寄りに親切にしなさい」

(2)上：leaf「葉」の複数形leaves。 「たくさんの葉がその木から落ちた」 下：leave for ～「～へ向かって出発する，去る」 「ブライアンは今日，彼の故郷へ出発する」

(3)上：come up to ～「～のそばまでやってくる」　「１人の男性が私に近づいてきた」　下：give up ～ing「～することをやめる」　「私たちはたばこを吸うのをやめた」

(4)上：「正しい」という意味の形容詞 right。　「これはグリーンホテルへの正しい行き方ですか」　下：turn right「右に曲がる」　「彼は角で右に曲がった」

(5)上：'look＋形容詞'「～に見える」の形。　「彼らは幸せそうに見える」　下：look at ～「～を見る」　「トム，黒板を見て，私の言うことを聞きなさい」

3〔書き換え―適語補充〕

(1)「私たちは２日前にここへ来て，まだここにいる」→「私たちは２日間ここにいる」　「～の間(ずっと)～している」という意味を表せる'have/has＋過去分詞'の現在完了形('継続'用法)にする。be動詞の過去分詞は been。「～間」は'期間'を表す for で表せる。

(2)「あなたはその白いドレスを着た少女を知っていますか」　上の文の in ～は「～を身につけて」という意味。これを下の文では主格の関係代名詞と動詞 wear を用いて書き換える。wears と３単現の s をつけるのを忘れないように注意する。

(3)「私はユミほど一生懸命に勉強しなかった」→「ユミは私よりも一生懸命に勉強した」　上は'not as ～ as …'「…ほど～でない」。これを比較級を用いて書き換えればよい。

(4)「あなたの町には高い建物はありますか」　上の'主語＋have/has ～'「…は～を持っている」→「…には～がある」の文を，'There＋is/are ～ in …'「…には～がある〔いる〕」の構文に書き換える。疑問文なので，be動詞を文頭に置く。

(5)「彼らは食べ物を持っていない」→「彼らには食べるための物が何もない」　上は'not ～ any＋名詞'「何も～ない」の形。これを下では否定語の nothing を用いて「食べるための物が何もない」と書き換える。'-thing＋to不定詞'の形(to不定詞の形容詞的用法)。

4〔単語の意味・熟語〕

(1)'visit＋人'≒'call on＋人'「〈人〉を訪ねる」　「町に来るときは，私を訪ねてください」

(2)fly≒go by plane「飛行機で行く」　「彼女は明日，パリへ飛行機で行く予定ですか」

(3)be in the ～ club で「～部に入っている」。　belong to ～「～に所属する」　「彼らは野球部に入っている」

(4)recover≒get well「回復する，治る」「彼はすぐに回復するだろう」

(5)relax≒make yourself at home「くつろぐ，楽にする」　「くつろいでください」

5〔整序結合〕

(1)「車は売られている」→The cars are sold が文の骨組み。「日本製の車」は「日本でつくられた車」と考え，the cars made in Japan とまとめる(過去分詞の形容詞的用法)。「世界中で」は all over the world。　The cars made in Japan are sold all over the world.

(2)「椅子は私のより良い」→The chair is better than mine が文の骨組み。「椅子」を修飾する「父が作った」は語群の which を目的格の関係代名詞として用いて which my father made とまとめ，the chair の後ろに置く。　The chair which my father made is better than mine.

(3)「どのくらい」How long をまず文頭に置く。この後，'it takes＋時間'「〈時間が〉かかる」の疑問文の形で does it take ～？と続ける。「ここから学校まで」は'from ～ to …'「～から…まで」の形でfrom here to the schoolとまとめる。 How long does it take from here to the school?

(4)「～しなければならない」はhave to ～で表せるので，まずWe have toとする。「教室をきれいにする」は語群にmakeがあるので‘make＋目的語＋形容詞’「～を…(の状態)にする」の形で，make our classroom cleanとまとめる。alwaysは一般に一般動詞の前に置かれるのでhaveまたはmakeの前に置く。またhaveとtoの間でも可。 We always have to make our classroom clean.／We have to always make our classroom clean.／We have always to make our classroom clean.

(5)「～することを恐れる」はbe afraid of ～ing，「間違える」はmake mistakesで表せる。「英語を話すときは」は，whenを接続詞として用いてwhen you speak Englishとまとめる。 Don't be afraid of making mistakes when you speak English.

6〔長文読解総合―説明文〕

≪全訳≫❶次に持ち帰り用のカップで炭酸飲料を買うとき，あなたはストローが紙でできていることに気づいて驚くかもしれない。それは，ますます多くのレストランがプラスチックのストローを使うのをやめようとしていて，それらを禁止している都市もいくつかあるからである。プラスチックストローはどのような問題を引き起こすのか。実は，ストローの小ささが環境に悪影響を与えているのだ。❷①いくつかの理由のために，プラスチックの使用を制限することは重要だ。第一に，どんなプラスチックの物でもつくるためにはエネルギーと資源が必要である。同時に，私たちは汚染を生み出し，水や化石燃料のような資源を無駄にしなければならない。問題は，ストローやレジ袋のような，薄いプラスチックでできている多くの物は，使い捨てであるということだ。一般的に，長い間使える製品をつくって買う方が，環境にとってはより良いのだ。❸もう1つの理由は，私たちが捨てるとき，ほとんどのプラスチックは分解されないということだ。プラスチックは何百年もの間，埋め立て地にとどまることができる。海中のプラスチックは，マイクロプラスチックと呼ばれる細かい破片になり，動物たちの毒になり，ついには環境を破壊する。❹ストローは問題のほんのささいな一部分である。人間は約91億トンものプラスチックを生み出し，私たちはそのほとんどをリサイクルしない。ストローはおそらく世界中のごみのごくわずかな割合を占めているにすぎない。③しかし最近，それらはいかにリサイクルするのが難しいかという理由で，多くの注目を集めた。❺リサイクルはとても重要である。④それはプラスチックの物の多くが，何百年もかけて問題を引き起こすことを防ぐ。しかし，残念ながら結局は，ストローは常に埋め立て地に行くことになる。❻「プラスチックストローや他の小さなプラスチックの物は，機械をすり抜けて直接埋め立て地に行きます」とワシントンD.C.の公共事業部のジョナサン・クールは言う。「このために，私たちは地区の住民に，リサイクル用のごみ箱にこれらの小さな物を入れないようにお願いしています」 国中のほとんどのリサイクル工場で，同じことが当てはまる。❼「プラスチックストローを埋め立て地から遠ざけるための最良の方法は，自宅にいようとレストランにいようとそれらを使わないことです」とクールは言う。「もしストローを使いたいなら，紙や他のプラスチックではない代替品があります」❽⑦身体的な制約のために，飲むためにプラスチックストローが必要な人々もいる。それは，全ての人のために役立つ代替品を見つけるまで，それら全てを使わずにいることはできない，ということを意味する。しかし，もしただ楽しみか便利さのためだけにプラスチックストローを使って飲むのなら，⑨あなたはそれらを使うことをやめようとするべきだ。❾紙のストローが多くの店やレストランで使われるだろうが，あなたは竹や金属，ガラスでできた再利用できるストローを試すこともできる。パスタからストローをつくる会社もいくつかある。あなたは自宅でそれを試すことができる。熱いスープにそれを使おうとしないように。さもないと，とてもおかしなスープを料理することになるだろう！

問１＜適文選択＞①空所の直後にFirst，第３段落冒頭にAnother reasonとあるので，for a few reasonsを含むウが適切。　③この後の第５段落ではリサイクルについて書かれている。リサイクルについてふれているアの文を受けて話が展開していると考えられる。　④コロン(:)は，前の内容を言い換えたり，詳しく説明したりするために用いられる。ここでは直前の「リサイクルはとても重要である」の内容を具体的に説明するエが入る。　⑦直後のItは⑦に入る文の内容を受けていると考えられる。イを入れると，プラスチック製ストローが必要な人もいるということは，プラスチック製ストローの全てを処分することはできないことを意味するという文意になり，話がつながる。

問２＜適語補充＞②such as ～「～のような」　⑤in the end「結局，ついに」　⑧get rid of ～「～を片づける，取り除く」

問３＜指示語＞直後の内容から，地区の住民にプラスチック製ストローや他の小さなプラスチックの物をごみ箱に入れないようにお願いする理由となる内容であることがわかる。直前でクール氏が述べている内容がそれに当てはまる。

問４＜整序結合＞主語になるのはyouだけで，助動詞shouldをその後に置く。また，try to ～「～しようとする」，stop ～ing「～するのをやめる」というまとまりができる。これらをつなげてyou should try to stop usingとし，usingの目的語として最後にthem（＝plastic straws)を置けばよい。

問５＜内容真偽＞⑴「次に持ち帰りの炭酸飲料を買うとき，あなたはそれにストローがついていないことに驚くだろう」…×　第１段落第１文参照。ストローが紙でできていることに驚くだろうと言っている。　⑵「ストローやレジ袋のようなプラスチックの物のいくつかを，私たちは１度しか使わないという問題がある」…○　第２段落第４文に一致する。　⑶「プラスチックは水中でマイクロプラスチックに変わりうる」…×　第３段落参照。海の中でマイクロプラスチックになるとあるが，これは水の中で変わるということではない。　⑷「あなたは紙のストローでスープを飲むのを楽しむことができる」…×　このような記述はない。

問６＜表題選択＞第１段落でプラスチック製ストローが引き起こす問題について提起し，その後も一貫してプラスチックとプラスチック製ストローの問題が述べられているので，エの「小さなプラスチック製ストローが大きな問題を引き起こす」が適切。

７〔長文読解総合―ノンフィクション〕

≪全訳≫［Ａ］❶1950年代に，アメリカ人技術者のアルフレッド・フィールディングとスイス人発明家のマーク・カヴァネスは，自分たちにはすばらしいアイデアがあると思った。彼らは，２枚のプラスチックのシャワーカーテンを，その２枚の間に空気の泡を封じ込めるようにして，一緒に溶かした。結果は，柔らかく厚い壁紙になった。❷残念ながら，他に誰もそれがいいアイデアだとは思わなかった。

人々は厚いプラスチックの壁紙を欲しがらなかった。そこで，フィールディングとカヴァネスは他の方法でそれを市場で売り始めた。彼らの会社シールドエアーは温室のための覆いとしてそれを売り始めた。これはほんの少し成功を収めたが，フィールディングとカヴァネスが期待したようなものではなかった。❸このことが進行している一方で，全てを変えた，わき上がる洞察を生み出す，いくつかのさまざまな出来事が一緒に起こった。これらの出来事のうちの１つは，コンピュータ会社IBMが1401と呼ばれる新しいコンピュータを開発したことだった。それから1959年に，フレデリック・バワーズという名前のシールドエアーの市場専門家が飛行機に乗った。窓を通して，彼は眼下に雲を見た。雲はやさしく飛行機を支えている，柔らかい枕のように見えた。その瞬間，彼は歴史に残るアイデアを思いついた。シールドエアーの資材を壁を覆うために使う代わりに，物を保護するために使ってはどうか。それはコンピュータのような繊細な製品を保護することができるだろう。❹バワーズはIBMに行き，自分の製品ができることを彼らに見せた。彼らはそのアイデアが気に入り，世界で最も広く使われたコンピュータのうちの１台になった1401を保護するためにそれを使うことを決めた。繊細な製品のための柔らかい包装材料は常に問題になっていた。より多くの企業が，この製品がどれほどすばらしい包装の解決策であるかということに気づき始めたとき，その利用はますます広範囲になった。❺それは今やバブルラップとして知られていて，誰もがそれをとても気に入っている。大企業は貴重な製品を保護するためにそれを使う。友人たちは，誕生日プレゼントが郵便物の中で壊れないようにするためにそれを使う。そして子どもたちはその小さな泡をパチンとつぶして，その音を聞くのが大好きだ。おそらく壁紙にバブルラップを使う人はいないだろう。

≪全訳≫［Ｂ］❶もし誰かがアメリカで「ミスター豆腐」と呼ばれるとするなら，それは豆腐をそこで人気にした人物である雲田康夫だ。最終的には成功したが，雲田のキャリアは，ほとんどの人であれば意気消沈してしまったであろう不運で埋め尽くされていた。何度も，彼のすばらしいアイデアは成功目前までいったが，結局は予測できる出来事によって台なしにされた。❷1980年代の初め，40歳のとき，アメリカで豆腐を売るために，雲田はそこに送られた。きっと日本人の国外在住者や健康志向のアメリカ人が豆腐を食べるだろう。それが好きなアメリカ人もいたが，多くはなかった。その食感と味が好きではない人もいた。「トウフ」という単語は足のつま先(toes)を思い出させるという人もいた。多くはまた，大豆はペット用食品のためだけのものだと思っていた。1988年，新聞の調査が，豆腐はアメリカ人が一番嫌いな食べ物だという結果を出した。❸何年もかけて，ミスター豆腐は挑戦を続けた。彼は紅花レストランチェーンのオーナーである青木を訪ねた。しかし青木は雲田に豆腐ブランドとして紅花の名前を使わせること，または彼のレストランで豆腐を提供することを断った。／→イ．雲田の次のアイデアは，自分の車のナンバープレートに「トウフナンバー１」と書くことだった。／→エ．しかし，アメリカ人はそれを「トウフノー！」の意味だと受け取るかもしれないと，コンサルタントは彼に言った。／→ア．その代わりに，彼は「トウフＡ」を使った。／→ウ．それでも，道を行く他の運転手たちはときどき彼に「拒絶」の仕草をして見せた。❹それからある日のこと，諦めかかっていたとき，彼は女性が豆腐を買っているのを見た。雲田はその女性に話しかけて，彼女が健康にいいシェイクをつくるために果物と一緒にそれを混ぜることを知った。この新鮮な新しいアイデアに基づいて，彼は新しい豆腐製品を開発し始めた。その後，彼は大統領夫人のヒラリー・クリントンが，ビル・クリントン大統領のための健康食として豆腐について話すのを聞いた。雲田はホワイトハウスに彼の新しい製品のいくつかを送り，親切な返事を受け取った。**5**これが雲田の情熱を一新させた。しかしちょうどそのとき，彼の上司の忍耐力が途切れた。会社は雲田に新しい製品のための工場を建ててもいいが，自分で支払わなければならないと言った。これは大きな個人的な危機で，多くの人であれば諦めてしまっていただろう。しかしミスター豆腐はそうではなかった。彼はオレゴンに工場を建てるためにお金を借りた。もう10年の奮闘の後，この大胆な行動はついに報われた――ミスター豆腐の決して諦めなかったことへの報奨だった。今日，彼の豆腐はアメリカでよく売れている。

問１＜要旨把握＞どちらの文章も最初はうまくいかなかったが，諦めることなく挑戦し続けた結果，成功したという文章。これを最も適切に表しているのは，イ.「失敗しなければ学べない」→「失敗は成功のもと」。

問２＜語句解釈＞こうした問題は前後の流れから意味を推測する。　(2)いくつかのさまざまな出来事が同時に起きて，全てを変えたinsightが生まれた，という文脈。エ.「何かあるいは何かの一部について，突然はっきりと理解すること」が適切。　insight「洞察(力)，見識」　(4)前文のproblem「問題」が手がかりになる。solutionは「解決，解決策」。これを表すのは，ア.「難しい状況に対処する手段」。　(8)雲田氏のアメリカで豆腐を普及させるための姿勢を考える。ウ.「強い関心と何かについて喜ぶ心，およびそれに関わることへの熱心さ」が適切。　enthusiasm「熱意，熱狂」。　(9)直後のrun outは「尽きる，なくなる」という意味。なかなか結果を出せなかった雲田氏に対して，上司は我慢できなくなったのである。これを表しているのは，オ.「怒らずに長い間待ち続ける，または何かをし続ける力」。　patience「忍耐(力)」　(10)雲田氏はもう10年，イ.「人々が何かを得ようとする，または達成しようとする困難な戦い」を経験したと考えられる。　struggle「苦闘，奮闘，もがき」

問３＜語句解釈＞次の文に，One of these events was that …とあるので，このthat以下が１つ目の出来事だとわかる。さらに続く文にThen「それから」とあるので，ここで述べられている内容がもう１つの出来事である。

問４＜適語補充＞直前のlikeは「～のような」という意味の前置詞だと考えられるので，その前の名詞delicate productsの具体例を挙げていると判断できる。自社製品のバブルラップが保護できる「繊細な製品」の例として適切なのは，この段落の前半で挙げられている，computer(s)である。

問５＜文脈把握＞第２段落第２文より，人々は厚いプラスチック(ビニール)製の壁紙を欲しがらなかったこと，また，第３，４段落より，バブルラップはコンピュータのような繊細な製品を保護するのに適しており，包装材料として広く使われたことがわかる。

問６＜文脈把握＞アメリカ人が豆腐を好まない理由については，直前の３文に書かれている。このうちのどれかを書けばよい。

問７＜文整序＞直前では，レストランのオーナーに協力を拒まれているので，「次のアイデア」に移ったと考え，まずイを置く。次は“TOFU NO1”が，“TOFU NO!”と間違えられるというエが続き，その後はinstead「その代わりに」で受け，“TOFU-A”を使ったというア，最後に，それでも豆腐に否定的な人がいるというウを続けると話がつながる。

数学解答

1 (1) -9 (2) $\dfrac{4x+y}{12}$ (3) $7-2\sqrt{6}$

(4) $x=1,\ y=-2$ (5) $x=-2,\ 3$

(6) $x^2-2xy+y^2+x-y-2$

(7) $(2x-1)(2x+3)$

2 (1) $3-3\sqrt{2}$ (2) 0 (3) $11:9$

(4) $15°$ (5) 14 (6) $\dfrac{5}{54}$

(7) $8+4\sqrt{3}$

3 (1) $\dfrac{1-\sqrt{7}}{2}$

(2) (i) $r=-2q$ (ii) $\dfrac{3}{2}$

4 (1) 48 (2) $\dfrac{3}{2}$ (3) $\dfrac{1}{2}$倍

1〔独立小問集合題〕

(1)＜数の計算＞与式$=9\times(-2)-9\times(-1)=-18+9=-9$

(2)＜式の計算＞与式$=\dfrac{3(2x-y)-2(x-2y)}{12}=\dfrac{6x-3y-2x+4y}{12}=\dfrac{4x+y}{12}$

(3)＜平方根の計算＞$\sqrt{6}+3=x$ とおくと，与式$=16-8x+x^2=x^2-8x+16=(x-4)^2$ となるから，x をもとに戻して，与式$=(\sqrt{6}+3-4)^2=(\sqrt{6}-1)^2=(\sqrt{6})^2-2\times\sqrt{6}\times1+1^2=6-2\sqrt{6}+1=7-2\sqrt{6}$である。

(4)＜連立方程式＞$7x+y=x-2y$……①，$7x+y=-x+y+8$……②が成り立つ。①より，$3y=-6x$，$y=-2x$……①′ ②より，$8x=8$ ∴$x=1$ ①′に$x=1$を代入して，$y=-2\times1$ ∴$y=-2$

(5)＜二次方程式＞$x^2-x-2=4$ より，$x^2-x-6=0$，$(x+2)(x-3)=0$ ∴$x=-2,\ 3$

(6)＜式の計算＞$x-y=A$ とおくと，与式$=(A+2)(A-1)=A^2+A-2$ となるから，A をもとに戻して，与式$=(x-y)^2+(x-y)-2=x^2-2xy+y^2+x-y-2$である。

(7)＜因数分解＞与式$=(2x)^2+2\times2x-3$ $2x=A$ とおくと，与式$=A^2+2A-3=(A-1)(A+3)=(2x-1)(2x+3)$となる。

2〔独立小問集合題〕

(1)＜関数—x，y の値＞$a>0$ の場合，関数$y=ax+3$のグラフは右図1のような右上がりの直線になる。$a\leqq x\leqq3$ のとき $b\leqq y\leqq5$ だから，$x=a$ のとき$y=b$ となるが，$a>0$ より，$x=a$ のとき$y=a^2+3$となり，y の値は3より大きくなる。よって，$b>3$ となるから，$a>0$，$b<0$ を満たす a，b の値はない。$a<0$ の場合，関数$y=ax+3$のグラフは右上図2のように右下がりの直線になる。この場合，$x=a$ のとき$y=5$だから，$5=a^2+3$が成り立ち，これを解くと，$a^2=2$より，$a=\pm\sqrt{2}$である。ここで，$a<0$ だから，$a=-\sqrt{2}$である。さらに，関数$y=-\sqrt{2}x+3$ で，$x=3$ のとき$y=b$となるから，$b=-\sqrt{2}\times3+3=3-3\sqrt{2}$となる。これは$a<0$，$b<0$ を満たしている。

図1

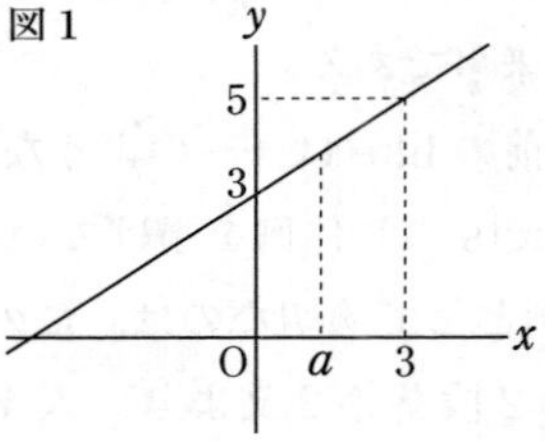

図2

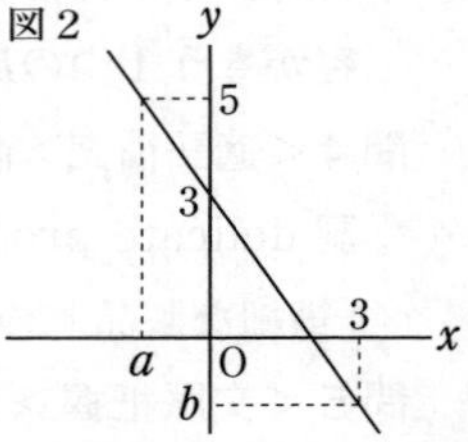

(2)＜式の計算＞与式$=4x(7x-8y+1)+3y(7x-8y+1)=28x^2-32xy+4x+21xy-24y^2+3y=28x^2-11xy-24y^2+4x+3y$ よって，各項の係数の和は$28-11-24+4+3=0$である。

(3)＜図形—長さの比＞右図3で，AB$=a$ とおくと，AD$=a\times\dfrac{13}{13+3}=\dfrac{13}{16}a$，DB$=a\times\dfrac{3}{13+3}=\dfrac{3}{16}a$，AC$=a\times\dfrac{7}{7+5}=\dfrac{7}{12}a$と表せる。

図3

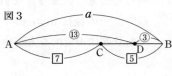

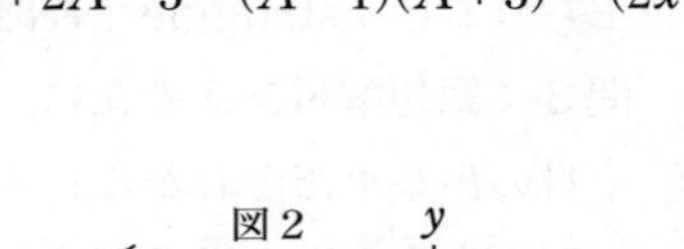

よって，CD：DB＝(AD－AC)：DB＝$\left(\dfrac{13}{16}a-\dfrac{7}{12}a\right):\dfrac{3}{16}a=\dfrac{11}{48}:$

$\frac{3}{16}=11:9$ となる。

(4)＜図形―角度＞右図4で，2点O，Dを結ぶ。BD＝EDより，△OBD≡△OEDだから，∠BOD＝∠EOD＝$\frac{1}{2}$∠BOE＝$\frac{1}{2}\times124°=62°$である。これより，△OBDで，OB＝ODより，∠OBD＝∠ODB＝(180°－62°)÷2＝59°となる。よって，∠DBA＝∠OBD＋∠OBA＝59°＋18°＝77°となり，∠ODE＝∠ODB＝59°より，∠BDF＝180°－∠BDE＝180°－2∠ODB＝180°－2×59°＝62°だから，△DBFで内角と外角の関係より，∠x＝∠DBA－∠BDF＝77°－62°＝15°となる。

図4

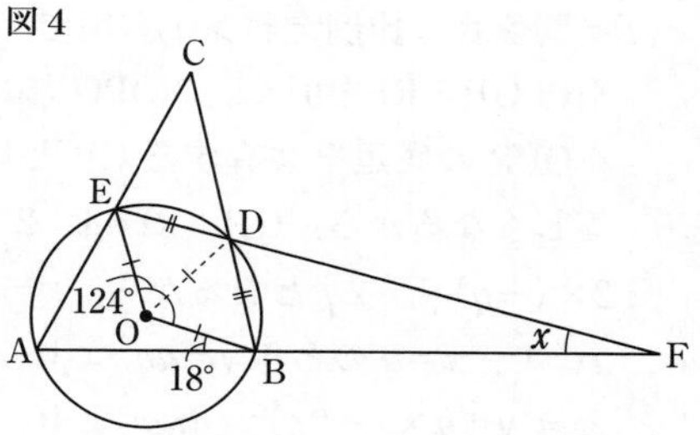

(5)＜二次方程式の応用＞$x=a$ を二次方程式に代入して，$a^2-2a\times a+12a+28=0$ より，$a^2-12a-28=0$，$(a+2)(a-14)=0$　∴$a=-2$，14　$a>0$ だから，$a=14$ である。

(6)＜確率―さいころ＞さいころには1～6の6通りの目があるから，さいころを3回投げたときの目の数の出方は全部で6×6×6＝216(通り)あり，どれが起こることも同様に確からしい。このうち，1回目と2回目に出た目の数の和より3回目に出た目の数が大きくなるのは，1回目と2回目の出た目の数の和が2以上5以下のときである。1回目，2回目に出た目の数が(1回目，2回目)＝(1，1)の場合，3回目に出る目の数は3，4，5，6の4通りあり，(1回目，2回目)＝(1，2)，(2，1)の場合，3回目に出る目の数は4，5，6の3通り，(1回目，2回目)＝(1，3)，(2，2)，(3，1)の場合，3回目に出る目の数は5，6の2通り，(1回目，2回目)＝(1，4)，(2，3)，(3，2)，(4，1)の場合，3回目に出る目の数は6の1通りある。以上より，目の数の出方は1×4＋2×3＋3×2＋4×1＝20(通り)あるから，求める確率は$\frac{20}{216}=\frac{5}{54}$となる。

(7)＜図形＞右図5で，直線OAを軸として点Pを対称移動させてできる点をP′，直線OBを軸として点Qを対称移動させてできる点をQ′とする。PL＝P′L，MQ＝MQ′より，PL＋LM＋MQ＝P′L＋LM＋MQ′である。この長さが最小になるのは，4点P′，L，M，Q′が一直線上にあるときで，a＝P′Q′となる。∠AOP′＝∠AOP＝∠BOQ＝$\frac{1}{3}$∠AOB＝$\frac{1}{3}\times90°=30°$だから，∠P′OQ′＝90°＋30°＋30°＝150°となる。点P′から直線Q′Oに垂線P′Hを引くと，△P′OHで，∠P′OH＝180°－∠P′OQ′＝180°－150°＝30°だから，△P′OHは3辺の比が$1:2:\sqrt{3}$の直角三角形である。これより，P′H＝$\frac{1}{2}$OP′＝$\frac{1}{2}\times2=1$，OH＝$\sqrt{3}$P′H＝$\sqrt{3}\times1=\sqrt{3}$となり，Q′H＝OQ′＋OH＝$2+\sqrt{3}$である。よって，△P′Q′Hで三平方の定理より，a^2＝P′H^2＋Q′H^2＝$1^2+(2+\sqrt{3})^2=1+4+4\sqrt{3}+3=8+4\sqrt{3}$となる。

図5

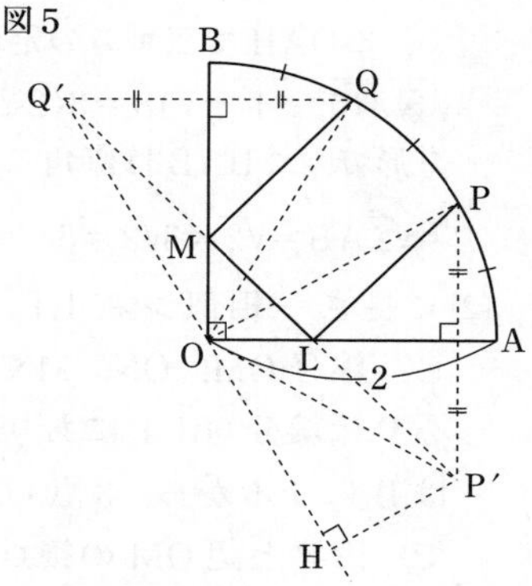

3 〔関数―関数 $y=ax^2$ と直線〕

≪基本方針の決定≫(2)(i)　△OPQと△OPRで，共有するOPを底辺と見ると，高さはそれぞれ2点Q，Rのx座標の絶対値になる。

(1)＜交点のx座標＞次ページの図で，$a=2$ のとき，放物線の式は$y=2x^2$，直線の式は$y=2x+3$となる。これらの交点がQ，Rより，2式からyを消去して，$2x^2=2x+3$，$2x^2-2x-3=0$となるから，解の公式を利用して，$x=\frac{-(-2)\pm\sqrt{(-2)^2-4\times2\times(-3)}}{2\times2}=\frac{2\pm\sqrt{28}}{4}=\frac{2\pm2\sqrt{7}}{4}=\frac{1\pm\sqrt{7}}{2}$とな

る。よって，$q<r$ より，$q=\dfrac{1-\sqrt{7}}{2}$ である。

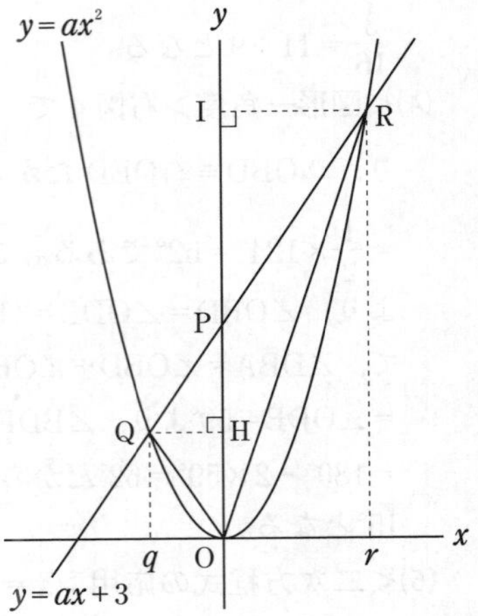

(2)＜関係式，比例定数＞(ⅰ)右図で，2点Q，Rから y 軸にそれぞれ垂線QH，RIを引く。△OPQ：△OPR＝1：2のとき，△OPQと△OPRの底辺を共有するOPと見ると，面積の比は高さの比と等しくなるから，QH：RI＝1：2である。これより，RI＝2QH＝$2\times(-q)=-2q$ となるから，$r=-2q$ である。　(ⅱ)放物線 $y=ax^2$ で，$x=q$ のとき $y=aq^2$ より，Q$(q,\ aq^2)$ であり，$x=-2q$ のとき $y=a\times(-2q)^2=4aq^2$ より，R$(-2q,\ 4aq^2)$ である。点Q，Rはどちらも直線 $y=ax+3$ 上にあるから，$aq^2=aq+3$……(ア)，$4aq^2=-2aq+3$……(イ)が成り立つ。(ア)，(イ)を連立方程式として解くと，(イ)－(ア)より，$3aq^2=-3aq$，$3aq^2+3aq=0$，$3aq(q+1)=0$ となり，$aq\neq0$ だから，$q=-1$ である。これを(ア)に代入すると，$a\times(-1)^2=a\times(-1)+3$ より，$a=\dfrac{3}{2}$ となる。

4　〔空間図形―正四角錐，球〕

≪基本方針の決定≫(2)　球Sの中心，球Sと底面ABCDとの接点，側面との接点を含む断面で考える。　(3)　2つの球S，Tの中心，底面との接点を含む断面で考える。

図1

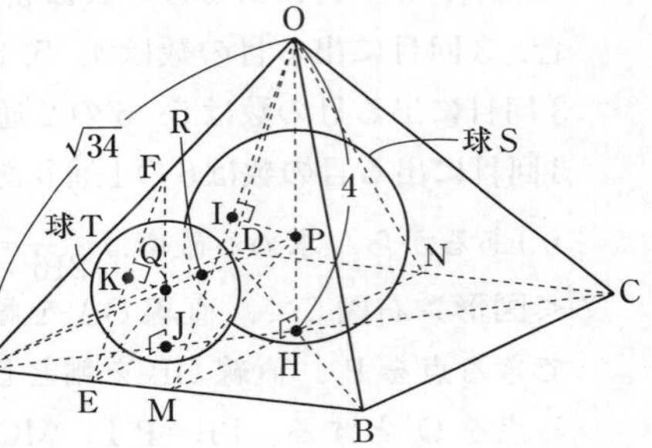

(1)＜体積―三平方の定理＞右図1の△OACは，OA＝OCの二等辺三角形で，四角形ABCDが正方形より，対角線はそれぞれの中点で交わるから，点Hは辺ACの中点である。これより，OH⊥ACであり，同様に，OH⊥BDだから，線分OHは底面ABCDに垂直である。よって，△OAHで三平方の定理より，$\mathrm{AH}=\sqrt{\mathrm{OA}^2-\mathrm{OH}^2}=\sqrt{(\sqrt{34})^2-4^2}=\sqrt{18}=3\sqrt{2}$ となる。四角形ABCDは正方形で，△HABは直角二等辺三角形となるから，$\mathrm{AB}=\sqrt{2}\mathrm{AH}=\sqrt{2}\times3\sqrt{2}=6$ である。したがって，〔正四角錐O-ABCD〕$=\dfrac{1}{3}\times6^2\times4=48$ となる。

図2

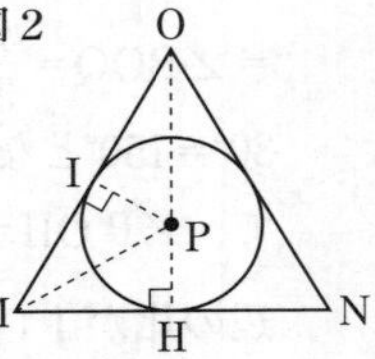

(2)＜長さ―相似＞右上図1で，2辺AB，CDの中点をそれぞれM，Nとし，線分OM，ON，MNを引く。ここで，図形の対称性より，球Sの中心Pは線分OH上にあり，球Sは△OMNの3辺と接し，辺MNとの接点はHになるから，3点O，M，Nを含む断面は右図2のようになる。図2で，円Pと辺OMの接点をIとすると，PI⊥OMとなる。ここで，図1の四角形MBCNは長方形で，(1)よりMN＝BC＝AB＝6であり，点Hは線分MNの中点で，$\mathrm{MH}=\dfrac{1}{2}\mathrm{MN}=\dfrac{1}{2}\times6=3$ だから，△OMHで三平方の定理より，$\mathrm{OM}=\sqrt{\mathrm{OH}^2+\mathrm{MH}^2}=\sqrt{4^2+3^2}=\sqrt{25}=5$ となる。図2で，線分PMを引くと，直角三角形の斜辺と他の1辺がそれぞれ等しいから，△PMI≡△PMHとなり，MI＝MH＝3である。さらに，2組の角がそれぞれ等しいから，△OPI∽△OMHとなり，PI：MH＝OI：OHより，PI：3＝(5－3)：4が成り立つ。これを解くと，PI×4＝3×2より，$\mathrm{PI}=\dfrac{3}{2}$ となる。

(3)＜長さの比―相似＞右上図1で，図形の対称性より，球Tの中心Qは面OAC上にある。さらに，球Tと底面ABCD，側面OABの接点をそれぞれJ，Kとし，3点J，K，Qを通る面と辺

AB，OA の交点をそれぞれ E，F とする。このとき，△FEJ と△OMH は平行で相似になり，半円 P と半円 Q も相似なので，△QEJ と△PMH も相似である。よって，球 T の半径 QJ を x とおくと，QJ：PH＝JE：HM となり，△PMH で，$PH=\frac{3}{2}$，HM＝3 より，$x:\frac{3}{2}=JE:3$ が成り立ち，$\frac{3}{2}\times JE=x\times 3$，$JE=2x$ と表せる。また，JE∥HM より，△AJE∽△AHM となるから，AJ：AH＝JE：HM＝$2x$：3 である。したがって，$QJ:PH=x:\frac{3}{2}=2x:3$ より，AJ：AH＝QJ：PH となり，△AQJ∽△APH であるから，3 点 A，Q，P は一直線上にある。さらに，△AHM は直角二等辺三角形で $AH=\sqrt{2}AM=\sqrt{2}\times 3=3\sqrt{2}$ となるから，△APH で三平方の定理より，$AP=\sqrt{AH^2+PH^2}=\sqrt{(3\sqrt{2})^2+\left(\frac{3}{2}\right)^2}=\frac{9}{2}$ である。球 S と球 T の接点を R とすると，$QP=QR+PR=x+\frac{3}{2}$ と表せるから，AQ：AP＝QJ：PH より，$\left\{\frac{9}{2}-\left(x+\frac{3}{2}\right)\right\}:\frac{9}{2}=2x:3$ が成り立ち，$(3-x)\times 3=\frac{9}{2}\times 2x$，$x=\frac{3}{4}$ となる。以上より，球 T の半径は球 S の半径の $\frac{3}{4}\div\frac{3}{2}=\frac{1}{2}$(倍)である。

国語解答

一
問一　ア　感染　イ　信奉　ウ　解剖
エ　反映　オ　画期　カ　摂取
キ　更新

問二　イ

問三　1　A　交換可能
B　パーツの集合体
C　運動　D　力学
E　数学的
2　自然は創造主〔神〕によってつくられたという考え方。

問四　A…ウ　B…イ　C…ウ

問五　この視点は二十一世紀の今注目されているが，すでに一九三〇年代後半にシェーンハイマーが考えていたから。

問六　ア

問七　1　(身体のどこに行くか)アミノ酸を追いかけるための手段。
2　A　標識アミノ酸
B　排泄される
C　臓器や組織を構成するタンパク質の一部

問八　1　アミノ酸がそのまま身体に堆積されたということ。
2　マウスを構成していたタンパク質が新しいタンパク質に置き換えられるということ。

問九　(パーツは変わらなく見えるが，)分子は常に入れかわっているパーツ。

問十　1…エ
2　A　もとの水にあらず
B　とどまりたるためし

問十一　一時的に形作っている

問十二　オ

二
問一　エ　問二　エ　問三　ウ
問四　イ　問五　ウ　問六　エ
問七　徹也が真剣に直美のことを心配し苦しんでいること。
問八　ウ　問九　ア　問十　ア
問十一　昨日直美と話をしたばかりなのに，回診の時間ではないのに医者が来て，(何かを知っているはずの)徹也が一言も口をきかなかったという状況。
問十二　ウ　問十三　オ

一〔論説文の読解—自然科学的分野—人類〕出典；福岡伸一『動的平衡　生命はなぜそこに宿るのか』。

≪本文の概要≫デカルト以来，身体を交換可能なパーツのようにとらえる考え方が広まった。二十世紀には「生命とは自己複製可能なシステムである」とされた。しかし，生命が「可変的でありながらサスティナブル(永続的)なシステムである」という重要な特性に着目する必要がある。シェーンハイマーは，アミノ酸に標識をつけることで，アミノ酸が臓器や組織を構成するタンパク質の一部に置き換わっていることを発見した。個体は，外界とは隔てられた実体として存在しているように思われるが，私たちの身体は，体内で更新され続ける分子の「淀み」によって形づくられているにすぎず，分子的な実体としては，数か月で前の自分とは全く別物になっているのである。つまり，絶え間ない分解と再構成の流れの中で，私たちの身体は，変わりつつ，一定の均衡を維持している。この生命のあり方を，私は「動的平衡」と呼ぶ。

問一＜漢字＞ア．病気がうつること。　イ．特定の思想や教えなどを信じて大切にすること。
ウ．生物の体を切り開いて，構造などを調べること。　エ．あるものの性質が，他に影響して現れること。　オ．「画期的」は，今までになかったことを始めて，その分野で新しい時代を開くさま。　カ．外部から取り入れて自分のものとすること。　キ．新しいものにあらたまること。

問二＜文章内容＞現代はバイオテクノロジーの全盛期であり，ＥＳ細胞が，再生医療の分野で最後に残された最も有力な手段であると，世間で盛んに言いはやされている。

問三＜文章内容＞１．デカルトの思想は，「生命をパーツの集合体」ととらえ，身体の仕組みを機械の運動として「力学によって数学的に説明できる」とする考え方のもとになった。デカルトの思想に基づけば，身体は「交換可能な」ものととらえられる。　２．デカルト以前は，生命は創造主(神)によってつくられたという考え方が支配的だった。

問四．Ａ＜文章内容＞「先鋭化」とは，思想や行動を急速に実現化しようとすること。生命を機械論的にとらえるデカルトの考え方は，デカルトを支持する人々によって，生物には「魂も意識もない」という，より急進的で過激なものになっていった。　Ｂ＜慣用句＞「一線を画す」とは，区別を明確にする，という意味。デカルト自身は，人間と動物とを明確に区別していた。　Ｃ＜表現＞「生命とは自己複製可能なシステムである」という二十世紀的な見方は，生命の定義としてまっとうなものだが，生命が「可変的でありながらサスティナブル(永続的)なシステムである」という視点を欠いている。

問五＜文章内容＞生命が「可変的でありながらサスティナブル(永続的)なシステムである」とする考え方は，持続の可能性を求める現代において脚光を浴びている新しい視点だが，すでに一九三〇年代後半にシェーンハイマーが着眼していたテーマでもあった。

問六＜表現＞コペルニクスは，天動説が定説だった時代に，地動説を主張した天文学者。このことから，「コペルニクス的転回」とは，従来の考え方とは根本的に異なる画期的な考え方や，その考えによって状況が大きく変わることをいう。生命が「循環的でサスティナブルなシステムである」という発想は，生命を機械的なパーツの集合体ととらえる従来の考え方とは全く異なっている。

問七＜文章内容＞１．シェーンハイマーは，アミノ酸に標識をつけ，体内での分子の行方を追跡する目印とした。　２．シェーンハイマーは，アミノ酸が体内でエネルギーとして燃焼され，その残りは速やかに排泄されると予想していたが，標識アミノ酸は体じゅうをめぐり，「ありとあらゆる臓器や組織を構成するタンパク質の一部となっていた」ことがわかった。

問八＜文章内容＞１．マウスにアミノ酸を与え続け，体重が増えていたら，アミノ酸は体内に蓄積されていることになる。　２．体重が変わらなければ，アミノ酸がマウスの体内のタンパク質の一部に置き換えられたことになるが，体重が増えていると，置き換えられたことは証明できない。

問九＜文章内容＞アミノ酸などの生命を構成する分子は，「絶え間ない分解と再構成のダイナミズム」の中にあり，新たに摂取された分子と常に置き換えられているのである。

問十＜文学史＞鴨長明は，『方丈記』の冒頭に，「ゆく川の流れは絶えずして，しかももとの水にあらず。淀みに浮かぶうたかたは，かつ消えかつ結びて久しくとどまりたるためしなし」と書いた。

問十一＜文章内容＞「淀み」とは，水が流れずにたまっている場所のこと。私たちの身体は，個体として常に持続している存在だと思われているが，分子レベルでは「組織や細胞の中身」は「常に作り変えられ」て，「数ヵ月前の自分とはまったく別物」になっている。分子は，淀みとして「一時的に」とどまり，私たちの身体を「形作っているにすぎない」のである。

問十二＜文章内容＞摂取された分子が分解され，ほかの分子と置き換えられるという形で更新され続けることによって，生命は一定の状態に保たれている。この生命のあり方を，筆者は「動的平衡」と呼んでいるのである。

二〔小説の読解〕出典；三田誠広『いちご同盟』。

問一＜心情＞徹也は，直美の父母とともに，直美の手術の成功を祈っていた。徹也は，直美の命と手術の成否を案じているが，自分の力ではどうすることもできなかった。そこに親友の良一が現れたので，徹也は，その不安や苛立ちを，場所を変えて良一と話すことで，紛らわそうとしたのである。

問二＜語句＞「鼓舞する」は，人を励まして勢いづける，という意味。

問三＜心情＞徹也は，カツ丼を一気に平らげて「人間はメシを食って生きていくしかない」と言った後，すぐに「そういう自分が，おれは許せない」と自分の行動を否定した。そして，徹也は，「直美は，もうダメかもしれない」と弱気になってしまった。徹也は，手術を受ける直美が心配で仕方がなく，不安で，落ち着いていられなかったのである。

問四＜慣用句＞「肩を落とす」は，気落ちしてしょんぼりする，という意味。

問五＜表現＞徹也は，「直美は，もうダメかもしれない」という不安にさいなまれていた。良一も，直美が重病に侵されているという現実に直面するのを避けてきた。中庭の殺風景で無機質な光景は，二人のやり場のない不安や，どうすることもできない空しさを暗示している。

問六＜心情＞唐突に「相撲を取ろうぜ」と言い出し，「身体を動かしてないと，気分がじりじりする」という徹也は，どうやら本気のようだった。相撲を取ったこともなく，体力で徹也に劣る良一は，戸惑いつつも，早くも臨戦態勢の徹也に合わせるしかなかった。

問七＜文章内容＞不安な気持ちを紛らわそうと，相撲を取った徹也だったが，直美のことを心配する苦しさを，我慢することができなかった。

問八＜心情＞良一は，直美に好意を寄せており，その意味では，直美は「友だち」とは言えない。しかし，「一五同盟」は，お互いに直美のことを忘れないという，徹也と良一の純粋な思いによって結ばれたものであった。良一は，三人の関係が，友情によって成り立つものだとすれば，直美も「友だち」の一人に違いないと思い至った。

問九＜心情＞学生時代の友達と酒を飲んできた父は，良一の，死んでしまう「大切な友だち」という言葉を聞いて，今は亡き自分の友だちのことを思い浮かべた。父は，大切な友だちが，自分より先に死んでいく悲しみを，良一と分かち合おうとして，良一の肩を抱きしめた。

問十＜心情＞父は，亡くなった友を思い出し，昔を懐かしんでいた。昔を懐かしむことは，「生き残ったつまらんやつら」である自分の人生が，思うようにはいかなかったことを痛感することでもあった。悪酔いして，中年の醜さを力説する父の姿は，良一は，格好のいい姿とは思えなかった。父の人生上の苦労は想像できるにしても，目の前の父の姿は，父の言葉通り「醜いもの」だった。

問十一＜文章内容＞良一が直美の見舞いに行くと，回診の時間でもないのに，医者が直美を診察していた。良一は，不吉に感じつつも，昨日直美と話をしたばかりで，順調に回復しているようだったので，それほど深刻に受け止めなかった。徹也に誘われて喫茶室に行く途中，良一はいろいろと徹也に話しかけるが，徹也は無言のままだった。事情を知っているはずの徹也が何も言わないのは，ただごとではないと，良一はこのとき悟った。

問十二＜心情＞直美は，酸素吸入のために気管を切開し，声を出せない状態になった。このことを語る徹也の声はふるえ，目は涙で真っ赤になっていた。徹也は，自力での呼吸もままならない直美の姿を想像し，直美の死期が早まったのではないかと考えたのである。

問十三＜心情＞徹也は，直美の死期が近いことを予感すると同時に，自分が直美のことを忘れてしまうかもしれないという正直な思いを吐露した。徹也は，直美のことを大切に思うがゆえに「直美の想い出」をできるだけ長く残したいと考えたが，自分一人では直美のことを思い続けられる自信がない。そのため，固い友情で結ばれた良一に，「直美の想い出」を託したいと思ったのである。

2025年度用
高校スーパー過去問

■編集人 声の教育社・編集部
■発行所 株式会社 声の教育社
〒162-0814 東京都新宿区新小川町8-15
☎03-5261-5061㈹ FAX03-5261-5062
https://www.koenokyoikusha.co.jp

※本書の内容についての一切の責任は当社にあります。内容・解説・解答その他の質問等は文書にて当社に御郵送くださるようお願いいたします。

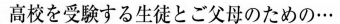

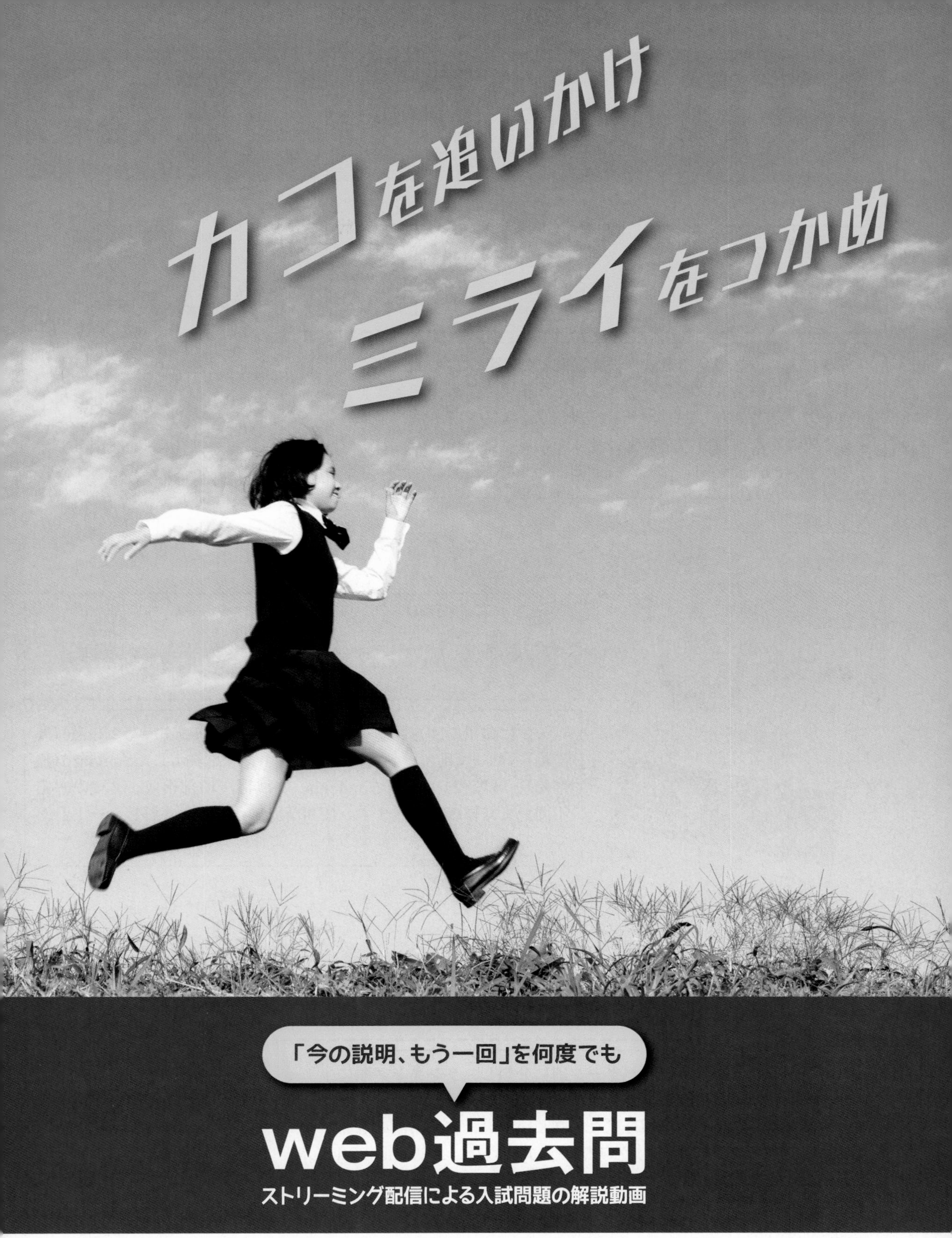
カコを追いかけ
ミライをつかめ

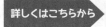

淑徳高等学校

別冊 解答用紙

丁寧に抜きとって、別冊としてご使用ください。

注意

○ 解答用紙は、収録の都合により縮小したものや、小社独自に作成したものもあります。
○ 学校配点は学校発表のもの、推定配点は小社で作成したものです。
○ 無断転載を禁じます。
○ 解答用紙を拡大コピーする場合、表示した拡大率に対応する用紙サイズは以下のとおりです。
　101%～102%＝B5　103%～118%＝A4　119%～144%＝B4　145%～167%＝A3
　（タイトルと配点表は含みません）

２０２４年度　淑徳高等学校

英語解答用紙

番号		氏名		評点	／100

1

(1)		(2)	
(3)		(4)	
(5)		(6)	
(7)		(8)	
(9)		(10)	

2

(1)	s	(2)	b	(3)	t
(4)	p	(5)	m		

3

(1)		(2)		(3)		(4)		(5)		(6)		(7)	

4

問１	①							
	④							
問２								
問３	③		⑦		⑧		⑪	
問４	⑤		⑥					
問５		問６						
問７	(1)		(2)		(3)		(4)		(5)

5

問１	1		2		3		4		5	

問２	①		②	
	③		④	
	⑤			

問３		問４	p	問５	(1)		(2)

（注）この解答用紙は実物を縮小してあります。Ａ３用紙に152％拡大コピーすると、ほぼ実物大で使用できます。（タイトルと配点表は含みません）

推定配点		計
	1，2　各２点×15　3　各１点×７ 4　問１　各２点×２　問２　３点　問３　各１点×４　問４，問５　各２点×３ 問６　３点　問７　各２点×５ 5　問１　各２点×５　問２　各３点×５　問３～問５　各２点×４	100点

２０２４年度　淑徳高等学校

数学解答用紙

番号		氏名		評点	／100

1

(1)	(2)	(3)

(4)	(5)

(6)	(7)
$x =$　　, $y =$	$x =$

2

(1)	(2)	(3)
$n =$		$a =$

(4)	(5)
$(a, b) =$	個

(6)	(7)
	cm^2

3

(1)

(2)	(3)
個	$a =$

4

(1)	(2)	(3)
：	cm	毎秒　　cm, P(　　)

(注) この解答用紙は実物を縮小してあります。Ａ３用紙に149％拡大コピーすると、ほぼ実物大で使用できます。（タイトルと配点表は含みません）

推定配点		計
	1～4　各５点×20	100点

二〇二四年度　淑徳高等学校

国語解答用紙

番号　　氏名　　評点　／100

一

問一　a　b　c

問二　問三　問四　X　Y

問五　(i)　(ii)

問六　問七

問八

問九

問十　問十一　問十二

二

問一　a　b　c　らんだ　d

問二　I　II　問三

問四　A　B　C

問五　問六　問七　問八

問九　問十

（注）この解答用紙は実物を縮小してあります。A3用紙に154％拡大コピーすると、ほぼ実物大で使用できます。（タイトルと配点表は含みません）

推定配点	
一 問一　各2点×3　問二、問三　各4点×2　問四　各2点×2 問五～問七　各4点×4　問八　各3点×2　問九　5点　問十　2点 問十一、問十二　各4点×2 二 問一～問三　各2点×7　問四　各3点×3　問五　2点 問六～問十　各4点×5	計　100点

２０２３年度　　淑徳高等学校

英語解答用紙

番号		氏名	

評点	／100

1

2

1)	A		B		C	
2)	A		B			
3)	A		B			
4)	A		B		C	

3

1)	誤		正		2) 誤		正	
3)	誤		正					

4

1)		these days.
2)		infected.
3)		.
4)	The	last year.

5

問１	①		⑤		⑨		問２			
問３										
問４	④		⑧		⑪		⑬			
問５	⑥									
問６	⑦	.								
問７	⑩		問８	⑫						
問９		.								
問10	1)		2)		3)		4)		5)	

6

問１	①		④		⑥		⑧		問２	②		③		⑨		
問３	⑤			～												
問４	⑦															
問５	⑩		⑪													
問６	⑫															
問７	a			b			c			d			e			
問８	1)		2)		3)		4)									

（注）この解答用紙は実物を縮小してあります。Ａ３用紙に156％拡大コピーすると、ほぼ実物大で使用できます。（タイトルと配点表は含みません）

推定配点		計
	1　各１点×５　2～4　各２点×11 5　問１～問３　各２点×５　問４　各１点×４　問５，問６　各２点×２　問７　３点　問８～問10　各２点×７ 6　問１～問３　各２点×８　問４　３点　問５，問６　各２点×３　問７　各１点×５　問８　各２点×４	100点

２０２３年度　淑徳高等学校

数学解答用紙

番号		氏名		評点	／100

1

(1)	(2)	(3)

(4)	(5)
$x =$ ，$y =$	$x =$

(6)	(7)

2

(1)	(2)	(3)
$y =$	$a =$	

(4)	(5)	(6)
通り		$\angle \mathrm{BIC} =$ °

(7)

3

(1)	(2)	(3)
	B（　　，　　）	

4

(1)	(2)	(3)
cm^2	cm^3	秒後，　cm^3

（注）この解答用紙は実物を縮小してあります。Ａ３用紙に152%拡大コピーすると、ほぼ実物大で使用できます。（タイトルと配点表は含みません）

推定配点		計
	1〜4　各５点×20	100点

二〇二三年度　淑徳高等学校

国語解答用紙

番号　　氏名　　評点 /100

一

問一　ア　イ　き　ウ　エ　がれる　オ　カ

問二　a　b　c

問三　Ⅰ　Ⅱ　Ⅲ　問四

問五　1　2　3

問六　1　2　3

問七　問八　問九

問十　A　B　C　問十一

二

問一　(1) A　(2) B　(3) C

問二　(1) a　(2) b　(3) c　(4) d

問三　X　Y　Z　問四　問五

問六　A　B　C　D

問七　問八

問九　問十　問十一　問十二　問十三

（注）この解答用紙は実物を縮小してあります。A３用紙に156%拡大コピーすると、ほぼ実物大で使用できます。（タイトルと配点表は含みません）

推定配点	
一、二 各2点×50	
100点	計

２０２２年度　淑徳高等学校

英語解答用紙

番号		氏名		評点	／100

1

(1)	ア	イ		(2)	ア	イ	
(3)	ア	イ		(4)	ア	イ	
(5)	ア	イ		(6)	ア	イ	
(7)	ア	イ					
(8)	ア	イ		ウ			

2

(1)	ア	イ	(2)	ア	イ
(3)	ア	イ	(4)	ア	イ

3

(1)	3番目	7番目	(2)	3番目	7番目
(3)	3番目	7番目	(4)	3番目	7番目
(5)	3番目	7番目			

4

(1)	記号	正	(2)	記号	正
(3)	記号	正	(4)	記号	正
(5)	記号	正	(6)	記号	正
(7)	記号	正	(8)	記号	正

5

問１ 　～　 .

問２ (1) (2) (3)　問３ (1) (2)

問４ They learned .

問５　問６　問７ (1) (2) (3) (4)

6

問１　問２　問３　問４

問５

問６　問７ .

問８

問９　問10

（注）この解答用紙は実物を縮小してあります。Ａ３用紙に152%拡大コピーすると、ほぼ実物大で使用できます。（タイトルと配点表は含みません）

推定配点		計
	1～4　各２点×25 5　問１　３点　問２，問３　各２点×５　問４　３点　問５～問７　各２点×６ 6　問１～問４　各２点×４　問５　３点　問６，問７　各２点×２　問８　３点 問９，問10　各２点×２	100点

２０２２年度　淑徳高等学校

数学解答用紙

番号		氏名		評点	／100

1

(1)	(2)	(3)

(4)	(5)
$x =$ 　　　, $y =$	$x =$

(6)	(7)

2

(1)	(2)	(3)
$\angle$ACO = 　　　°	組	

(4)	(5)	(6)
	$p =$	$a =$ 　　　, $b =$

(7)
cm^2

3

(1)	(2)
B(　　　,　　　)	E(　　　,　　　)

(3)

4

(1)	(2)	(3)
:		AK =

(注)　この解答用紙は実物を縮小してあります。Ａ３用紙に152%拡大コピーすると、ほぼ実物大で使用できます。(タイトルと配点表は含みません)

推定配点		計
	1～4　各５点×20	100点

二〇二二年度　淑徳高等学校

国語解答用紙

番号　　氏名　　評点　／100

一

問一　(1) A　活用形　C　活用形　(2)　(3)　(4)　(5)

問二　(1) 読み　記号　(2)　(3)　(4)

問三

問四　問五

問六　店長　私

問七　問八　問九　問十　問十一

二

問一　ア　イ　ウ　エ　オ　めんで　カ　キ

問二　役割

問三

問四　い　う

問五　問六　問七

問八

問九　問十

問十一　A　B

問十二　↓　↓　問十三　問十四　A　B　C

(注) この解答用紙は実物を縮小してあります。A３用紙に159%拡大コピーすると、ほぼ実物大で使用できます。(タイトルと配点表は含みません)

推定配点	計
一 問一 (1) 各1点×4　(2)～(5) 各2点×4 問二 (1) 各1点×2　(2)～(4) 各2点×3　問三～問五 各2点×3 問六～問十一 各3点×7 二 問一～問六 各2点×13　問七～問九 各3点×3　問十、問十一 各2点×3 問十二、問十三 各3点×2　問十四 各2点×3	100点

2021年度　淑徳高等学校

英語解答用紙

番号		氏名	

評点	／100

1

(1)	ア	イ		(2)	ア	イ	
(3)	ア	イ		(4)	ア	イ	
(5)	ア	イ					

2

(1)		(2)		(3)		(4)		(5)	

3

(1)	ア	イ		(2)	ア	イ	
(3)	ア	イ		(4)	ア	イ	
(5)	ア	イ					

4

(1)	誤	正	(2)	誤	正	(3)	誤	正
(4)	誤	正	(5)	誤	正			

5

(1)	3番目	6番目	(2)	3番目	6番目	(3)	3番目	6番目
(4)	3番目	6番目	(5)	3番目	6番目			

6

問1

問2　②　③

問3　問4

問5

問6

問7　ア　イ　ウ　エ　オ　カ

問8

7

問1　問2

問3　ア　イ　問4

問5　問6　問7　問8

問9　問10　問11

(注) この解答用紙は実物を縮小してあります。Ａ３用紙に149%拡大コピーすると、ほぼ実物大で使用できます。(タイトルと配点表は含みません)

推定配点		計
	1～7　各２点×50	100点

2021年度　　淑徳高等学校

数学解答用紙

番号		氏名		評点	／100

1

(1)	(2)	(3)

(4)	(5)
$x =$ 　　　, $y =$	$x =$

(6)	(7)

2

(1)	(2)	(3)
	$b =$	

(4)	(5)
$a =$	, 　　,

(6)	(7)
:	

3

(1)
(　　　, 　　　)

(2)							
①		②		③		④	

(3)

4

(1)	(2)	(3)
cm^2	cm^3	cm^3

(注) この解答用紙は実物を縮小してあります。Ａ３用紙に159%拡大コピーすると、ほぼ実物大で使用できます。(タイトルと配点表は含みません)

推定配点		計
	1～4　各５点×20〔3(2)は完答〕	100点

二〇二二年度　淑徳高等学校

国語解答用紙

番号　　氏名　　評点　／100

一

問一　a　b　c　d　e　f　g

問二

問三

問四　という考え方

問五　④　⑧

問六　以□伝□　（Ⅰ）五里□中　（Ⅱ）危機一□

問七　⑥　⑨

問八

問九　A　B　C　D

問十

問十一　最初　最後

問十二　最初　最後

二

問一　年生

問二

問三

問四

問五

問六

問七　最初　最後

問八

問九　最初　最後

問十

問十一

問十二

問十三

問十四

(注) この解答用紙は実物を縮小してあります。Ａ３用紙に161％拡大コピーすると、ほぼ実物大で使用できます。(タイトルと配点表は含みません)

推定配点	
一　問一～問三　各２点×９　問四　３点　問五～問九　各２点×12　問十～問十二　各３点×３ 二　問一　２点　問二　４点　問三　２点　問四～問六　各４点×３　問七　３点　問八　４点　問九　３点　問十～問十三　各２点×６　問十四　４点	
計	100点

２０２０年度　淑徳高等学校

英語解答用紙

番号		氏名		評点	／100

1

(1)		(2)		(3)	

2

(1)		(2)		(3)	

3

(1)	r	(2)	s	(3)	l
(4)	h	(5)	b		

4

(1)	ア	イ		(2)	ア	イ	ウ		
(3)	ア	イ		(4)	ア	イ	ウ		
(5)	ア	イ	ウ	(6)	ア	イ			

5

(1)		(2)		(3)	
(4)		(5)		(6)	

6

(1)	3番目	6番目	(2)	3番目	6番目	(3)	3番目	6番目
(4)	3番目	6番目	(5)	3番目	6番目			

7

問１		問２	

問３	③		⑥		⑧	

問４		問５		問６		問７	

問８ (30)

問９

8

問１		問２		問３		問４	

問５ (40) (45)

問６		問７		問８	l	問９	

問10

問11 (1) (2) (3)

（注）この解答用紙は実物を縮小してあります。Ａ３用紙に159％拡大コピーすると、ほぼ実物大で使用できます。（タイトルと配点表は含みません）

推定配点		計
	1，2　各１点×６　　3～8　各２点×47〔4は各２点×６，6は各２点×５〕	100点

2020年度　淑徳高等学校

数学解答用紙

番号		氏名		評点	／100

1

(1)	(2)	(3)

(4)	(5)
$x=$　　，$y=$	$x=$

(6)	(7)

2

(1)	(2)	(3)
	$x=$	

(4)	(5)
$x=$　　，$y=$	$a=$　　，$b=$

(6)	(7)

3

(1)	(2)	(3)
	：	$e=$

4

(1)	(2)	(3)

（注）この解答用紙は実物を縮小してあります。Ａ３用紙に149％拡大コピーすると、ほぼ実物大で使用できます。（タイトルと配点表は含みません）

推定配点		計
	1～4　各５点×20	100点

二〇二〇年度　淑徳高等学校

国語解答用紙

番号　　氏名　　評点　/100

一

問一　ア　　る　イ　　ウ　　した　エ　　オ　　カ　　キ

問二　A　B　C　D

問三　A　B　問四

問五　A　B　問六　問七

問八　　場合　問九

問十　ⓐ　ⓑ　問十一　あ　い

二

問一　問二　問三　問四

問五

問六　問七　問八　問九　問十

問十一　A　B　問十二　問十三

問十四

（注）この解答用紙は実物を縮小してあります。Ａ３用紙に154%拡大コピーすると、ほぼ実物大で使用できます。（タイトルと配点表は含みません）

推定配点		計
	一 問一～問三　各2点×13　問四　3点　問五　各2点×2 問六～問九　各3点×4　問十、問十一　各2点×4 二 問一～問十　各3点×11　問十一　各2点×2 問十二、問十三　各3点×2　問十四　4点	100点

２０１９年度　　淑徳高等学校

英語解答用紙

番号		氏名		評点	／100

1

問１	(1)		(2)		(3)		問２	(1)		(2)	

2

(1)	k	(2)	l	(3)	u
(4)	r	(5)	l		

3

(1)	
(2)	
(3)	
(4)	
(5)	

4

(1)		(2)		(3)		(4)		(5)	

5

(1)	3番目		5番目		(2)	3番目		5番目		(3)	3番目		5番目	
(4)	3番目		5番目		(5)	3番目		5番目						

6

問１	①		③		④		⑦		問２	②		⑤		⑧	

問３	

問４	2番目		5番目	

問５	(1)		(2)		(3)		(4)		問６	

7

問１		問２	(2)		(4)		(8)		(9)		(10)	

問３	1つ目	
	2つ目	

問４	

問５	

問６	

問７	➡	➡	➡

（注）この解答用紙は実物を縮小してあります。Ａ３用紙に161％拡大コピーすると、ほぼ実物大で使用できます。（タイトルと配点表は含みません）

推定配点		計
	1～6　各２点×39〔5は各２点×５，6問４は完答〕 7　問１，問２　各２点×６　問３　各１点×２　問４～問７　各２点×４	100点

２０１９年度　淑徳高等学校

数学解答用紙

番号		氏名		評点	／100

1

(1)	(2)	(3)

(4)	(5)
$x =$, $y =$	$x =$

(6)	(7)

2

(1)	(2)
$b =$	

(3)	(4)
CD：DB = ：	$\angle x =$ °

(5)	(6)	(7)
$a =$		$a^2 =$

3

(1)	(2)	
$q =$	(i) $r =$	(ii) $a =$

4

(1)	(2)	(3)
		倍

（注）この解答用紙は実物を縮小してあります。Ａ３用紙に152％拡大コピーすると、ほぼ実物大で使用できます。（タイトルと配点表は含みません）

推定配点		計
	1～4　各５点×20	100点

二〇一九年度　淑徳高等学校

国語解答用紙

番号		氏名		評点	/100

一

問一　ア　イ　ウ　エ　オ　カ　キ

問二

問三　1　A　B　C　D　E

2

問四　A　B　C

問五

問六

問七　1

2　A　B　C

問八　1

2

問九

問十　1　2　A　B

問十一

問十二

二

問一　問二　問三　問四　問五　問六

問七

問八　問九　問十

問十一

問十二　問十三

(注)この解答用紙は実物を縮小してあります。A3用紙に159%拡大コピーすると、ほぼ実物大で使用できます。(タイトルと配点表は含みません)

推定配点		計
	一 問一、問二　各2点×8　問三　1　各1点×5　2　2点　問四　各1点×3 問五　4点　問六　2点　問七　1　3点　2　各1点×3　問八　各3点×2 問九　4点　問十　1　2点　2　各1点×2　問十一、問十二　各3点×2 二 問一～問十　各3点×10　問十一～問十三　各4点×3	100点

Memo